意见裁判主义究变

陆而启———著

刑事司法改革的原理与实践

知识产权出版社

全国百佳图书出版单位

—北京—

图书在版编目（CIP）数据

意见裁判主义究变：刑事司法改革的原理与实践/
陆而启著. —北京：知识产权出版社，2025.5.
ISBN 978－7－5130－9936－3

I. D925.204

中国国家版本馆 CIP 数据核字第 2025UG2278 号

策划编辑：庞从容　　　　　　　　　责任校对：王　岩

责任编辑：张琪惠　　　　　　　　　责任印制：孙婷婷

封面设计：乔智炜

意见裁判主义究变：刑事司法改革的原理与实践

陆而启　著

出版发行：	知识产权出版社 有限责任公司	网　址：	http://www.ipph.cn
社　址：	北京市海淀区气象路 50 号院	邮　编：	100081
责编电话：	010－82000860 转 8782	责编邮箱：	963810650@qq.com
发行电话：	010－82000860 转 8101/8102	发行传真：	010－82000893/82005070/82000270
印　刷：	北京建宏印刷有限公司	经　销：	新华书店、各大网上书店及相关专业书店
开　本：	710mm×1000mm 1/16	印　张：	16
版　次：	2025 年 5 月第 1 版	印　次：	2025 年 5 月第 1 次印刷
字　数：	278 千字	定　价：	88.00 元

ISBN 978－7－5130－9936－3

本书为2018年国家社会科学基金一般项目
"意见裁判主义研究"（18BFX086）的最终成果

序

2023 年 9 月中旬，我到厦门大学法学院出差，我指导过的硕士研究生陆而启在此任教，他告诉我拟出版有关意见裁判主义论题的著作并且邀请我评阅。作者前期已经对意见裁判主义在证据法和诉讼法规范解释方面进行了颇具新意的研究，而本书进一步将这个概念推入刑事司法改革的生动实践中。如果说意见裁判主义这个概念可以从成文的《刑事诉讼法》及相关司法解释条文中的控辩意见、质证意见、法庭辩论、合议庭成员评议意见等词语中窥见端倪，那么在刑事司法改革领域不断形成和变化的各种程序制度中，意见裁判主义的概念更是贯穿其间。作者选取了近年来刑事司法改革领域的热点问题，如对民营企业负责人审慎采取强制措施、规范取保候审适用、认罪认罚从宽制度改革、刑事辩护全覆盖、监察体制改革、检察指导性案例的适用、检察机关非法证据排除规则适用程序等，追踪了相关诉讼制度的变化以及一些改革措施从试点到制度化的过程。作者注意到，刑事司法活动要赋予牵涉其中的诉讼主体在不同程序中有充分、合理的意见表达机会，并让这些意见对采取程序措施、作出实体决定以及选择适用规范等产生实质影响。可以说，本书对相关问题的解说体现了刑事诉讼程序的基本原理，有助于法学者和法科生对司法改革进程中基本问题和制度原理的深入理解。

本书分为十二章，绪论总体概括了相关篇章的主要论点，结语主要聚焦于法庭审判，其间的对话交流和意见沟通机制具有典范意义。第一章从案件真相发现的角度解释了意见裁判主义概念的内涵，作者认为"意见的表达贯穿了诉讼程序的始终"。如果说公正还仅限于程序之内的意见交涉，那么公开则可能在某种意义上允许公众对裁判进行事后评价，甚至要求裁决者在决策过程中考虑受众的意见以赢得公信。这一观点起到了统领全书的作用。

作者将一个核心观点贯穿全书，即注重意见沟通的听证程序对各项寻求程序正义和纠纷解决的司法改革措施具有重要意义。本书第二章、

第三章围绕强制措施展开。作者注意到，一些保护民营企业负责人的强制措施规范加大了对犯罪嫌疑人认罪态度的考量权重，细化了社会危险性的证据体系，并认为强制措施的决定程序应对形成各方意见的证据和事实基础进行审查，可以通过听证程序为控辩双方提供对质和辩论的平台，甚至建议引入一种办案人员违法责任追究制度和辩方自主保证机制。此外，2022年新修订的《关于取保候审若干问题的规定》将取保候审从"可以型"裁量措施变为"应当型"法定措施，作者从多个方面分析了"不致发生社会危险性"的相关要素，并在取保候审的决定程序中引入听取被取保候审人或者辩护律师意见的预防性制约和权利性制约机制。

第四章至第七章回溯了认罪认罚从宽制度在我国的试点探索，解析了该制度通过控辩博弈而寻求确定性的原理。对于认罪案件的审理而言，认罪需建立在一定的事实基础之上，而认罪的自愿性、真实性将成为证明程序审查的重心。其中，检察机关排除非法证据发挥了自律和监督的作用，为认罪认罚从宽制度的实施奠定了基础。在审查起诉环节，证据保全式听证和案件分流式听证通过控辩双方对在卷证据进行质证、辩论乃至确认，更能保障程序的正当性。值班律师在侦查取证程序中作为帮助人，在听证审查程序中作为见证者，能完善和矫正单方、单向的侦诉讯问程序，并在一定程度上减少被告人权利受限的审判程序的正当性缺陷。

第八章、第九章讨论了监察法的相关问题。监察调查活动的防错机制除了有外部监督，还有事先科层控制、同步程序约束以及事后权利救济等多种渠道。监察调查人员的裁量本身建立在事实、证据和理由之上，而最恰当的做法是通过合适的程序在听取各方意见的基础上作出决定。监察法规范在分级管辖、分类处理、监察调查措施的运用、责任承担等方面体现了比例原则，比例原则使监察机关通过合适的程序在听取各方意见的基础上进行裁量，用以填补法律漏洞或者形成实践中的法。

一些冤错案件常常与非法取证密切相关，而非法证据排除一直是刑事司法改革中的热门话题。第十章从程序性规范入手，着力解析了非法证据排除的优先审查程序和先行裁决基本原理，这与对抗式诉讼模式的基本样态、证据排除的理论基础、证据属性的分层审查以及法庭组织的分权构造等密切相关，并要求法庭在审判前和审判中的非法证据排除程序性审查中采用控辩对抗、法官中立的诉讼模式。当然，这种"审判中的审判"要求非法证据排除等程序性争议优先审查，甚至提前到庭前会议环节，在正式实体性调查前进行先行裁决，以免拖延庭审。第十一章分析了检察机关的非法证据排除活动，认为其中存在着内设部门之间或者内外机关之间的信息互通与决策互动机制。第十二章分析了检察指导性案例的适用，作者认为，检察指导性案例从事实认定、证据运用、法律适用、政策把握到办案方法等层面对办理类似案件具有指导意义，其参照作用体现在无形"法律论证"和有形"文书说理"中，而对类似案件的检索，在某种程度上可以转交给辩护律师，由其论证指导性案例适用的适当性。

本书论及证据规则、事实判断、程序运行、裁决说理、权力制约以及权利保障和救济等主题，一定程度上体现了意见裁判主义的精神内涵。本书内容丰富，篇章结构合理，论证富有逻辑，深入探究了刑事司法改革相关措施的基本原理，总结了中国刑事司法现代化的相关实践经验。所涉议题虽未面面俱到，只是选取了一些改革中的热点问题，但是本书突出强调了法律从业者要具有"像律师一样思考"的思维方式，并提倡回归常识和理性，坚持以通过多元主体的沟通形成共识作为正当程序的底线要求，从而促进正确认定事实和适用法律，实现纠纷的真正解决。综上可见，本书以意见裁判主义为核心，对司法改革实践中可能存在的问题提出有针对性的建议，体现了一定的理论水准，对实践有一定的指引价值。

中南财经政法大学教授　姚　莉
2024 年 6 月 18 日

目 录

绪　论　通过程序的意见沟通

　　本书是在 2018 年国家社会科学基金一般项目"意见裁判主义研究"的结项成果基础上修改而成，其中大部分篇章作为前期成果提交给一些学术会议在会议论文集或者期刊上发表。这些文章主要认为，近年来刑事司法改革以完善刑事诉讼的平台设置、促进多元意见沟通为内在主线。无论是真相探寻还是价值抉择，都能以意见形式表达。

　　正义女神的蒙眼布虽然阻隔了外界干扰，但是难掩内心的波动。"意见"既可能是内在观念，也可能通过语言等形式表达，从而言为心声，内外一体。提出意见裁判主义的概念，一是要掀开语言的"面纱"，让语词背后的社会的一般意识和普遍心态、当事人的主观态度和精神意志、办案人员乃至最终决策者的专业态度和职业思维等能直接、有效地进行"沟通"，并呈现事实全貌。二是要解开法律的"密码"，有时办案人员使用的一些法言法语当事人并不能准确地理解，从而难以形成真正有效的沟通。有时法官在与当事人沟通的过程中说了几句"心里话"、常识或者对案件和当事人的印象，或者在判决书中阐明自己的思维逻辑，反而被认为是偏见或不专业。卷宗材料是我国刑事案件裁决的重要内容。刑事案卷所构筑的语词之网有可能无法揭示案件的真实情况，甚至可能因隧道视野效应而造成错案。无罪推定原则要求控诉方承担举证责任，以及控诉方能接受辩护方合理的对质意见，因此在侦查阶段应尽力排除先入为主的有罪推定，收集、甄别证据，才能保证后续庭审中的举证达到定罪标准。当然，要准确定案，除了过硬的侦查卷宗，还必须通过举证（比较重要的是让证人、鉴定人等出庭作证，以及侦查人员或者其他人员出庭说明情况）、质证和辩论等手段发现矛盾和消除矛盾，掀开卷宗语词的"面纱"。

　　一般而言，刑事诉讼结构的具体形式受刑事诉讼目的影响，诉讼结构主要是指诉讼参与者的地位及其相互关系，而诉讼目的，一方面体现为各参与主体的意见与法律要求契合的程度，另一方面体现为谁的意见对裁决结论更具有重要影响。根据我国《刑事诉讼法》第1条，制定"本法"是为了保证《刑法》的正确实施，惩罚犯罪，保护人民，保障国家安全和社会公共安全，维护社会主义社会秩序，可见刑事诉讼目的不仅聚焦于《刑事诉讼法》，还涉及相关法律，在内容上包括个人自由、公共安全、国家和社会秩序稳定等多元的目的。在不同国家和不同时代，诉讼目的的侧重点不同，对法律的理解不同，而刑事诉讼模式也存在不同。不管刑事诉讼制度如何变化，例如从弹劾式到纠问式还是再向弹劾式复归，在本质上仍存共性，即把初始的兵戎相见之野蛮肉搏逐步转化为一场言语交锋之假装战斗。[1]这种共性会逐步产生诉讼结构上的共识，例如对争议问题多采用口头、对抗且公开的听证程序，当事人的自主选择和自主决策受到更多关注，决策主体多元，整体的刑事诉讼程序包括审前和审判两个阶段，并且诉讼程序根据罪行轻重、认罪与否等被分为普通程序、简易程序和速裁程序等多元程序。当然，各诉讼环节都可以用诉讼结构理论来分析。抛开刑事诉讼结构的形式意义不谈，其本质就是一种刑事诉讼各方主体交流意见的模式，涉及的核心诉讼主体有控诉方、辩护方和审判方。

至今，我国《刑事诉讼法》经过3次修正，其中有总结冤错案件的经验教训，回应社会公众对探知真相、公正审判的期盼，又有为摆脱"诉讼爆炸"、案多人少的现实困境，通过繁简分流提高诉讼效率的追求。在刑事诉讼法治发展进程中，非法证据排除相关规则不断完善，以审判为中心的刑事诉讼制度改革、轻刑案件速裁程序和认罪认罚从宽制度试点、监察体制改革等也在不断推进。这些改革和试点成果逐渐被《刑事诉讼法》所吸纳。可以说，这一系列的刑事司法改革举措就是要确保"意见"能恰当生成、充分表达和有效形成共识或者影响案件裁决。具体来看，不同主体在强制措施的适用、认罪认罚从宽处理、监察调查程序中会以不同形式的意见衔接证据和真相、审前程序和审判程序、监察程序和诉讼程序、判例和案件，并让这些意见尽可能通过合法、适当的程序得到有效沟通，从而增强程序活动的正当性，促进个案纠纷解决。由此可见，在探索和发展诉讼制度中的各种刑事司法改革措施也可以通过其中意见生成的缘起及意见沟通的机会、方式和效果等进行分析。

本书采用系统思维方法、批判思维方法以及规范分析、实证分析、比较

---

〔1〕　［法］阿德玛·艾斯梅因：《欧陆刑事诉讼史》，郭烁等译，法律出版社2023年版，第6页。

分析等方法，评述了认罪认罚从宽制度、少捕慎诉慎押的落实、监诉衔接、非法证据排除、指导性案例援引等刑事司法改革实践领域的主题，倡导多元主体通过沟通程序形成意见共识，融贯证据和事实，完善证据法、组织法和程序法之间，监察法和诉讼法之间，审前程序和审判程序之间等的有机衔接，推动程序符合公正高效价值和纠纷得到准确及时解决。全书主要论述了以下主题：

第一，案件真相和程序真相。解决纷争的重要基础建立在发现真相之上。当然，在追寻真相的漫漫征途中歧路纷呈，甚至可能无功而返或者走向虚假。真理符合论所表达的真相命题与客观世界虽然相互影响，但是其间存在着无法逾越的鸿沟，而真理共识论如果脱离现实基础，即使通过规范的对话形成形式正确的共识，也可能并非"真值"。真理聚合论以设证推理为前提，聚焦于不同主体对同一个实然者的不同认识之间的取舍、结合，具有一定的合理性。真相有着客观外在的存在和主观内在的精神之间的相互作用，形成了以客观存在为基础的多元主体之相同或者不同的意见阐释，通过诉讼平台的意见传递和意见沟通而形成意见聚合。与"无证据则事实不存在"观念相对的是，还存在"无需证据的证明"。据以设证案件事实的材料和意见既受到程序法律的约束，还依赖于裁决者的理性和良知。在对抗式诉讼下，控辩双方对事实认定也发挥了积极作用。

第二，强制措施的裁量标准。（1）民营企业负责人因经济问题引发人身限制，又可能因为人身受限而使企业经营举步维艰。审慎采取强制措施，有利于卸下民营企业负责人的思想包袱，在争取其配合的基础上挽救企业，促进社会经济的发展。（2）采取取保候审的核心条件是不致发生社会危险性。社会危险性要通过多元要素进行识别，并且这些要素还可能不断变化，罪与罚，客观与主观，罪前、罪中与罪后表现，人身状况与案件进展等都可能对社会危险性的判断产生影响。取保候审是一种约束性较弱的监管措施，违反取保候审义务还可能升级为逮捕等约束性更强的监管手段。取保候审还包含了从已然之罪判断未然之社会危险性的心理过程，"构罪即捕"和"一押到底"可能违反无罪推定原则。取保候审不致发生的社会危险性只是一种可能的外在形势，具体到被取保候审人而言，则要内化为被取保候审人的一种较低程度的人身危险性，申请取保候审的犯罪嫌疑人可以提交悔过书、保证书、请他人出具的情况说明和刑事谅解书等证据材料来对抗公安机关收集和提交的社会危险性证据。就我国当前的宽严相济刑事政策而言，公安机关继续盘问或者传唤后直接采取取保候审的，可以适当引入外部监督机制，并且应当听取犯罪嫌疑人的意见，从而更好地保障公民的基本权利。

第三，认罪认罚从宽制度的程序进展。（1）与突出"疑案精审"的以审判为中心的刑事诉讼制度改革相配套，认罪认罚从宽制度改革试点主要体现"简案快审"，以期优化审判资源配置，节约司法资源和诉讼成本，降低诉讼风险，提高诉讼效率，及时实现司法公正。认罪认罚从宽制度是将被控告人"认罪认罚"的自主意愿与国家"从宽从简"制度供给之间的利益博弈制度化。一方面，认罪是前提，针对轻重不同的案件，有速裁程序、简易程序、普通程序等；另一方面，有关自首、坦白以及当庭自愿认罪等自愿如实供述情节配套了具体的量刑"从宽"细则和规范。而在听取辩护人或值班律师意见之后以及在辩护人或值班律师在场见证之下所签署的"认罪认罚具结书"是控诉方和犯罪嫌疑人双方的认罪、程序选择和量刑合意的重要载体，其中还可能会融合被害人的同意和谅解因素。此外，认罪的自愿性、真实性和合法性还要经过法院审查。（2）如果认为认罪认罚从宽制度只追求效率价值，那么这种观点可能偏离了重心。该制度的展开形式特别依赖控辩双方的合意，主要包括被控告人同意公诉方的犯罪指控和同意适用认罪案件程序，以及双方达成刑罚种类、幅度和执行方式的合意。在法律可预测性降低且量刑结果殊难预料时，信守契约带来的确定结果刺激了控辩双方以各自的优势作为对价进行"交易"，这种法律所允许的突破和宽严相济的政策落实又蕴含了新的制度化契机。这虽然不能完全避免法律适用和诉讼结果的不确定性，甚至在尊重被控告人自我选择的基础上允许其反悔和上诉从而使合作返回到对抗，但是在程序运行之中控辩双方基本上做到了心里有数，控辩双方的诉讼权利得到保障。（3）我国认罪认罚从宽制度含有协商合作成分，对认罪认罚案件适用检察主导的听证制度，能一步到位简化公安机关和法院的双控环节，并且通过保障当事人的参与来正当化程序本身和裁判结果。在认罪认罚案件中，对"自首、坦白、当庭自愿认罪、退赃退赔、积极赔偿被害人的物质损失"等作为"量刑事实"的认罪最终还是要根据认罪证据的证据能力（自愿性、真实性、合法性等）和认罪证据的证明力（真实性）进行判断。就程序保障而言，非法证据排除仍然是认罪认罚案件中非常重要的问题。第一，检察机关排除非法证据发挥自律和监督的作用，为认罪认罚从宽制度做好铺垫。第二，辩护方依申请启动排除非法证据程序可能增加其协商的筹码。不论在我国普通程序还是简易程序、速裁程序中，卷宗一直对定罪、量刑起着至关重要的作用。采取证据保全式听证和案件分流式听证，通过控辩双方对在卷证据进行质证、辩论乃至确认，更能保障程序正当性。（4）由于认罪认罚从宽案件极力追求简化庭审程序，其正当性更依赖于侦查和起诉活动中值班律师的普惠式参与。在认罪认罚从宽案件中，值班律师参与侦查、起诉、审判中的讯问环节的机会和帮助权利受损的当事人寻求救济的能力情况等是考察其身份定位、权利义务配置的关键点。针对调查取证和司法审查的不同讯问目的，值班律师也分别突出其帮助人和见证者的不同角色。在权利告知程序中，公检法机关的职权关照往往掩盖了值班律师为当事人提供法律咨询的帮助作用，不过，当认罪认罚从宽案件中值班律师的职能扩张到"对刑讯逼供、非法取证情形代理犯罪嫌疑人、被告人申诉、控告"之时，就必须为值班律师提供一定的知悉案情的渠道。由此，将"当事人的反悔、不认罪或者提出申诉、控告等情形"作为一种筛选机制，可以另行指派法律援助辩护律师，或者将这些认罪认罚案件的法律援助值班律师直接转换为法律援助辩护律师。

第四，监察调查的权力制约。（1）我国的监察调查取证活动没有中立的司法机构参与，也排除了作为民间力量的律师的直接介入，其防错机制更突出其内部的自我控权和科层控制的特点，当然也有接续的刑事诉讼之事后制约和一些外在的监督机制。一方面，对留置等调查处理行为有集体把关和上级把关的双重审批机制，在线索筛查、处理、初步核实、立案、调查、处置等节点有内部审批的流程控制；另一方面，在转隶并轨之后，监察法治化要求职务违法犯罪调查权需严格遵循法定程序。此外，在监察调查过程中，要注重保障被调查人的知情权，对处理决定申请复审、复核等救济权，这在很大程度上依赖监察机关的自我监督以及监察人员的守法义务和业务能力等。登记备案制度使外来干预和人情干扰有据可查，从而使监察调查活动经得住历史检验。（2）正是由于《监察法》的模糊规定或者概括授权，当具体案件的性质和情节、干预指向的人和物、某种特定手段的必要性和适当性还需要进一步明确的时候，比例原则可以作为监察机关裁量的依据。比例原则要求监察权与其他权力之间的分配以及监察权的行使体现出合目的性、必要性和均衡性，这分别体现在监察案件的级别管辖和地域管辖上，对问题线索的分类处置、初核后的分类处理以及调查终结后的处置，监察调查措施的目的相关性、对象相关性和手段必要性，认罪认罚从宽制度，以及对特定行为承担法律责任之责任主体和责任形式的对应性等方面。

第五，非法证据排除程序。（1）随着某些冤错案件的发现和纠正，我国刑事诉讼立法和司法实践对非法证据的排除逐渐经历了从心证判断到规则设定，从追求真相到强调程序正义，从细化条件要素到完善证明程序的变化和发展，尤其是一种优先审查和先行裁决的规范初具雏形。目前，非法证据排除的调查程序一般通过组织庭前会议的方式进行，允许法官庭前阅卷，控辩双方可以举证和发表意见，法官只是听取双方意见，而控辩一方的处分行为或者双方一致意见对后续正式庭审产生约束效力（通常不再调查）。在法庭审理过程中例外地允许申请排除非法证据，当然对证据收集合法性也应当先行当庭调查，控辩双方可以围绕证据收集合法性进行质证、辩论，法庭对有收集合法性争议的证据应当当庭作出是否排除的决定。在法庭作出决定前，不得对有关证据宣读、质证；对依法予以排除的证据，不得宣读、质证，不得作为判决的根据。因此，我国相关法律法规已经基本确立了分开审查证据能力和证明力的制度，未来或许可以设立针对非法证据排除的先行裁决上诉的制度。（2）非法证据排除虽然是公检法都有的职责，但是在我国《刑事诉讼法》中关于检察机关排除非法证据的程序是空白的，2012年《人民检察院刑事诉讼规则（试行）》对此做了适当的填补，检察机关排除非法证据必须无缝对接侦、诉、审等环节。非法证据排除属于程序性争点，审前可以采用自由证明方法，但是由于我国司法体制和检察机关的法律监督地位而谨慎采用严格证明方法也更加合理，具体有书面审查、口头审查和调取讯问录音录像等方式。在捕诉一体化改革背景下，捕诉部门非法证据排除是其重点环节。检察机关排除非法证据的办案机制为，以承办人主办、部门讨论和主管领导决定为主，同时还有上下级和部门之间的协作机制。在非法证据排除程序中，检察机关的多点参与与多种角色会造成价值选择和诉讼地位的内在冲突，在监督和控诉的不同方向可能会激化检警冲突和检法冲突。

第六，指导性案例的适用原理。指导性案例基于政治效果、法律效果和社会效果的统一，应一定时期的刑事政策而产生，并对特定时期的法律适用起到了示范效果，它可以弥补法律漏洞或空白，但法律规则依然是法律适用的主要渊源，指导性案例的适用应当是在遵守现有法律规则的前提下，对成文法作出解释和说明，结合具体情境，是由司法工作者和社会公众对法律规则价值衡量的一种选择或共鸣。指导性案例源于法律规则，又通过生动案例诠释法律规则，因其本身蕴含的法律价值、社会价值，必将对司法实践产生更大的指导和推动作用。目前，得到反复强化的法定性"参照"并非处理决定的法源依据，只能是无形的"法律论证"和有形的"文书说理"，法律论证可能表现为一种心理活动，这种心理活动逐渐被学者固定为一种逻辑模板，只有文书中的说理才能展现出法学方法的思维轨迹。为防止检察指导性案例流于形式，其适用效力从"可以参照"升级为"应当参照"，并从侧重规范例示的"授人以鱼"转向对办案方法"授人以渔"的指导。

本书的诸多主题和主要观点大体上聚焦于刑事诉讼制度改革中涌现出的现实问题及其背后制度设计的程序原理。当然，这些思考算不上精深，但是总体上既遵循了程序法理，又关注了现实，可以说在一定程度上体现了理想与现实之间的意见沟通。笔者要感谢厦门市翔安区人民检察院对本书相关课题研究的大力支持，也要诚挚地感谢厦门市翔安区人民检察院柯振敏、吕跃武、苏素专、刘小红、周灵敏、洪文海、黄瑛、蔡柯炯、张倩晴等，厦门大学知识产权研究院博士研究生、兰州大学法学院新聘教师苏泽儒（撰写第七章），以及厦门大学法学院诉讼法学硕士研究生、浙江省诸暨市人民法院民一庭法官助理王佳媛等相关的合作者。

第一章　案件真相的意见解释

真相命题从理论上说是哲学问题，从现实来说则是生活问题。来源于生活的艺术更是常常聚焦于对真相的"拷问"，典型的例子有 1950 年黑泽明执导的电影《罗生门》，2012 年李安执导的电影《少年派的奇幻漂流》，等等，其中扑朔迷离的情节设置强烈地吸引着观众对真相乃至人性进行探寻。当然，在现实生活中，真相往往与责任密切相关。或许真相无比残酷，我们选择遗忘，但是更多时候是"前事不忘，后事之师"。如果立法之通过是一个有预谋的公众事件，那么司法之裁决则是依据证据去还原或者重构可能为偶发的历史事件。发现真相是解决纷争的重要基础，诉讼活动的重要任务就是发现真相。发现真相的途径有千千万万，但是没有哪一种可以绝对避免错误。在刑事司法领域，尽管案件的真相通常可以被发现，但是，少数人，哪怕是极少数人还是因为真相被扭曲而付出了财产、自由甚至生命的代价。因此，在真相和违法关联的情境中，不能容忍"寻求真相的眼睛里有沙子"，即寻求真相的过程也应符合法律。从执法、司法人员的真诚态度入手，从诉讼当事人的权利意识入手，通过也只有通过依法进行的刑事诉讼程序或许能够极大程度地保证准确、及时地发现案件真相。基于不同的产生途径或者判断标准，我们可能会形成不同的真相理论。真理符合论在客观真相一为人们所表达就转化为主观命题，可能会产生局限或者发生扭曲，然而，真理共识论因脱离了现实基础，仅仅通过主体间规范对话而生成的形式正确的共识也可能并非"真值"。真理聚合论以设证推理为前提，聚焦于不同主体对同一个实然者的不同认识之间的取舍、结合，具有一定的合理性，不排除主客观的相互符合，更强调多元信息交叉检验。对证据和事实乃至法律进行了不同的意义诠释导致了事实的开放。与"无证据则事实不存在"观念相对的是还存在"无需证据的证明"。据以设证案件事实的材料和意见既受到程序法律的约束，还依赖于裁决者的理性和良知。在对抗式诉讼下，控辩双方对事实认定也发挥了积极作用。

一、引言：纠纷与真相

针对不同主体之间不同性质的纠纷，有不同的解决方式，当然也可以采用所谓的多元化纠纷解决方式。有人称多元化纠纷解决方式侧重于发挥替代性纠纷解决方式（Alternative Dispute Resolution）的作用。它不同于诉讼具有查明、认定案件事实和准确适用法律的双重任务，其可能并不需要对事实作出明确的认定，或许在调解和和解等解纷措施之中，真相并未在文书层面得到明确的表述，但是如果当事双方作出了让步，则他们对真相其实已经心知肚明，不然让步从何谈起呢？可见，真相是纠纷解决的基础和前提。

有时候，真相触手可及或者路人皆知，但是利害关系人没有证明的手段，或者就是证明不了。很多纠纷就是因为既存的真相被掩盖而愈演愈烈。

一般而言，神志清醒的当事人的确掌握着事实真相，但是还要能通过法定程序让裁决者知悉，才可能最终得到合理决策。阅读英国律师萨达卡特·卡德里（Sadakat Kadri）所著《审判的历史——从苏格拉底到辛普森》一书，我们可以发现从警察国到法治国，从职权主义到当事人主义，真相往往为掌权者所操控。[1]进而言之，正是由于刑事诉讼中检控人员和法官、法官和陪审团之间[2]权力分立，律师从禁止参与、有限参与发展到全面有效参与，以及被告人从客体地位转向主体地位，真相的发现过程往往受制于不同权力（甚至权利）的博弈。如果证据材料为权力行使者所掌控，且缺乏一个中立的第三方机构，那么，在中国当下的司法实践中，通过媒体向公众寻求对案件的支持则是一个迫不得已的途径。

上下求索真相之路漫漫，我们有时不得不生活在缺乏真相的世界，真相"永远在路上"或者无从发现真相。虽然公众都期待现实之中某些事件的利害双方能彻底了断，但是，真相往往姗姗来迟，看热闹的公众有时只能耐心地等

---

[1] 该书揭示了权力对真相的支配关系，参见［英］萨达卡特·卡德里：《审判的历史——从苏格拉底到辛普森》，杨雄译，当代中国出版社2009年版。

[2] 关于法官与陪审团冲突的案例，1640年对两位贵格派信徒的检控———一位海军上将的儿子威廉·佩恩（William Penn）和服装店老板托马斯·米德（Thomas Mead），这集中体现了"法官VS陪审团：一场极具政治性的掰手腕"。参见［英］亚历克斯·麦克布赖德：《律师为什么替"坏人"辩护？：刑事审判中的真相与谎言》，何远、汪雪译，北京大学出版社2017年版。

待下去，还有可能的是，事件热度一消退，真相被掩盖或者事件不了了之。在有证据支撑的情形下，我们还可能对证据（包括真相）作出不同的解释，又或者，在没有足够的证据发现真相的情形下，我们可以通过推定来确认真相。

如果真相至关重要，那么我们有什么手段来发现真相呢？下面的案例或许能给我们带来一些启示。

二、途径：认证与认人

笔者曾经介绍过"无臂书法家免费乘地铁遭拒与工作人员拉扯致骨折"的事件。无臂书法家杨兴东的残疾人证当时在其妻子身上，其妻子通过正常通道付费进站，而他在通过绿色通道乘车时被地铁站工作人员要求出示残疾人证，称"看证不看人"。一般而言，失去双臂这种残疾一看便知，但是，让某人免费进站到底是看其残疾人证还是看其是残疾人呢？[1]

从实质判断而言，地铁站的优惠待遇当然不是给残疾人证，而是给残疾人的。然而，如何证明某人是残疾人的事实呢？除了通过残疾人证，还可以通过其他方式来证明，例如，眼见为实。从严格规范而言，地铁站一般要求凭证上车，而不是凭事实上车，因此，"认证"执行起来省事，也不会有"法外开恩"的指责。但是，"认人"也很方便，尤其是某人有明显的残疾特征则完全可以直接确认，不会扰乱地铁秩序，这也不是随便什么人都能假装的。杨兴东乘车之事有两种经验因素：一是杨兴东和其妻子可以像以前一样从绿色通道和正常通道分别乘坐地铁，并且往往不需要出示证件；二是之前时常独自无证件搭乘公共汽车或地铁，只要向司机或工作人员耐心解释就能免费乘车。也就是说，杨兴东自己的经验可以支持他即使有残疾人证也不需要带在身上，一般通过解释就能获得免费乘车待遇。这背后可能还有另一个问题，假如杨兴东没有残疾人证，他为什么不去办理呢？他怕麻烦不想办，或者他不能达到办证的要求？又或者他弄丢了证件不想补办？这里，笔者想当然认为杨兴东是符合办证条件且有证的。总体而言，在确认真相上有实质真实和形式真实两种路径，凭直接呈现的身体证据可能达到实质真实，而凭合规范书证即可能达到形式真实。此外，还有凭经验法则等其他多种途径。就残疾证据的呈现而言，既要考察证据对证明对象的证明力，也要考察其证

---

〔1〕 陆而启：《意见裁判主义释法》，法律出版社 2019 年版，第 263 页以下后记。

据资格，以及是否符合地铁站的规定（假如有）。

"一起审判的基本目标是发现真相。"[1]可以说，发现真相也是"以审判为中心的刑事诉讼制度改革"的一个关键问题，虽然我们常常强调从认识论到价值论的转向而更注重程序正义，但其实真相才是平息纠纷的基石。这虽然不能得出我们为寻求真相而不择手段的结论，但是，所谓的真相不存在的怀疑论或者真相不能被发现的不可知论都站不住脚。该案中，杨兴东受伤可能会涉及赔偿问题，这反过来要求地铁站重新审视它的规则。无证据则事实不存在，证据裁判主义是刑事证据法中的一个基础性概念，它要求依据有关证据认定刑事诉讼中的事实。未亲历现场作为局外人的事实裁决者，对发生在过去的事实要通过法定的证据来证明；不过，很多时候，拿出了法定的证据一方面也并不能通过证据本身显示出事实存在与否，另一方面，证据本身真实与否也要经过检验和审查判断。证明残疾人身份需要凭具有法定形式的残疾人证，其形式就具有一定的权威性；但是仅有证件也不一定能证明残疾，还需要证件记载的内容与人的实际情况相符。由此可见，证据的真实性、合法性和关联性等的确需要进一步判断。

发现真相的途径有千千万万，到底哪一种是可期待的呢？尽管程序正义论被认可，但是真相显然不是由程序自身生成，也不是由证据所证明出来的，"裁判"和"证据"都不会生成事实，它们是我们窥探事实的"棱镜"，而这种棱镜本身可能折射出一种幻象或者说是"拼盘"[2]，由"证据之镜"的原理可知，刑事错案发生总体上具有不可避免性，也即真凶脱逃和无辜受罚都可能存在。不管怎么说，事实认定总是有穿越到过去或者还原到本真的意图，因为事实一直在那里。然而，事实并不会自动呈现。主流的证据理论认为，在这个世界上存在过的任何东西都会留下痕迹。如果对当前客观存在的现象加以适当编排、分类和整理，就可以清楚地说明早期的事件。[3]然而，对过去事实的发现并不仅仅由证据单独决定，还受证据的收集、提取、固定、呈现、解释和审查判断之主体的影响。

---

[1] Tehan v. U. S., 383 U. S. 406, at 416（1966）. 转引自［美］拉里·劳丹:《错案的哲学：刑事诉讼认识论》，李昌盛译，北京大学出版社 2015 年版，第 2 页。

[2] 张保生:《刑事错案及其纠错制度的证据分析》，《中国法学》2013 年第 1 期。

[3] H. Richard Uviller, "Evidence of Character to Prove Conduct: Illusion, Illogic, and Injustice in the Courtroom", *University of Pennsylvania Law Review*, 1982, 130（4）, pp. 845–891.

三、本质：符合或聚合

那么真相到底为何？真理符合论认为，真理为事实与理智的相符，尤尔根·哈贝马斯（Jürgen Habermas）认为，符合论的矛盾之处在于其中加入的"现实"本身还要通过命题来表达，而命题与现实之间的符合关系也只能通过命题来确定。问题在言语逻辑内转化成了命题之间的关系，真理共识论是在形式正确的意义上产生共识。如果以此来看，笔者所谓的意见裁判主义好像完全脱离了现实基础而落入了这种形式正确的共识之中。然而，正如考夫曼（Arthur Kaufmann）所说，在以命题形式出现的"现实"之前省略了"据我所知"，由此"每个命题都只是复现了提出命题者的观念形象"[1]。那种形式正确的共识无法确定某事物的"真值"，也不能创造真理，因而考夫曼所提出的真理聚合论聚焦于不同主体对同一个实然者的不同认识之间的取舍、结合。意见裁判主义不否认既存的实体事实，再往前推进一步，也不否认可得的各种证据材料，但是，我们允许不同的诉讼参与者对事实和证据进行符合各自立场的合理解释，从而最终得出一个各方都满意的解决方案。这个解决方案对事实的解释被设证为真实，当然这种真实是可误的。由此，意见裁判主义注重意见而从未脱离现实。也就是说，诉讼中的事实往往更需要实锤的证据来认定，然而，有时即使有实锤的证据，对事实的评判和认定也可能是人们对所谓证据的见仁见智的表述。因此，司法实践之中基于证据的事实认定并不像铁板钉钉一样确定。同样，也可能没有实锤的证据，但是，这种"无证据"本身也是证据，需要我们在庭审中给出一个明确的答案。

法律思维常常被认为是一种理性思维的精妙体现，"法律是没有激情的理性"[2]，"法律即理性"[3]，十七八世纪的古典自然法学派法学家，包括启蒙思想家孟德斯鸠（Montesquieu）认为，法律是理性的体现，资产阶级的自

---

〔1〕 ［德］阿图尔·考夫曼：《法律获取的程序———一种理性分析》，雷磊译，中国政法大学出版社 2015 年版，第 45 页。

〔2〕 亚里士多德语。在电影《律政俏佳人》中，金发女郎艾丽·伍兹作为哈佛法学院的优秀毕业生在毕业典礼致辞中引用了该语，并且表达了反对意见。

〔3〕 ［古罗马］西塞罗：《论共和国 论法律》，王焕生译，中国政法大学出版社 1997 年版，第 192 页。

由要受法律约束,"理性能够设计出普遍有效的法律制度的全部细节"[1]。阿尔伯特·爱因斯坦(Albert Einstein)曾说:"只要数学命题涉及现实就是不确定的,只要它是确定的就不涉及现实。"[2]书本中的法拟制的确定性必然要落实为行动中的法的可变性。诚如考夫曼所认为的,"'理性的'方法分析如果不熟悉所有的非理性要素,就只是表面上理性的"[3]。也就是说,法律获取程序不完全是理性的,甚至如何掌握法律中非理性和不确定的因素反而成为一种真正的理性,对非理性因素也要坦率地理性分析。因此,又或许可以说法律获取的逻辑有理性与非理性之分。考夫曼提出一种"方法论综合主义"命题,它不是抽象的非此即彼的对立,不是要么选尖头要么选纽扣(Spitz oder Knopf),而是过多与过少之间的一种关联构造(Beziehungsgefüge),它使得一种中点(Mitte)——亚里士多德意义上的中点——或为可能。[4]这里意味着多种方法的运用并不等于得出一个多元的结论,而是聚合为一种折中的决定。也就是说,从不确定之中寻求确定的解决方案,或者说,在有限把握的基础上给出一个合理解决方案。亚里士多德的"允正中道"(just mean)是艰辛的道路,是偷懒的人和掌握不到技巧的人很容易跌倒在上面的道路,并不同于现代人所说的易行的、只需付出极少努力的"中间道路"(the middle way)。[5]这也就承认了,"一种认识可以是真的,无需它在每个角度看来对于现实都是充分的,也无需清晰无疑地去把握其对象"[6]。考夫曼"真理聚合论"的思想基础在于这样的考虑:在每种认识中,主体要素来自不同的渊源,相反,客体要素来自同一个实然者。因而对比来说,主体要素是相互弱化或者自我废止的,而客体要素将所有人引向实然者的统一点上,并确保它得到证立。聚合不是主体想法的简单堆积或者一种"通说",而是将来源于不同主体且彼此独立的关于同一个实然者的不同认识带入一致

〔1〕 [美] E. 博登海默:《法理学:法律哲学与法律方法》,邓正来译,中国政法大学出版社 1999 年版,第 63 页。

〔2〕 [德] 阿图尔·考夫曼:《法律获取的程序——一种理性分析》,雷磊译,中国政法大学出版社 2015 年版,第 35 页。

〔3〕 [德] 阿图尔·考夫曼:《法律获取的程序——一种理性分析》,雷磊译,中国政法大学出版社 2015 年版,前言第 7 页。

〔4〕 [德] 阿图尔·考夫曼:《法律获取的程序——一种理性分析》,雷磊译,中国政法大学出版社 2015 年版,第 20 页。

〔5〕 [美] 富勒:《法律的道德性》,郑戈译,商务印书馆 2005 年版,第 23 页。

〔6〕 [德] 阿图尔·考夫曼:《法律获取的程序——一种理性分析》,雷磊译,中国政法大学出版社 2015 年版,第 37 页。

（Ineinssetzung）。在此意义上可以说，聚合不只是获得具体知识的手段，也是一种真理的标准。与这种真理聚合论相协调的只有一种实用的可误主义（Pragmatischer Fallibilismus），它在可误之想法的聚合点上假设了一种实际知识（Sachliches Wissen），而波普（Karl Popper）的绝对可误主义最终只能是一场空。[1] 说到底，其实，演绎就是将案件涵摄于制定法规范之下。演绎方法的局限在于，它难以充分应对案件之间的差异性。尽管法律条文是普遍适用的，但每个案件的具体情况千差万别。所以，所谓的涵摄往往只是对已获得的结果的确认，更多的如同课堂上老师的实践练习，而不是对生活案件进行司法裁判。考夫曼认为，每部制定法都有漏洞，其实说的是法律规定之中的案件或者事实要素。进而言之，考夫曼看到的是对生活事实如何从法律上进行解释，这种解释有多种可能，因此解释就不是确定的、必然的，而是合理的，由此表面上是事实有歧义，但其实恰恰又是事实存在的统一具有不同的法律上的意义，可以说，法律获取是"事实与规范的同化"。

四、事实：存在与开放

其实，研究证据法，更主要的不仅是通过法律解释来确认事实存在与否，而在于整体的事实或者法律意义上的事实是如何通过具体的证据被架构出来。当然，证据本身也受法律制约。

一是关于何谓证据的法律，即出于考虑事实的证明逻辑之法律，如关联性规则、品格证据规则、传闻证据规则、意见证据规则等，或者出于保护真相以外的价值之法律，如非法证据排除规则、作证豁免权规则等。其实，某些规则可能同时反映了两个方面的法律要求，例如，传闻证据排除或许出于真实性考量，又或许是出于对对质权的保障。非法证据排除的理论基础就有所谓的虚伪排除说、人权保障说、遏制不法说、司法廉洁说等，其中所谓的虚伪排除本身就是一种真实性考量，而其他的观点则分别体现了人权和司法体制的公正诉求。关联性规则也可能既牵涉偏见因素，又牵涉重复和效率因素。二是关于如何运用证据的法律，例如收集证据的规范、证据开示的规则、排除非法证据的动议、庭审质证规则、证明对象、证明责任和证明标

---

[1]　[德] 阿图尔·考夫曼：《法律获取的程序——一种理性分析》，雷磊译，中国政法大学出版社2015年版，第46—47页。

准，乃至司法认知、推定等规则。

前述的规则总体上可以分为静态的证据规则和动态的证明规则。这些法律规则同样存在考夫曼所说的解释不确定性问题。每一个程序规则的运用相当于做了一次微型的司法裁决。当然，这里的事实的开放结构可能会使我们陷入不确定的旋涡。

然而，事实开放的前提可能有时恰恰是事实本身的确定存在，法律规范本身也统一可得，但是，正是因为对证据和事实乃至法律进行了不同的意义诠释而导致了事实的开放。当然，事实的开放还有一些特别的原因，例如，真相并不是自然的科学真相，而是基于可获取的证据材料所构建的法律事实。当案件事实处于真伪不明的状态时，司法系统必须通过证明责任分配规则来完成事实认定——这种制度设计恰恰体现了法律事实认定的程序性特征。例如在刑事诉讼中，如果控诉方举证不能达到证明标准，则只能依无罪推定原则认为被告人是无罪的，也就是说这种真相是一种拟制的真相。再则，即使明知某人是有罪的，甚至也获取了可以进行有罪认定的证据材料，但是，因为取证手段侵犯了公民的宪法权利或者一些重要的诉讼权利而需要适用非法证据排除规则，这样可能会导致证据不足而作出被告人无罪的判决。正如本杰明·内森·卡多佐（Benjamin Nathan Cardozo）大法官在观察报告中所言，由于警察铸成大错而让罪犯逍遥法外，他甚至推测，狭隘的治安官由于过度热情或者言行失检地行使其权力，使一个犯下最卑鄙无耻罪行之罪犯获得豁免。[1]因此，所谓的事实的不确定可以归结为不同的诉讼参与者对事实所持有的意见不同，而在这种不同的意见交流之中或许会形成相同语法规则（这里主要指法律规则）下的共识。

不同诉讼参与者的解释方案的确可能显示出多样化、多元性的诉求，但是从二分法来看，这种解释出来的真相非有即无。由于刑事诉讼是确定犯罪嫌疑人、被告人是否有罪，以及应当受到何种惩罚的活动，对事实就存在一个有罪与无罪的对立主张，因此刑事诉讼之中就可能存在着质证活动，这是从对立面来考察证据，"通过交叉询问，证人的有意编造和无意的误述都可以得到有效的暴露，从而使事实真相大白"[2]。此外，基于孤证不足为凭

[1]　See People v. Defore, 242 N. Y. 13, 21, 150 N. E. 585, at 587-588（1926）.
[2]　李培锋、潘驰：《英国证据法史》，法律出版社2014年版，第67页。

(testis unus testis nullus)[1]，各方为了确保己方意见的真实、可信，必须提出多个能够相互印证的证据，这是从同向的角度来考察的。

当下的庭审改革必然会对事实证明模式造成冲击。学者龙宗智将司法智慧之结晶的我国刑事证明方法的"印证"模式提炼出来，[2]其实印证曾经只是司法实践中模糊的经验，其之所以可能被提炼为一种理论，当然要经过学者的极化变形和特征添附，而成问题的是总有学者以这种理论来取代现实并将之作为批评和自我批评的对象，[3]从而找错了"靶心"。随着对庭审实质化的呼吁，一种以交叉询问为基本形式的"质证"模式逐渐成为一种主流的理论模式。模式本无对错之分，真正值得探讨的是，在当前我国以审判为中心的刑事诉讼制度改革背景下，针对不同的程序阶段如侦查和审判，不同的案件类型如认罪或者不认罪，到底应如何契合情境地选择、取舍印证模式与质证模式，或者这两种模式能否以及如何相互结合。[4]

五、证据：材料与意见

认知的理性原则体现在证据法中则是证据裁判主义，"无证据则事实不存在"。然而，人类的认知手段在特定时空下往往是有限的，甚至是受蒙蔽的，可能存在着一种"无需证据的证明"或者有无证之罪的情形。一个典型的措施可能是拓展证明手段，即扩大"证据材料"的范围，例如承认法定形式之外的材料也是证据，这既可能向上超越个人感官，例如寻求科学技术的帮助，将大数据作为证据材料，还可能向下融入百姓的平常生活、日常经验，例如承认"不在场"、公安机关事故责任认定书等作为一种综合信息可能对案件事实起到证明作用。"意见裁判主义"的核心内容为"意见"，其也有作为证据材料的功能。从上述事件来看，杨兴东本人根据个人情况主张残

---

〔1〕 在中世纪时期，罗马法确立的至少需要 2 个证人证明的证据规则演变成一条教会法规则。参见李培锋、潘驰：《英国证据法史》，法律出版社 2014 年版，第 61 页。

〔2〕 龙宗智：《印证与自由心证——我国刑事诉讼证明模式》，《法学研究》2004 年第 2 期。

〔3〕 学者朱桐辉总结了刑事诉讼法学前沿问题研究的一个重要方面，即印证问题，参见朱桐辉：《法学研究热点之一：刑事诉讼法学前沿问题研究》，《昆明理工大学学报（社会科学版）》2017 年第 5 期。其实争鸣还在持续，然而，笔者以为许多学者是将"印证"作为幌子来表达对现实程序的批评，落入了自说自话的"字意辨析"的窠臼，并且提出自认为理性的制度设计，而否定或者忽视了司法实践的再造功能。

〔4〕 陆而启：《重返证明模式的理论框架》，《贵州民族大学学报（哲学社会科学版）》2017 年第 6 期。

疾人身份虽然是一个意见，但是很显然是根据自身客观情况作出的，有根有据且能经得起检验。意见可能揭示法定证据自身的内涵而形成对事实的证明，例如揭示物证对证明的意义，还可能填补法定证据的漏洞而形成对事实的证明。此外，由于不同主体对同样的证据有不同意见，个人的独知经验需要相互交流，而要真正实现这种交流，既要遵循一致的程序规则，又要遵循共同的逻辑和相似的经验。

我国 2012 年修正的《刑事诉讼法》对证据概念的界定从事实说转向材料说的一个合理之处就是避免了这样的逻辑矛盾，即将证据等同于事实却又必须经过查证属实。作为材料的证据必然以某种载体形式存在，从经验判断进而到司法审查层面要与"案件事实"有相关性，并且其证明作用（有罪、无罪、罪重、罪轻）能够为办案人员所认知从而进入诉讼程序。刑事案件一旦发生错误就可能给人带来人身自由、财产甚至生命上的损失，几乎没有一个现代诉讼制度主张放弃对"查明犯罪事实"的寻求。尽管错误不能被完全避免，但是，我们也并不能把证据制度和证明责任完全视为对错误风险的分配，更多时候，我们还是能够从证据材料之中推导出案件事实，从而减少错误。材料与意见是有差异的，如果说材料更侧重客观外在，那么意见更侧重主观内在，当然，这两者又是必然关联在一起的，尤其是材料必然要通过人的认识而最终转化为意见，甚至完全可以说材料及其证明作用能够为办案人员所认知的这种主观性就是一种意见。此外，很多时候，意见更具有独立的价值，即使意见没有相应的材料根据，但是，那些"无根无由"的意见表达可能对材料的含义起到了排除作用。再则对案件事实的意见兼具传递性和沟通性：其传递性在于合理的意见可能有助于形成合意，甚至转化为一种对事实真相的判断；其沟通性有可能能够澄清细节和消除误会，或者在各持己见的情况下由中立的第三方作出裁决。因而，沟通的目的在于说服别人的同时说服自己，或者能够被别人说服。

当然，正是看到了超越证据的"意见"之内涵广泛，又在诉讼法的相关条文中若隐若现，能对证据的生成及其意义，甚至对证明活动进行动态的解释，所以笔者以意见裁判主义代替证据裁判主义的提法更显灵动真切。当然，意见裁判主义的概念甚至还超越了自由心证主义所内含的官僚崇拜，更看重不同诉讼参与者对证据的不同责任和态度，更看重意见的相互沟通对证明案件事实的决定性作用，从不同文化传统、不同诉讼模式和不同证据制度中找到共同的"意见基因"。

诉讼制度在证据呈现的环节之外必然有意见表达的环节，而意见的表达贯穿了诉讼程序的始终。不同于平常的话语表达，诉讼之中的意见表达更具有一种仪式感。或许这种仪式感能达到言为心声的效果，更多的时候是让有理摆在台面上，让公众评评理。如果公正更侧重于一种说话机会——意见表达的平等，那么公开则是让正义看得见的必要环节。如果说公正还仅限于程序之内的意见交涉，那么公开则可能在某种意义上允许公众对裁判进行事后评价，甚至要求裁决者在决策过程中要考虑受众的意见并赢得公信。

六、结语：程序与法律

在实际办案过程中，要通过环环相扣的证据链来印证案件事实，在自然认知之外还要接受相关证据法的规制。证据制度的原则、规则、方法、措施必然与特定的社会背景、文化传统乃至制度经验密切相关，由此单纯的制度移植或者借鉴可能并不如人意。例如，"不得进行诱导性发问"[1]，不得宣读排除程序进行中的或者经排除的证据[2]等许多规则，在小的层面可能割裂了具体场景，而在大的层面则缺乏制度土壤，由此变为纸面上的规则。可见，遵循法律规则并不一定能发现真相，在确认真相的程序中可能要引入一些自然主义的视角。

---

〔1〕 2017年《人民法院办理刑事案件第一审普通程序法庭调查规程（试行）》第20条第2项规定，向证人发问应当遵循"不得采用诱导方式发问"的原则；第21条规定了审判长对不当发问方式异议判明情况予以支持或者驳回，或者对未当庭提出异议的根据情况主动制止。2018年《人民检察院公诉人出庭举证质证工作指引》第31条第5项作出相同规定，即"不得以诱导方式发问"；第48条规定了公诉人应当及时提请审判长制止辩护人的诱导性发问，必要时提请法庭不予采信该项陈述或者证言。2018年《人民检察院办理死刑第二审案件和复核监督工作指引（试行）》第56条（讯问、发问被告人）、第61条第2款（询问证人）规定了禁止控、辩诱导性及不当发问。2019年《人民检察院刑事诉讼规则》第402条第1款、第2款规定了公诉人不得或者要求制止辩方向被告人、证人进行诱导性以及其他不当发问的规则。2021年《最高人民法院关于适用〈中华人民共和国刑事诉讼法〉的解释》第261条第1款第2项规定，向证人发问应当遵循"不得以诱导方式发问"的规则；第2款规定，对被告人、被害人、附带民事诉讼当事人、鉴定人、有专门知识的人、调查人员、侦查人员或者其他人员的讯问、发问，适用前款规定。

〔2〕 2017年《人民法院办理刑事案件排除非法证据规程（试行）》第18条第2款规定："在对证据收集合法性的法庭调查程序结束前，不得对有关证据宣读、质证。"2017年《最高人民法院、最高人民检察院、公安部、国家安全部、司法部关于办理刑事案件严格排除非法证据若干问题的规定》第34条第2款和《人民法院办理刑事案件排除非法证据规程（试行）》第4条都规定，对依法予以排除的证据、非法证据，"不得宣读、质证"，不得作为判决（定案）的根据。

在美国法制史上，法律诉讼与真相问题的纠葛主要体现在两个方面，都可以称为法律外的真相，一是实体法外的真相，二是程序法外的真相。或许我们都有与生俱来的判断真相的能力，但是在利益支配下的实体法或者程序法运行却阻碍着我们对真相的确认。由此，将法官的裁决权力交还给陪审团可能就是对这种道德直觉的承认。

第一，实体法外的真相主要体现在言论自由的案例中，概言之，真相先于程序，自由言论所表达的真相在诉讼程序开始前就成了一种获得公众认同的意见，因此更侧重于裁决者到底是法官还是陪审团之间的较量。1735 年的"总检察长诉约翰·彼得·曾格案"（Attorney General v. John Peter Zenger）是美国法律史上第一个划时代的案件。总检察长对曾格提起诉讼，称他发表了宣称纽约人民自由和财产权处于危险之中的煽动性诽谤文章，开庭审理后不久，费城律师界领袖，也是当时较知名的律师安德鲁·汉密尔顿（Andrew Hamilton）从观众席中站出来说，曾格聘请过他为其辩护。汉密尔顿虽然承认了案件所涉文章出版的事实，但他强调，"只要所涉事件有真相支撑，就是任何自由人的权利"，所以"他这么做并没有犯罪"。[1] 总检察长引用英国案件认为，"事实"不能作为辩护依据。虽然法庭明确表示不能以事实真相作为辩护依据，但汉密尔顿仍继续强调，印刷出来的事实"是臭名昭著的真相"。他还称，星座法院的法律是"糟糕的先例"，是对自由的侵犯。[2] 陪审团最终作出无罪判决，判决确定了发端于 17 世纪英国的有关陪审团可以不顾法庭指控而为自己的良心投票的权利。同时，这也是运用"真相"作为诽谤的刑事指控辩护的重要一步——1803 年的"克罗斯韦尔诉人民案"（Crosswell v. People）中，亚历山大·汉密尔顿（Alexander Hamilton）在纽约州的辩护充分确定了"真相"在此类案件中的地位。[3] 在"克罗斯韦尔诉人民案"中，美国早期的律师亚历山大·汉密尔顿认为："将事实真相看作是不重要的内容而加以排除，这一教条来源于暴君式的堕落的星座法院"，法庭不应当"禁锢于"当前的英国先例，"只要是涉及公民安全，应当允许陪审团与原被

---

〔1〕　［美］伯纳德·施瓦茨：《民主的进程：影响美国法律的"十宗最"》，周杰译，中国法制出版
　　　社 2015 年版，第 374—375 页。
〔2〕　［美］伯纳德·施瓦茨：《民主的进程：影响美国法律的"十宗最"》，周杰译，中国法制出版
　　　社 2015 年版，第 375 页。
〔3〕　［美］伯纳德·施瓦茨：《民主的进程：影响美国法律的"十宗最"》，周杰译，中国法制出版
　　　社 2015 年版，第 36 页。

告双方对话".[1]陪审团审判其实也是公众监督的需要。

　　第二，程序法外的真相主要是僵化的程序规则可能阻碍发现真相，然而，可接受的真相显然又只能来自于程序规则的"熔炉"，由此反过来要求程序规则顺应时代发展进行灵活的变革。程序规则从排除证据转变为使更多的证据信息被提交给法庭，如果不能更有助于发现真相，至少在控辩双方各尽其能的状态下或许更有助于提高裁判的可接受性，因此法律发展的进程更侧重于让证人出庭接受交叉询问以及发挥控辩双方的积极作用。约翰·阿普尔顿（John Appleton）是缅因州最高法院法官，后升为首席法官，其从事法律工作的基本信念为："不管是民事诉讼程序还是刑事诉讼程序，引入证据的目的都是查明真相。"[2]阿普尔顿得出了一个基本结论：所有人"都有感知能力，他们可以将自己的感知传达给别人，都可以成为证人并接受质询"[3]。他进一步说，反对意见"可以用来对证人信誉进行质疑，但不能用于剥夺证人作证的资格"[4]。他主要是抨击了19世纪不允许违法行为各方及刑事被告提交证据的规则，他认为，法庭可以从最了解违法行为事实的人那里获得更多的信息。阿普尔顿认为，法律将太多的相关证据排除在外，公正只是空谈。阿普尔顿写道，不管实体法本身是多么健全，"如果取证规则存有缺陷，法律就没有智慧可言，立法者的愿望将落空，奖惩都将无法执行"[5]。阿普尔顿的时代盛行"司法竞技主义"的理论，即遵守游戏规则与探寻真相同等重要，甚至前者比后者更为重要。与之相应的司法体系则是"适者生存"，真相在实际中往往不是法律的结果而是其牺牲品。[6]亚历山大·汉密尔顿认为，法律是国家的一种工具，这也使他比同时代的大多数律师更容易接受法律的变革。他在准备在公开法庭的考试（an examination in open court）成为

---

〔1〕［美］伯纳德·施瓦茨：《民主的进程：影响美国法律的"十宗最"》，周杰译，中国法制出版社2015年版，第331页。

〔2〕［美］伯纳德·施瓦茨：《民主的进程：影响美国法律的"十宗最"》，周杰译，中国法制出版社2015年版，第229页。

〔3〕［美］伯纳德·施瓦茨：《民主的进程：影响美国法律的"十宗最"》，周杰译，中国法制出版社2015年版，第229页。

〔4〕［美］伯纳德·施瓦茨：《民主的进程：影响美国法律的"十宗最"》，周杰译，中国法制出版社2015年版，第229页。

〔5〕［美］伯纳德·施瓦茨：《民主的进程：影响美国法律的"十宗最"》，周杰译，中国法制出版社2015年版，第231页。

〔6〕［美］伯纳德·施瓦茨：《民主的进程：影响美国法律的"十宗最"》，周杰译，中国法制出版社2015年版，第231页。

律师的过程中写了一本律师执业手册，这本手册是"共和国早期最伟大律师之一在司法领域的第一本著作"[1]。他曾讽刺性地描述："最高法院最近学到了一些不成熟的理念，法律诉讼的目的是在程序中发现事实真相，而不是纠结于僵硬技术术语的罗网之中。"[2]典型的例子是1802年的一个案例。当时有一份合同，证明被告有意购买美国国家银行的股份，但是却拒绝配合交割。审理中，由于原告提供的证明原件被意外损毁，法庭拒绝接受关于这份证明的口头证据。汉密尔顿辩称，如果证明原件"在（当事人）无过错的情况下被损毁"并且"有其他辅助证据证明复本内容的真实性"，那么，这份文件复本可以被接受。上述观点虽然可以说是对抗式背景下发现真相的一股清流，但是这种理论争鸣或者对传统的"背叛"弱化了程序规则对意见的塑造作用，反而强化了意见对程序规则的塑造作用。如果说有关真相的意见对实体法的塑造是第一次飞跃，那么意见对程序规则的塑造则是第二次飞跃。两次飞跃都无法脱离"意见"。

　　或许英美法系重视程序的传统本身就内含了一种对真相的疏离和分裂。一名英国律师认为，通过观察证人的行为举止来识别谎言与真相，"就像是给驴子装上一条尾巴"，纯属臆测。[3]由于来自英国的精通普通法的起草者坚持要求，被告人有权"自行或者让他人询问对自己不利的证人"被写进了《欧洲保障人权和根本自由公约》第6条第3款第4项中，美国宪法第六修正案也规定了"对质条款"，保证"被告有权……与原告证人对质……"这是将对绝对真实信念的追求错误地安置在要求证人出庭和对庭审仪式的遵循上。在2018年《刑事诉讼法》中，未能体现推进以审判为中心的刑事诉讼制度改革的成果。由于当下立法允许宣读审判前的讯问笔录和询问笔录等，没有确立传闻证据排除规则，且直接言词原则也在一定程度上被忽视，这使得"证人出庭作证难"一直都存在，并且日渐与我们所倡导的公正审判理念相悖。即使2012年《刑事诉讼法》已经吸收了一些鼓励证人出庭的良策，例如确立了证人出庭的原则以及例外，证人作证保证制度，类似交叉询问制度，

---

〔1〕［美］伯纳德·施瓦茨：《民主的进程：影响美国法律的"十宗最"》，周杰译，中国法制出版社2015年版，第328页。

〔2〕［美］伯纳德·施瓦茨：《民主的进程：影响美国法律的"十宗最"》，周杰译，中国法制出版社2015年版，第329页。

〔3〕［英］亚历克斯·麦克布赖德：《律师为什么替"坏人"辩护？：刑事审判中的真相与谎言》，何远、汪雪译，北京大学出版社2017年版，第132页。

向证人发问的规则，强制证人出庭制度，近亲属证人的出庭作证豁免权，证人保护制度，证人出庭作证经济补偿制度，等等，但是实务操作依旧如故。有人认为，证人不出庭源于"和为贵"的传统，或许证人出庭也难以使控辩双方形成有效对抗，通过书面证言代替证人出庭的制度设计能保障庭审按照既定的节奏顺利进行。还有人认为，证人不出庭源于害怕被报复的心理，当然我国建立的证人保护制度的确还有很大的改善空间。

进而言之，即使证人出庭了，我们也并不能凭借其面部表情、身体动作和声音这些"泄露真相的指标"探测到真相，通过交叉询问是否可期呢？法学家约翰·亨利·威格摩尔（John Henry Wigmore）于 1940 年说道："（交叉询问）无疑是人们为了发现真相所创造的最伟大的法律引擎。"[1]英美法系庭审过程中的交叉询问总体来说，是由诉讼当事人和律师根据一定的询问规则，分别询问己方和对方当事人提供的证人，引导出有利于己方的证据，同时削弱对方证人的可信度；主要突出强调的是其中的反对询问发现案件真相的功能，即一方当事人以提问方式质疑对方证人，指出当庭证言与证人先前证言的矛盾之处，诱使证人承认有利于己方的某些事实等。[2]然而，威格摩尔的说法可能是错的，"立场对立的律师们会非常努力地推动自己的案件，这无可避免地会破坏作为寻求真相的审判活动"[3]。对抗式诉讼首先存在着控辩双方的对立，在这个辩护律师尽其所能地为客户提供服务，控方竭尽全力展示证据的庭审场合，还存在着法官和陪审团的分权。[4]由此，控辩双方尤其是辩护方可能会一方面对法官讲理智，另一方面对陪审团讲感情。律师的伦理要求是维护委托人的利益，遵循"出租车站原则"（The cab rank rule，又称"不得拒聘原则"），除了献身正义，更追求击败对手的快感，以及让臭名昭著的委托人逃避罪责而带来的"荣誉感"。由此，在对抗式法庭上求胜往往压过了求真的目标，控辩双方将正义置之脑后，各尽其能地来说服陪审团，看谁能构建一个更合理的故事。刑事诉讼要实现公正审判的目标，然而这个目

〔1〕［英］亚历克斯·麦克布赖德：《律师为什么替"坏人"辩护？：刑事审判中的真相与谎言》，何远、汪雪译，北京大学出版社 2017 年版，第 8 页。

〔2〕［英］亚历克斯·麦克布赖德：《律师为什么替"坏人"辩护？：刑事审判中的真相与谎言》，何远、汪雪译，北京大学出版社 2017 年版，第 8 页。

〔3〕［英］亚历克斯·麦克布赖德：《律师为什么替"坏人"辩护？：刑事审判中的真相与谎言》，何远、汪雪译，北京大学出版社 2017 年版，第 64 页。

〔4〕［英］亚历克斯·麦克布赖德：《律师为什么替"坏人"辩护？：刑事审判中的真相与谎言》，何远、汪雪，北京大学出版社 2017 年版，序言第 6 页。

标的两项原则"让无辜者获得自由"和"对有罪者科以刑罚"之间存在一种根本性的、不可调和的张力。[1]由此委托人到底"有罪"还是"无罪"并不是一目了然，审判结果无法预测。在英美法系中，"在排除合理怀疑证明被告人有罪之前，被告人是无辜的"，也就是说要达到法定的证明标准才能认定被告人有罪，由此，最终有罪或者无罪的"真相"，首先是法律规范要求的产物，当然，是否达到证明标准还要由裁决者凭理性和良知进行裁量。

总体而言，程序不会生成真相，但是真相必须借助于程序才能诞生。不同形式的证据的种子在意见的温床上孵化成真相。真相的认定过程呈现出主客观维度的辩证统一：它以客观事实为基础，通过诉讼参与主体基于各自认知形成的多元解释，借助程序性对话机制实现意见交流与整合，最终形成意见聚合。当然，如果最终得到的真相还是一种假象，我们也只能以假为真地承认这种通过公平、公开的正当程序而获得的假象。虽然程序更侧重于一种控辩平等、第三方居中的结构因素，但是如果作为独立一方的诉讼主体没有自由意志来支撑其独立（法官独立、检察官独立、被追诉人自主[2]），则所谓的三方组合也可能徒具形式。

---

〔1〕［英］亚历克斯·麦克布赖德：《律师为什么替"坏人"辩护?：刑事审判中的真相与谎言》，何远、汪雪译，北京大学出版社 2017 年版，序言第 16 页。

〔2〕将被追诉人还原为"自主道德代理人之地位"的公民，参见［瑞士］萨拉·J.萨默斯：《公正审判：欧洲刑事诉讼传统与欧洲人权法院》，朱奎彬、谢进杰译，中国政法大学出版社 2012 年版，第 24—25 页。

第二章 审慎采取强制措施：保护民营企业经营者相关规范解读

民营企业负责人涉刑非常普遍，我们不仅要看到优化公平竞争的市场环境，减税、融资等政策扶持的正面支持效应，还要看到民营企业负责人涉刑事犯罪的风险巨大。民营企业负责人因经济问题引发人身限制，又可能因为人身受限而使企业经营举步维艰。审慎采取强制措施能够卸下民营企业负责人的思想包袱，在争取其配合的基础上挽救企业，促进社会经济的发展。2016 年 11 月 4 日出台的《中共中央 国务院关于完善产权保护制度依法保护产权的意见》首次从中央层面对产权保护制度进行顶层设计，明确提出健全以公平为核心原则的产权保护制度，让"有恒产者有恒心"，依法有效保护各种所有制经济组织和公民的财产权，推进产权保护法治化，增强人民群众财产财富安全感，提出"进一步细化涉嫌违法的企业和人员财产处置规则，依法慎重决定是否采取相关强制措施"的要求。2017 年 9 月 8 日出台的《中共中央、国务院关于营造企业家健康成长环境弘扬优秀企业家精神更好发挥企业家作用的意见》中提到，要依法保护企业家财产权、保护企业家创新权益、保护企业家自主经营权，营造依法保护企业家合法权益的法治环境。2018 年 11 月 1 日，习近平总书记在民营企业座谈会上明确强调："非公有制经济在我国经济社会发展中的地位和作用没有变！我们毫不动摇鼓励、支持、引导非公有制经济发展的方针政策没有变！我们致力于为非公有制经济发展营造良好环境和提供更多机会的方针政策没有变！"[1]2019 年 12 月 4 日出台的《中共中央 国务院关于营造更好发展环境支持民营企业改革发展的意见》重申了"保护民营企业和企业家合法财产"。总体而言，这些意见并未突出有关人身的强制措施，法院和检察院为落实这些意见也相应出台了促进

---

[1]《在民营企业座谈会上的讲话》，新华网，https：//www.xinhuanet.com/politics/2018 – 11/01/c_ 1123649488.htm，最后访问日期：2025 年 4 月 20 日。

民营经济健康发展的相关文件，其中审慎采取强制措施是检察机关和法院保护民营企业和企业家的重要手段。为了贯彻落实《中共中央 国务院关于促进民营经济发展壮大的意见》，2023 年 9 月 25 日，最高人民法院发布了《最高人民法院关于优化法治环境 促进民营经济发展壮大的指导意见》，2023 年 10 月 13 日，最高人民检察院发布了《最高人民检察院关于全面履行检察职能 推动民营经济发展壮大的意见》（以下简称《检推民营发展壮大》），这两个意见明确要求充分发挥检、法职能作用，持续优化民营经济发展法治环境，服务和保障民营经济发展壮大。

一、最高人民检察院相关意见中的"不采取拘留、逮捕措施"的规范解读

最高人民检察院于 2016 年 2 月 19 日印发《最高人民检察院关于充分发挥检察职能依法保障和促进非公有制经济健康发展的意见》（以下简称《非公意见》），2017 年 1 月 9 日发布《最高人民检察院关于充分履行检察职能加强产权司法保护的意见》（以下简称《产权意见》），2017 年 12 月 4 日发布《最高人民检察院关于充分发挥职能作用 营造保护企业家合法权益的法治环境 支持企业家创新创业的通知》（以下简称《创新创业通知》），这 3 个文件中都有审慎采取强制措施的相关规定。

（一）最高人民检察院相关文件中审慎采取强制措施的要件比较

由表 1 可知，"不采取拘留、逮捕措施"的考量条件归纳起来主要有四方面：一是罪后态度，二是社会危险性，三是对象的配合度，四是犯罪情节。

表 1　相关文件中审慎采取强制措施的要件比较

法律依据	对 象	条 件	后 果
《最高人民检察院关于充分发挥检察职能依法保障和促进非公有制经济健康发展的意见》第 9 条	非公有制企业涉案人员	有自首、立功表现，认罪态度较好，社会危险性不高，积极配合	一般不采取拘留、逮捕措施
《最高人民检察院关于充分履行检察职能加强产权司法保护的意见》第 5 条	涉嫌犯罪的各类产权主体	主动配合调查，认罪态度好，犯罪情节较轻，且没有社会危险性	一律不采取拘留、逮捕、指定居所监视居住等强制措施

续表

法律依据	对　象	条　件	后　果
《最高人民检察院关于充分发挥职能作用 营造保护企业家合法权益的法治环境 支持企业家创新创业的通知》	企业家	主动配合检察机关调查取证，认罪态度好，没有社会危险性	不采取拘留、逮捕、指定居所监视居住措施

首先，这 3 个文件皆要求"认罪态度（较）好"。这里至少包含了两层含义：一是构成犯罪；二是认罪还有不同的梯次。根据《刑事诉讼法》第 81 条，对有证据证明有犯罪事实，可能判处徒刑以上刑罚的犯罪嫌疑人、被告人，采取取保候审尚不足以防止发生下列社会危险性的，应当予以逮捕。但是，2017 年《产权意见》避开犯罪后果，提出了"犯罪情节较轻"的要件，这就将个人罪前行为之情节和罪后态度结合起来了，是在逮捕法定条件内的反向细化。民营企业负责人意图通过认罪和主观悔罪来挽救人生的败局，因此也可能获得"程序从宽"的机会。2018 年《刑事诉讼法》确立了认罪认罚从宽处理的原则，其中就逮捕而言，增加规定："批准或者决定逮捕，应当将犯罪嫌疑人、被告人涉嫌犯罪的性质、情节，认罪认罚等情况，作为是否可能发生社会危险性的考虑因素。"（第 81 条第 2 款）当然，把"社会危险性"落脚于"犯罪的性质、情节"和"认罪认罚"，是从过去推断未来，将不确定的社会危险性连接到确定的"人身危险性"评估上。"积极配合"或者"主动配合"是不逃避义务、不具有"社会危险性"的表现，可能比"认罪态度好"更为积极，总体上都体现了一种责任担当。

其次，对核心要件"社会危险性"的要求不同而影响到采取何种强制措施。2016 年《非公意见》"社会危险性不高"决定了"一般不采取拘留、逮捕措施"，当然也含有采取 5 种法定强制措施之任何一种的可能。不过，《非公意见》对执法者的自由裁量施加了一些限制，而《产权意见》和《创新创业通知》所设定的"没有社会危险性"是对《刑事诉讼法》的重述。《刑事诉讼法》第 81 条第 1 款规定了一般逮捕的 3 个条件，并列举了其中的"社会危险性"情形：（1）可能实施新的犯罪的；（2）有危害国家安全、公共安全或者社会秩序的现实危险的；（3）可能毁灭、伪造证据，干扰证人作证或者串供的；（4）可能对被害人、举报人、控告人实施打击报复的；（5）企图自杀或者逃跑的。其中，前两个社会危险性情形需要有"当下犯罪"之外犯罪嫌疑人相关言行等证据予以支持，当然，这也可能存在于侦查卷宗之中，必要时可能需要负责逮捕审查的检察官进行走访调查。《刑事诉讼法》第81条第3款规定了绝对逮捕的3种情形：有证据证明有犯罪事实，可能判处10年有期徒刑以上刑罚的；有证据证明有犯罪事实，可能判处徒刑以上刑罚；曾经故意犯罪或者身份不明的。而绝对逮捕之"曾经故意犯罪"要件则是品格证据在审查逮捕制度中的具体运用。"曾经故意犯罪"一般要求先前被定罪或被追诉，否则可能合并到当下案件中一并处理。当然刑事诉讼的运行本身给犯罪嫌疑人施加了一定的义务，犯罪嫌疑人对这种诉讼义务的积极违反（可能对证据和相关人员"做手脚"）或者消极不履行（企图自杀或者逃跑）也被视为具有"社会危险性"，以此展示了刑事诉讼维护公共利益的本质。需要注意的是，有些企业的发展带着"原罪"，因此，办案机关本身也要通过公正严明的程序平等保护各方，构建"亲""清"新型政商关系。此外，《刑事诉讼法》第81条第4款还规定了转化型逮捕，即"被取保候审、监视居住的犯罪嫌疑人、被告人违反取保候审、监视居住规定，情节严重的，可以予以逮捕"，这首先以不逮捕为前提，并且是否逮捕本身还须进一步裁量。

最后，后果存在些微差异。上述文件提到的拘留、逮捕和指定居所监视居住等都是在一定程度上剥夺人身自由的羁押措施，而如果满足条件能排除其中最严厉的逮捕措施，那么，对民营企业经营产生的不利影响就相对较小。因此下文论述"不采取"的强制措施主要以逮捕为代表。《产权意见》和《创新创业通知》更侧重于"无社会危险性"情形下的严格执法，由此要求一律不采取具有羁押性质的措施，防止滥用强制措施，可以称为"法定不捕"；在《创新创业通知》明确列举的后果之外，还可能采取取保候审措施，而《产权意见》后果中的"等"字甚至可能要求不采取任何强制措施。《非公意见》的上述规定更侧重于对可能符合拘留、逮捕条件的案件审慎裁量，选择更轻缓的强制措施，可以称为"裁量不捕"。《非公意见》第9条还规定："对于查办非公有制企业经营管理者和关键岗位工作人员的犯罪案件，主动加强与涉案企业或者当地政府有关部门、行业管理部门的沟通协调，合理掌控办案进度，严格慎用拘留、逮捕措施，帮助涉案非公有制企业做好生产经营衔接工作。"在"严格慎用拘留、逮捕措施"过程中强化了办案机关的沟通协调工作。

（二）最高人民检察院"关于可以不批准逮捕的情形"的司法标准解答

随着对民营经济司法保护政策的不断加码，2018 年 11 月，最高人民检察院法律政策研究室以问题为导向，梳理和明确了规范办理涉民营企业案件的 11 个执法司法标准，即《充分发挥检察职能　为民营企业发展提供司法保障——检察机关办理涉民营企业案件有关法律政策问题解答》（以下简称《民企解答》）。其中关于"可以不批准逮捕"的情形，《民企解答》强调，为防止"构罪即捕""一捕了之"，检察机关办理涉民营企业案件，要严格审查是否符合法律规定的逮捕条件。对不符合逮捕条件，或者具有《刑事诉讼法》第 16 条规定情形之一的民营企业负责人，应当依法不批准逮捕；对有自首、立功表现，认罪态度好，没有社会危险性的民营企业负责人，一般不批准逮捕；对符合监视居住条件，不羁押不致发生社会危险性的民营企业负责人，可以不批准逮捕。对已经批准逮捕的民营企业负责人，应当依法履行羁押必要性审查职责；对不需要继续羁押的，应当及时建议公安机关予以释放或者变更强制措施；发现批准逮捕决定确有错误的，人民检察院应当撤销原批准逮捕决定，送达公安机关执行。《民企解答》较之前的相关文件内容更为充实：一是在批准环节明确了"不合条件不批捕""无罪不批捕"，重申了"裁量不批捕"，突出了"监居不批捕"；二是从动态程序审查的角度明确了"无必要变更为不捕"和"确有错误撤销逮捕"。2023 年《检推民营发展壮大》第 12 条规定："准确把握逮捕的证据条件、刑罚条件和社会危险性条件，对符合逮捕条件确有逮捕必要的依法批准逮捕，并及时开展羁押必要性审查；对于不符合逮捕条件，没有逮捕必要的，依法及时作出不批准逮捕决定。"该条从正反两个方面要求把握逮捕的形式"条件"是否"符合"以及实质有无"必要"双重要素，并且突出其中"及时"开展羁押必要性审查、作出不批准逮捕决定的效率因素。

二、地方规范解析——以粤法"11 条取保候审指引"为例

2020 年 7 月 21 日发布的《广东省高级人民法院关于刑事诉讼中规范民营企业负责人取保候审指引》（以下简称《取保候审指引》）共 11 条，引起了律师界的关注。尽管条文在很大程度上是对相关法律规定的集中罗列，但是法院出台取保候审指引至少表现出在程序运行中依情势变更被羁押人处遇的工作理念和积极回应被告人权利诉求的姿态。

（一）亮点之一：法院出台针对民营企业负责人的取保候审指引

第一，体现了法院的社会担当。根据该指引第 1 条，在民营企业负责人为被告人的刑事案件中，人民法院"准确适用强制措施"严格依法，"综合考虑被告人主观恶性、危害后果、认罪态度、配合监管等因素"并不稀奇，而值得关注的是"最大限度避免对正常生产经营的不利影响"，从表面上来看应该是一种准确适用强制措施的后果，但是，这可能只是一种预测因素。法院要想作出准确预测就需要调动自己的积极性，要主动融入发展大局之中。

第二，体现了羁押替代的程序从宽功能。可以说，法院保护和支持民营企业发展更多地体现在公平公正处理民事纠纷上，因此，在最高人民法院对民营企业司法保护的相关文件中很少有涉及强制措施的相关规定。不容否认的是，民营企业负责人常常会陷入非法吸收公众存款罪、虚开增值税专用发票罪、职务侵占罪、合同诈骗罪、对单位行贿罪等某些专有罪名之中。一般而言，对于强制措施的适用，检察院比法院发挥了更为主导的作用，案件到法院审理阶段已经经过层层筛选，这个时候考虑取保候审主要是采用轻缓的强制措施代替羁押，属于程序从宽的体现。

第三，体现了侦诉审的有机衔接和法院动态程序审查的职责。虽然法院出台取保候审指引多是出于在检察院决定逮捕后变更强制措施的需要，并且在实践之中，"民营企业负责人"的"取保候审"很多时候是应申请而为，具有明显的权利属性，但这也是法院自身的职责所在，甚至是司法审查该有的样态。《取保候审指引》第 3 条第 1 款第 4 项规定："检察机关已经取保候审或建议取保候审，经审查不存在妨碍审判的情形，不致发生社会危害的。"第 3 条第 2 款规定："检察机关、公安机关已经对民营企业负责人取保候审，人民法院决定继续取保候审的，可以根据案件具体情况变更保证措施。"第 6 条第 3 款规定："人民法院根据案件审理情况变化，可以重新对是否变更强制措施进行审查并作出决定。"这些规定都体现了程序之间的动态衔接，也十分考验审判人员的反应能力。第 5 条和第 6 条主要规定法院变更强制措施的启动方式（依辩方申请、依控方建议、依法院职权）和审查程序等，更突出了司法审查"三方组合、兼听则明"的程序公正要求。

（二）亮点之二：从宽严两面细化民营企业负责人取保候审标准

第一，严中有宽。《取保候审指引》第 3 条第 1 款第 3 项在《刑事诉讼法》规定的"可能判处有期徒刑以上刑罚"基础之上确定了一个"重罪取保"的条件——"10 年以下"，在"徒刑以上"设定一个"10 年以下"的上限可能意图容纳更多的重罪。该指引第 3 条可能放宽了取保候审的条件，有诸多文章标题突出"民营企业家涉刑 10 年以下可取保"的"重罪取保"意涵。当然，"可能判处 10 年以下有期徒刑"并不等于能直接取保候审，还附加了"犯罪事实已经查清，证据确实、充分，认罪态度较好，积极赔偿或者退赃，采取取保候审能够保证诉讼顺利进行"等条件，一方面是事实已经确定，被告人难以翻案，另一方面是意图通过被告人"认罪态度较好，积极赔偿或者退赃"的表现来争取宽大处理。该指引第 3 条第 1 款之其他几项基本重述了法律设定的条件，可分为两类：（1）实体上的无罪取保候审、轻刑（可能判处管制、拘役或者独立适用附加刑）取保候审；（2）程序上的继续取保候审或者依建议取保候审，羁押期限届满取保候审或者司法裁决者裁量取保候审。

第二，宽中有严。该指引第 4 条规定了"不得取保候审"的 8 种情形，其中第 1 项为"涉嫌实施危害国家安全、严重扰乱社会治安、严重侵犯公民人身权利的故意犯罪的"，第 2 项为"涉嫌实施走私、洗钱、非法吸收公众存款、集资诈骗、传销等严重经济犯罪的主犯"。这些条件是伴随着案件事实的静态特征，对比而言，其他项的条件大都表现为可能重新犯罪，可能违反诉讼义务妨碍诉讼顺利进行，甚至满足逮捕条件的情形。此外，还有第 7 项"不能提出保证人，又拒不缴纳保证金"的情形则属于取保候审客观不能。

（三）亮点之三：有条件附义务放人

《取保候审指引》突出了民营企业负责人取保候审的经济条件，确立了保证金"一般不低于 10 万元"的底线。该指引第 7 条规定了取保候审的两种方式，不论是人保还是财保，都自然而然地与保证人的"收入"和被取保候审人的"经济状况"等挂起钩来。根据 2020 年 7 月 20 日修正的《公安机关办理刑事案件程序规定》（以下简称《公安规定》）第 87 条规定，犯罪嫌疑人的保证金起点数额为人民币 1000 元，犯罪嫌疑人为未成年人的，保证金起点数额为人民币 500 元。也有律师看到，在实务中取保候审一般只要交

5000 元的保证金，而《取保候审指引》为了对被告人起到足够的约束作用，大幅提高了保证金的数额底线。通常民营企业负责人具有一定的融资能力，如果违反法律义务的惩罚仅仅是缴纳对其来说并不算多的保证金，或许并不能阻止其逃避法律义务。民营企业负责人拥有对企业事务经营决策的自由，才是"最大限度避免对正常生产经营的不利影响"，该指引第 8 条第 2 款规定："取保候审期间，被告人不得离开监管地。确因企业生产经营需要申请离开监管地的，应当经执行机关批准。"当然，提高保证金数额底线或许并不会加重企业的负担，在被告人配合监管和案件审理的情况下，保证金还是会"物归原主"。此外，在被告人无力缴纳保证金的时候，还可以选择保证人保证。

《取保候审指引》重申了取保候审的执行机关、执行程序，以及被取保候审人和保证人的义务和责任等内容，如第 8 条重申了取保候审的执行机关；第 9 条和第 10 条重申了《刑事诉讼法》第 71 条规定的被取保候审的被告人应当遵守的法律义务，被取保候审的被告人违反法定义务的后果（人民法院应当向负责执行的公安机关提出没收部分或者全部保证金的书面意见），以及对被告人违反规定的区别情形处理；第 11 条重申了保证人的义务和责任。这些是法律规定的基本程序问题。

为切实保障民营企业负责人的诉讼权利，2023 年《最高人民法院关于优化法治环境 促进民营经济发展壮大的指导意见》要求："严格规范采取刑事强制措施的法律程序……对被告人采取限制或剥夺人身自由的强制措施时，应当综合考虑被诉犯罪事实、被告人主观恶性、悔罪表现等情况、可能判处的刑罚和有无再危害社会的危险等因素；措施不当的，人民法院应当依法及时撤销或者变更。"该指导意见并没有提出明确的可操作性指引，但是与最高人民检察院《检推民营发展壮大》第 12 条所规定的"及时开展羁押必要性审查""依法及时作出不批准逮捕决定"相一致，都提出了效率性要求。

三、结论：改变"构罪即捕"和"一捕了之"的政策激励和制度创新

从适用强制措施的法检分权来看，最高人民检察院的规定意在改变批捕环节的"构罪即捕"现象，而广东省高级人民法院的指引则意图要求法院积极担负起后续的司法审查职责而改变"一捕了之""一押到底"的现象。实

践中，我国取保候审的适用率不高。笔者认为，这一方面是忽视程序正义，"构罪即捕"的状态没有改变；另一方面，未能根据情势变更积极评估犯罪嫌疑人的社会危险性程度，存在"一押到底"的现象。而上述最高人民检察院和广东省高级人民法院的规定总体上属于裁量性规范，并且对办案人员缺乏责任机制的约束，因而这种政策激励往往不能真正改变办案方式和司法现状，或许需要一定的制度创新。

（一）以认罪与否为过滤器，细化社会危险性的证据体系

目前的"不采取羁押措施"或者采取取保候审措施的决定往往建立在"认罪态度较好"的基础之上，不管是前面所提及的法定不捕还是裁量不捕，都强调了这一点，甚至还要求"积极主动配合"侦查。这种认罪、配合方面的条件要求反而使办案机关可能会推导出申请取保候审或者申请羁押必要性审查以变更强制措施的当事人认罪态度不好。当前，取保候审得以成功的最大胜算是无罪取保之情形。笔者并不反对以认罪认罚换取程序从宽，并且，一般认为，不认罪者往往可能会对证据和相关人员"做手脚"来掩盖其犯罪事实，但是认罪与否首先要以"有罪可认"为前提，因此，有罪无罪的确是采取某种强制措施的重要理由。尽管"社会危险性"是羁押必要性的前提，但是，从《刑事诉讼法》"重罪逮捕"（10年以上有期徒刑）、广东省高级人民法院《取保候审指引》"重罪取保"（10年以下有期徒刑）等规定可见，所涉犯罪的性质、情节和后果严重程度及共犯地位等已然之罪的客观情形本身或许并不是社会危险性的表征，而应该更多地着眼于犯罪嫌疑人、被告人是否可能再犯罪或者干扰诉讼的顺利进行。对于"再犯可能"则主要考察其犯罪前心理状态和犯罪后的认罪悔罪意识以及是否为累犯、惯犯等，而对于"可能干扰诉讼顺利进行"则主要考察其是否有毁灭、伪造证据以及干扰证人作证或者打击报复利害关系人等方面的言行，而不是仅凭犯罪事实来判断。

（二）以听证程序为平台，提高控辩双方对强制措施决定的参与度

是否采取强制措施不应仅依据控辩某一方的意见或者双方的对立意见，而要对各自的证据进行审查，并且可以通过听证程序为控辩双方提供对质和辩论的平台，甚至引入一种办案人员违法责任追究制度和辩护方的自主保证

机制。办案人员的违法责任主要集中于有故意严重程序违法情形或者无罪判决后的倒查机制两个方面。辩护方的自主保证机制，当然不是官方的施舍，而是当事人自主的责任激发，这种"我要保证"的心态恰恰是"要我保证"的取保候审制度所追求的积极正面的效果。

（三）以绩效考核体系为指挥棒，提高取保候审的适用率

在侦诉审 3 个阶段分别设定合理的审前羁押指标，同时也将办案的法律效果和社会效果的有机统一纳入绩效考核体系，从而确立有效的激励机制。办案机关要宽严相济，打防结合，兼顾依法惩治犯罪与挽回国家损失，坚持罪刑法定、疑罪从无原则，全面综合考虑办案效果，加强羁押必要性审查，依法及时变更强制措施。对确有羁押必要的，要考虑维持企业的生产经营，可与涉案企业或行业主管部门进行沟通，共同制订方案，在确有必要且条件允许的情形下，保障相关人员在被羁押期间能依法行使企业经营、资产处置等权利，为其在生产经营决策等方面提供必要的便利和支持，使企业尽快恢复正常生产秩序。

第三章　宽严相济政策下取保候审适用条件解读

取保候审是指在刑事诉讼中，公安机关、人民检察院和人民法院等司法机关对未被逮捕或逮捕后需要变更强制措施的犯罪嫌疑人、被告人，为防止其逃避侦查、起诉和审判，责令其提出保证人或者交纳保证金，并出具保证书，保证随传随到，对其不予羁押或暂时解除其羁押的一种强制措施。2022年9月5日，由最高人民法院、最高人民检察院、公安部、国家安全部联合印发的《关于取保候审若干问题的规定》（以下简称《取保候审规定》）明确了取保候审的适用对象，可在被取保候审人的暂住地执行取保候审，简化被取保候审人申请离开居住地的审批程序，便利保证金退还等保障犯罪嫌疑人、被告人权利的措施，明确了被取保候审人的活动范围，异地执行时被取保候审人的报到义务，以及违反取保候审相关规定的惩戒等监管措施，还对不同部门之间的工作衔接问题进行了规范。这也从侧面说明了"贯彻落实少捕慎诉慎押的刑事司法政策"（第1条制定目的之一）使取保候审获得了更多的重视，弥补了实践中的制度漏洞。《取保候审规定》第3条第2款重申了旧规定的内容要求，"严禁以取保候审变相放纵犯罪"，而该条更侧重第1款新增规定，即"对于采取取保候审足以防止发生社会危险性的犯罪嫌疑人，应当依法适用取保候审"。这是宽严相济的典型表现。该条第1款将《刑事诉讼法》所确定的取保候审是一种"可以型"裁量措施变成了"应当型"法定措施。取保候审是一种约束性较弱的监管措施，违反取保候审义务还可能升级为逮捕等约束性更强的监管措施。其"足以防止发生社会危险性"的这个核心条件要通过多元要素进行判断，并且这些要素还可能不断变化，罪与罚，客观与主观，罪前、罪中与罪后表现，人身状况与案件进展等都可能对社会危险性的判断产生影响。取保候审的"社会危险性"条件包含了一种对未然行为从已然之罪、不良品行或者相关罪后言行进行预测的心理过程，而"构罪即捕"和"一押到底"可能违反无罪推定原则。取保候审所意图防止的社会危险性，从保护社会和使诉讼顺利进行的角度而言，必然要通过限制被取保候审人的自由来具体落实。一般情况下，拟被取保候审人具有较低程度的人身危险性和较强的配合意愿。例如，申请取保候审的犯罪嫌疑人主动提交悔过书、保证书、请他人出具的情况说明和刑事谅解书等证据材料来对抗公安机关收集和提交的社会危险性证据。就正当程序而言，公安机关继续盘问或者传唤后直接采取取保候审措施，可以适当引入外部监督机制，并且应当听取犯罪嫌疑人的意见，从而更好地保障公民的基本权利。总之，判断取保候审的条件要结合犯罪的目的，罪行轻重，对被取保候审人设定的义务及其违反情况，以及监视居住和逮捕等其他强制措施转化为取保候审的可能。本章将聚焦于取保候审的条件，联系制度目的、被取保候审人的法定义务和酌定义务、所犯罪行轻重、认罪悔罪态度、审查决定程序等内容来分析"不致发生社会危险性"的相关要素。

一、预防视角：从社会危险性到不致发生社会危险性

取保候审不致发生的社会危险性只有在发生之后才是确定的，在未发生之前很难确定，需要考虑多种因素。如果说刑罚的本质在于通过一般预防与特殊预防的结合来实现犯罪防控，那么强制措施的制度价值则主要体现在通过程序性预防来确保刑事诉讼活动的顺利推进。当然，其中也复合了一部分预防再犯及预防危害国家安全、公共安全和社会秩序的实体功能。

（一）社会危险性的典型表现及其认定依据

逮捕的核心条件是"采取取保候审尚不足以防止发生社会危险性"，而取保候审的核心条件是"采取取保候审不致发生社会危险性"。这两个条件的核心内容当然要聚焦于何谓社会危险性。其实，取保候审是强制措施中最基础的一种，逮捕是取保候审的升级措施。由此可以推出，刑事诉讼中对犯罪嫌疑人、被告人采取强制措施是一个必要步骤，几乎不存在不被采取任何强制措施的犯罪嫌疑人、被告人。《刑事诉讼法》第81条第1款列举了社会危险性的5种典型表现：（1）可能实施新的犯罪；（2）有危害国家安全、公共安全或者社会秩序的现实危险；（3）可能毁灭、伪造证据，干扰证人作证或者串供；（4）可能对被害人、举报人、控告人实施打击报复；（5）企图自杀或者逃跑。

这5种表现在2015年《最高人民检察院、公安部关于逮捕社会危险性条件若干问题的规定（试行）》第5—9条以及2019年《人民检察院刑事诉讼规则》（以下简称"2019年《高检规则》"）第129—133条中得到进一步细化。"社会危险性"本质上是对未来的一种预测，但这种预测不是凭空想象，而是建立在一定的证据之上。这些细化规定使"公安机关移送的社会危险性相关证据"更具有针对性。

第一，通过一些策划、组织或者预备行为和言语等体现出来。例如，案发前或者案发后正在策划、组织或者预备实施新的犯罪的；扬言实施新的犯罪的；案发前或者案发后正在积极策划、组织或者预备实施危害国家安全、公共安全或者社会秩序的重大违法犯罪行为的；扬言或者准备、策划对被害人、举报人、控告人实施打击报复的；着手准备自杀、自残或者逃跑的；有自杀、自残或者逃跑的意思表示的。

第二，通过其曾经的犯罪行为、行政违法行为或者相关恶习等体现出来。例如，多次作案、连续作案、流窜作案的；一年内曾因故意实施同类违法行为受到行政处罚的；以犯罪所得为主要生活来源的；有吸毒、赌博等恶习的；曾因危害国家安全、公共安全或者社会秩序受到刑事处罚或者行政处罚的；曾经或者企图毁灭、伪造、隐匿、转移证据的；曾经或者企图威逼、恐吓、利诱、收买证人，干扰证人作证的；曾经对被害人、举报人、控告人实施打击、要挟、迫害等行为的；曾经自杀、自残或者逃跑的；曾经以暴力、威胁手段抗拒抓捕的。

第三，通过在团伙犯罪或者普通共同犯罪中的地位、作用和相关情境体现出来。例如，在危害国家安全、黑恶势力、恐怖活动、毒品犯罪中起组织、策划、指挥作用或者积极参加的；有同案犯罪嫌疑人或者与其在事实上存在密切关联犯罪的犯罪嫌疑人在逃，重要证据尚未收集到位的。

第四，对"可能对被害人、举报人、控告人实施打击报复"列举了其他的类似行为，即"采取其他方式滋扰被害人、举报人、控告人的正常生活、工作的"。

第五，以其未列举的其他类似情形兜底。

（二）取保候审"不致发生社会危险性"条件的判断和综合评估

《刑事诉讼法》第67条第1款规定，人民法院、人民检察院和公安机关对有下列 4 种情形之一的犯罪嫌疑人、被告人，可以取保候审，主要是：
（1）轻罪直接取保，即"可能判处管制、拘役或者独立适用附加刑的"；
（2）徒刑重罪出于宽宥取保，即"可能判处有期徒刑以上刑罚，采取取保候审不致发生社会危险性的"；（3）不宜羁押，出于人道取保，即"患有严重疾病、生活不能自理，怀孕或者正在哺乳自己婴儿的妇女，采取取保候审不致发生社会危险性的"；（4）退而求其次作为羁押替代措施取保，即"羁押期限届满，案件尚未办结，需要采取取保候审的"。这里规定的是"可以"取保候审，也就是说体现了办案机关的裁量权。虽然在取保候审之外还存在其他选项，例如，更轻的不采取措施，或者更重的拘留转逮捕，但一个现实情形是，多数案件常常采取更重的羁押措施，另一个现实情形是拘留后例外地再转为取保候审。从所列举的取保候审 4 项法定情形来看，第 2 项和第 3 项都突出了"不致发生社会危险性"的核心要素，由此可以认为第 1 项"可能判处管制、拘役或者独立适用附加刑的"在本质上也内含了"不致发生社会危险性"的核心要素，并且能保证强制措施的强度不超过最终可能判处的刑罚强度。该项规定的轻罪本身的社会危险性较低，可能更多时候是由公安机关直接采取取保候审措施，不过因为我国《刑法》几乎没有单独规定管制、拘役刑罚的罪名，实践之中公安机关提请逮捕也并不违法。第 3 项因为不便于采取剥夺人身自由的措施，所以适用取保候审也有迫不得已之意。第 4 项"羁押期限届满，案件尚未办结，需要采取取保候审的"，体现了办案机关的无可奈何，也从侧面反映出取保候审的权利性。所以，很多时候取保候审是从拘留不能持续乃至逮捕不能超期退而求其次的一种替代措施。同理，2020 年《公安规定》第 81 条第 2 款规定："对拘留的犯罪嫌疑人，证据不符合逮捕条件，以及提请逮捕后，人民检察院不批准逮捕，需要继续侦查，并且符合取保候审条件的，可以依法取保候审。"

社会危险性要通过多元要素进行判断，并且这些要素并非一成不变，一是客观的情境改变，二是个体的观念发展，三是人们的认识变化，这些都可能使对社会危险性的判断出现差异。因此，2016 年《人民检察院办理羁押必要性审查案件规定（试行）》（以下简称《羁押必要性审查规定》）第 15 条规定："人民检察院应当根据犯罪嫌疑人、被告人涉嫌犯罪事实、主观恶性、悔罪表现、身体状况、案件进展情况、可能判处的刑罚和有无再危害社会的危险等因素，综合评估有无必要继续羁押犯罪嫌疑人、被告人。"其中，罪与罚，客观与主观，罪前、罪中与罪后表现，人身状况与案件进展等都可能对社会危险性的判断产生决定性影响。

社会危险性的内涵并不固定，用以识别社会危险性的要素还可能不符合推论目的，例如，与被害人会见并非违反取保候审义务，而是想表达歉意、寻求和解；有些因素可能相互矛盾，对立中有统一，例如重罪犯罪嫌疑人、被告人也可能认罪认罚。因此，如何综合运用这些要素是一个问题。2016 年《羁押必要性审查规定》第 16 条提示了一种量化思路："评估犯罪嫌疑人、被告人有无继续羁押必要性可以采取量化方式，设置加分项目、减分项目、否决项目等具体标准。犯罪嫌疑人、被告人的得分情况可以作为综合评估的参考。"

二、义务视角：从取保候审到转化为逮捕

社会危险性是一种可能性，需要针对社会危险性的要素及其程度进行有针对性的监管。取保候审并不是完全不具有社会危险性，而是这种危险性发生的可能性较小，故而只需采取约束性较弱的监管措施就能达到保障刑事诉讼顺利进行的目的。

（一）被取保候审人的法定义务和酌定义务

一般来说，被取保候审人和保证人都应遵守一定的义务。根据《刑事诉讼法》第 71 条第 1 款，被取保候审的犯罪嫌疑人、被告人应当遵守以下规定：(1) 未经执行机关批准不得离开所居住的市、县；(2) 住址、工作单位和联系方式发生变动的，在 24 小时以内向执行机关报告；(3) 在传讯的时候及时到案；(4) 不得以任何形式干扰证人作证；(5) 不得毁灭、伪造证据或者串供。这是被取保候审人的法定义务。其中的前 3 项体现了被取保候审人配合办案、随传随到和及时沟通的要求；第 4 项和第 5 项所禁止的内容正是"社会危险性"的一种典型表现，"毁灭、伪造证据，干扰证人作证或者串供"。

《刑事诉讼法》第 71 条第 2 款对被取保候审人的酌定义务作出规定，人民法院、人民检察院和公安机关可以根据案件情况，责令被取保候审的犯罪嫌疑人、被告人遵守以下一项或者多项规定：(1) 不得进入特定的场所；(2) 不得与特定的人员会见或者通信；(3) 不得从事特定的活动；(4) 将护

照等出入境证件、驾驶证件交执行机关保存。对于前 3 项中所谓的"特定"场所、"特定"人员和"特定"活动，2020 年《公安规定》作出进一步规定，一般是与犯罪活动、犯罪行为有关或者与案件有关联。该规定的相关内容为 2022 年《取保候审规定》第二章"决定"第 7—9 条所吸收，并且扩充到与法定义务相关的场所、人员和活动。这些规定模糊了法定义务和酌定义务，并且可能导致司法机关的裁量权被无限扩大，无法确定其范围。

（二）违反取保候审义务转化为逮捕

《刑事诉讼法》第 71 条还规定了取保候审违规后果，其中之一是可能"监视居住、予以逮捕"，这包含了《刑事诉讼法》第 81 条第 4 款规定的"转化逮捕"，即"被取保候审、监视居住的犯罪嫌疑人、被告人违反取保候审、监视居住规定，情节严重的，可以予以逮捕"。

2019 年《高检规则》第 101 条第 1 款规定了犯罪嫌疑人实施违反取保候审规定的积极行为的法定转化情形，这些情形典型表现为犯罪嫌疑人实施了具有社会危险性的积极行为，则人民检察院应当对犯罪嫌疑人予以逮捕。[1]该条第 2 款规定了犯罪嫌疑人实施违反取保候审规定的消极行为的酌定转化情形。人民检察院可以对犯罪嫌疑人予以逮捕的情形主要为，违反相关的配合、报告、申请审批义务造成严重后果或累计两次，或者违反一些酌定义务，严重妨碍诉讼程序正常进行。[2]

2021 年《最高人民法院关于适用〈中华人民共和国刑事诉讼法〉的解释》（以下简称"2021 年《高法解释》"）第 164 条规定了被取保候审的被告人实施具有社会危害性的积极行为，以及违反配合、报告、申请审批义务和

---

〔1〕 2019 年《人民检察院刑事诉讼规则》第 101 条第 1 款规定："犯罪嫌疑人有下列违反取保候审规定的行为，人民检察院应当对犯罪嫌疑人予以逮捕：（一）故意实施新的犯罪；（二）企图自杀、逃跑；（三）实施毁灭、伪造证据，串供或者干扰证人作证，足以影响侦查、审查起诉工作正常进行；（四）对被害人、证人、鉴定人、举报人、控告人及其他人员实施打击报复。"

〔2〕 2019 年《人民检察院刑事诉讼规则》第 101 条第 2 款规定："犯罪嫌疑人有下列违反取保候审规定的行为，人民检察院可以对犯罪嫌疑人予以逮捕：（一）未经批准，擅自离开所居住的市、县，造成严重后果，或者两次未经批准，擅自离开所居住的市、县；（二）经传讯不到案，造成严重后果，或者经两次传讯不到案；（三）住址、工作单位和联系方式发生变动，未在二十四小时以内向公安机关报告，造成严重后果；（四）违反规定进入特定场所、与特定人员会见或者通信、从事特定活动，严重妨碍诉讼程序正常进行。"

酌定义务影响审判活动正常进行的，人民法院应当决定逮捕。[1]

比较最高人民法院和最高人民检察院的司法解释可知，2019 年《高检规则》将违反取保候审规定需要逮捕的情形区分为"法定转化情形"和"酌定转化情形"，其中的法定转化情形很显然是具有"社会危险性"的行为，而酌定转化情形主要是违反了配合等义务，并且造成严重后果或累计两次。2021 年《高法解释》将积极妨碍行为和"影响审判活动正常进行"的消极逃避行为都确定为应当决定逮捕的情形，比 2019 年《高检规则》更为严格，这在某种程度上是出于维护审判活动终局性和严肃性的需要。

三、罪行视角：从社会危害性到社会危险性

从羁押必要性审查也可以反推出取保候审的条件，根据我国法律规定，只能对涉嫌犯罪的人采取强制措施，而有罪无罪、罪轻罪重也可能直接影响取保候审的条件。在实践中，检察机关因为事实存疑而不批准逮捕、累犯被羁押后欲申请取保候审等问题都与罪行成立与否、犯罪时的心理状态和犯罪情节严重程度等有关。《刑事诉讼法》第 67 条第 1 款规定了取保候审的条件，其中第 1 项"可能判处管制、拘役或者独立适用附加刑的"，第 2 项"可能判处有期徒刑以上刑罚，采取取保候审不致发生社会危险性的"，都含有从已然之罪判断未然之社会危险性的心理过程。比较而言，一般逮捕也有"有证据证明有犯罪事实""可能判处徒刑以上刑罚""有逮捕必要"3 个必备要件，然而，"可能判处徒刑以上刑罚"是通过既存的社会危害性来推断一种潜在的社会危险性，与所谓的"有逮捕必要"要件，即"采取取保候审尚不足以防止发生社会危险性"有一定的交叉。也就是说，可以直接从现有的罪行推导潜在的社会危险性。《刑事诉讼法》第 81 条第 2 款"批准或者决定

---

[1] 2021 年《最高人民法院关于适用〈中华人民共和国刑事诉讼法〉的解释》第 164 条规定："被取保候审的被告人具有下列情形之一的，人民法院应当决定逮捕：（一）故意实施新的犯罪的；（二）企图自杀或者逃跑的；（三）毁灭、伪造证据，干扰证人作证或者串供的；（四）打击报复、恐吓滋扰被害人、证人、鉴定人、举报人、控告人等的；（五）经传唤，无正当理由不到案，影响审判活动正常进行的；（六）擅自改变联系方式或者居住地，导致无法传唤，影响审判活动正常进行的；（七）未经批准，擅自离开所居住的市、县，影响审判活动正常进行，或者两次未经批准，擅自离开所居住的市、县的；（八）违反规定进入特定场所、与特定人员会见或者通信、从事特定活动，影响审判活动正常进行，或者两次违反有关规定的；（九）依法应当决定逮捕的其他情形。"

逮捕，应当将犯罪嫌疑人、被告人涉嫌犯罪的性质、情节，认罪认罚等情况，作为是否可能发生社会危险性的考虑因素"，就体现了这种推理路径。简而言之，取保候审和逮捕措施的区分以徒刑为界，尽管逮捕不属于惩罚措施，但是执行逮捕的羁押活动本身有相当于徒刑的监禁效果，因此，徒刑以上还可能进一步细化，如果羁押期间过长，就可能给罪行较轻的罪犯带来"刑期倒挂"的风险，从而迫使法院作出"实报实销"的判决。因此，徒刑以上重罪也可以划分为"可以型"、"应当型"（如 10 年以上）及双向的"变更型"（尤其是取保候审违反规定转逮捕和逮捕已无必要转取保候审）。

（一）实践问题之一：构罪即捕、存疑不捕？

2016 年《羁押必要性审查规定》第 17 条规定了在羁押必要性审查过程中应当向办案机关提出释放或者变更强制措施建议的情形：（1）案件证据发生重大变化，没有证据证明有犯罪事实或者犯罪行为系犯罪嫌疑人、被告人所为的；（2）案件事实或者情节发生变化，犯罪嫌疑人、被告人可能被判处拘役、管制、独立适用附加刑、免予刑事处罚或者判决无罪的；（3）继续羁押犯罪嫌疑人、被告人，羁押期限将超过依法可能判处的刑期的；（4）案件事实基本查清，证据已经收集固定，符合取保候审或者监视居住条件的。

第一，"刑期倒挂"。第 3 项针对的是犯罪情节较轻的"徒刑以上"罪行。为了防止羁押期限将超过拟判刑期，而建议变更逮捕措施，以保障人权。

第二，"无罪不捕"。第 1 项和第 2 项包含了"有罪"变为"无罪"而不捕的情形。需要注意的是，依据《刑事诉讼法》第 95 条，人民检察院仍应当对被逮捕后的犯罪嫌疑人、被告人的羁押必要性进行审查，这种依职权进行的审查并不排除"犯罪嫌疑人、被告人及其法定代理人、近亲属、辩护人"（《羁押必要性审查规定》第 7 条）申请以及"依看守所建议"（《羁押必要性审查规定》第 27 条）进行羁押必要性审查，但是，经审查获得的"无罪证据"要为检察机关所认同和掌握，对办案机关而言则是一种外部视角的引入。另外，"无罪不捕"通常也不能采取取保候审措施。

第三，"存疑不捕"。第 4 项也反映了一种"变化"，即"案件事实基本查清，证据已经收集固定"，并且该项还附加了"符合取保候审或者监视居住条件"，但是该项反映了两个现实问题：一方面，逮捕本身有防止证据灭失甚至促进取证的功能。逮捕并不是侦查的终结，反而可能是侦查的正式展开。或许案件存疑也可以进行逮捕，通过进一步取证来达到"案件事实基本查清，证据已经收集固定"。另一方面，检察机关实践中的"存疑不捕"并没有明确的法律依据，作为逮捕条件之一的"有证据证明有犯罪事实"对公安机关的证明要求应当低于定罪的标准。当然，"存疑不捕"也可能要求侦查机关在一开始就采取羁押替代措施，来避免其可能在错误的道路上渐行渐远。

（二）实践问题之二：径行逮捕后可取保候审？

可以说，在逮捕中"徒刑以上"重罪与社会危险性要件有部分重合，但更多的是一种递进关系。其中，重合关系体现在"有证据证明有犯罪事实"基础上"径行逮捕"的两种情形，即"可能判处 10 年有期徒刑以上刑罚"和"可能判处徒刑以上刑罚，曾经故意犯罪或者身份不明"。司法实践之中，有些累犯对依法逮捕并无异议，但是被逮捕后还想着能早点被释放出来。可以说，对于依《刑事诉讼法》"径行逮捕"的情形，检察机关还是可以根据《刑事诉讼法》第 95 条进行羁押必要性审查。尽管这些重罪情形被推定"具有社会危险性"，但是，有更多支持取保候审的裁量因素会影响"一押到底"潜规则，还体现了无罪推定原则的要求。

第一，累犯、主犯、重罪不得取保候审。《公安规定》第 82 条规定："对累犯，犯罪集团的主犯，以自伤、自残办法逃避侦查的犯罪嫌疑人，严重暴力犯罪以及其他严重犯罪的犯罪嫌疑人不得取保候审，但犯罪嫌疑人具有本规定第八十一条第一款第三项、第四项规定情形的除外。"这里的除外情形主要是指不便羁押和羁押期满，暂不讨论。2019 年《高检规则》第 87 条规定："人民检察院对于严重危害社会治安的犯罪嫌疑人，以及其他犯罪性质恶劣、情节严重的犯罪嫌疑人不得取保候审。"由此可见，严重犯罪被推定为具有社会危险性，从而成为禁止采取取保候审的条件，这可能违反无罪推定原则。虽然"无罪推定毋庸置疑地运作的唯一诉讼程序就是审判本身"，但是"一个非严格意义下的无罪推定，可以运作于刑事审判开始之前"，"无罪推定为在签发搜查令、逮捕令和预先听证程序中的正式指控中要求具备相当理由提供了理论基石"。[1]

---

〔1〕 ［美］拉里·劳丹：《错案的哲学：刑事诉讼认识论》，李昌盛译，北京大学出版社 2015 年版，第 103—104 页。

第二，悔罪也难以调和累犯、主犯、重罪等因素。2016 年《羁押必要性审查规定》第 18 条[1]规定："经羁押必要性审查，发现犯罪嫌疑人、被告人具有下列情形之一，且具有悔罪表现，不予羁押不致发生社会危险性的，可以向办案机关提出释放或者变更强制措施的建议：（一）预备犯或者中止犯；（二）共同犯罪中的从犯或者胁从犯；（三）过失犯罪的；（四）防卫过当或者避险过当的；（五）主观恶性较小的初犯；（六）系未成年人或者年满七十五周岁的人；（七）与被害方依法自愿达成和解协议，且已经履行或者提供担保的；（八）患有严重疾病、生活不能自理的；（九）系怀孕或者正在哺乳自己婴儿的妇女；（十）系生活不能自理的人的唯一扶养人；（十一）可能被判处一年以下有期徒刑或者宣告缓刑的；（十二）其他不需要继续羁押犯罪嫌疑人、被告人的情形。"

可以说，该条第 1—5 项和第 11 项所列举的情形与累犯、主犯、重罪等不相兼容，并且无从通过悔罪得以转化。第 6 项和第 8—10 项主要针对的是身处特殊情境而不便被羁押，或者为体现人道主义精神而宽容对待"老、幼、病、孕、弱"。只有第 7 项是被羁押者在悔罪的基础上进一步主动争取机会，当然这还需要被害人的理解、认同和支持。如果说第 7 项规定的是刑事诉讼中犯罪嫌疑人和被害人对民事责任刑事和解的私力合作机制，那么 2019 年《高检规则》第 140 条增加规定的"犯罪嫌疑人认罪认罚"这种情形就是刑事诉讼中控辩双方对刑事责任承担进行协商的公力合作机制。

《羁押必要性审查规定》第 18 条以"有悔罪表现"为基本条件，但是悔罪表现本身还是比较抽象，并且是下文将叙述的一种内心的态度问题。需要提及的是，《羁押必要性审查规定》形成的决策是"向办案机关提出释放或者变更强制措施的建议"。从决策内容来看，对羁押的变更必然意味着释放；从决策指向来看，这种检察机关针对"办案机关"的监督措施给人一种手电筒"照人不照己"的感觉，当然，该规定第 26 条特别规定了"对于检察机关正在侦查或者审查起诉的案件，刑事执行检察部门进行羁押必要性审查的，参照本规定办理"。然而，从决策效力来看，在审前程序中逮捕基本上都是由检察机关批准和决定，因此如果审前检察机关对正在侦查办案的公安

---

[1]　这与 2012 年《人民检察院刑事诉讼规则（试行）》第 144 条或者 2019 年《人民检察院刑事诉讼规则》第 140 条所规定的可以作出不批准逮捕或者不予逮捕的决定的条件类似。然而，这些规定所列的情形以"犯罪嫌疑人涉嫌的罪行较轻，且没有其他重大犯罪嫌疑"为前提，并且 2019 年《人民检察院刑事诉讼规则》增加了"犯罪嫌疑人认罪认罚"的情形。

机关提出建议，那么公安机关应该如何处理呢？根据《刑事诉讼法》第96条的规定，"公安机关释放被逮捕的人或者变更逮捕措施的，应当通知原批准的人民检察院"。单从这一条看不出公安机关的释放和变更究竟是一种执行活动还是一种自主决策活动，一般而言，由检察机关批准逮捕的最后还应该由检察机关决定释放或者变更强制措施，或许公安机关可以根据检察机关的建议直接进行"处理"。可见《羁押必要性审查规定》中监督机关和办案机关之间存在很大的推诿拖延的空间。因此，更直接的办法是依据《刑事诉讼法》第97条，由犯罪嫌疑人、被告人及其法定代理人、近亲属或者辩护人直接向人民法院、人民检察院和公安机关申请变更强制措施，上述机关应当在收到申请后3日内作出决定，不同意变更强制措施的，应当告知申请人，并说明不同意的理由。

此外，监视居住是已经符合逮捕条件而迫不得已采用的强制措施，与之相比的典型差异就是取保候审适用于徒刑以下的轻罪，如果说在住处执行监视居住还未完全切断其与家庭成员的联系，那么指定居所监视居住则带有监禁意味，因此"指定居所监视居住"有折抵刑期的效果。

四、态度视角：从社会危险性到人身危险性

取保候审总体上属于一种限制人身自由的非羁押强制措施，而逮捕则是剥夺人身自由的羁押措施。采取取保候审的法律要求是不致发生社会危险性，但是，取保候审所能够防止的这些所谓的社会危险性只是一种可能的外在形势，具体到被取保候审人，则要内化为一种被取保候审人较低程度的人身危险性，具体的证明材料可能有：

（一）个体态度：悔过书和保证书

犯罪嫌疑人积极认罪和真诚悔罪的悔过书。犯罪嫌疑人自己或者在律师的帮助下能正确认识自己的行为，真诚、深刻地认罪、悔罪。例如，犯罪嫌疑人书写悔过书字迹工整、言辞恳切，认真分析犯错原因，认清犯罪行为的危害程度和造成的后果，表达对被害人的歉意，积极赔偿争取被害人的谅解，以及表明日后决不再犯的决心，等等。

犯罪嫌疑人作出不会妨害诉讼、不消极逃避的保证书。犯罪嫌疑人可以

自书保证书，承诺在被采取取保候审的情况下会严格遵守相关规定，绝不干扰诉讼的继续进行，保证随叫随到，积极配合办案。犯罪嫌疑人的财产证明、征信证明、历年缴税证明、救灾扶贫助学证明等都可以证明其生活状况和遵纪守法状况。

（二）人际关系：情况说明和谅解书

体现犯罪嫌疑人表现一贯良好的情况说明。如涉嫌犯罪，属于初犯、偶犯，犯罪嫌疑人平时表现一贯良好，无再次犯罪的可能性，请工作单位、相关行业协会、学校、社区或者居（村）委会乃至亲朋好友、左邻右舍作出情况说明。犯罪嫌疑人所在单位的领导、家族的长辈、家庭的重要成员作为担保人出具承诺书，承诺对被取保候审人严加管教，严格监督其遵守相关规定，配合相关部门开展监管工作。当然，担保人的身份、社会声誉也能体现其担保能力。

犯罪嫌疑人要积极获得被害人谅解。犯罪嫌疑人对民事责任的承担会影响其对刑事责任的承担，进而影响所采取的强制措施。被害人一般在犯罪嫌疑人积极或者实际赔偿被害人的损失之后才愿意出具谅解书，这是对犯罪嫌疑人认罪、悔罪态度的认可。

总体而言，是否提出以上证明材料，属于犯罪嫌疑人的权利范畴。当然，这里还需要注意，披露个人信息应当不侵害犯罪嫌疑人的隐私权；一般认为我国犯罪嫌疑人并不享有沉默权，但是他有不得强迫自证其罪的底线保障，在此基础上可以认罪、认罚、悔罪等。

五、程序视角：直接取保和作为羁押替代的取保

采取强制措施主要就是针对犯罪嫌疑人、被告人的人身自由，但是并不代表被追诉者有罪，因为无罪推定原则要求犯罪嫌疑人、被告人在法院作出生效判决前应当被推定为无罪，理所当然，无罪之人享有当然的人身自由权。但是，犯罪嫌疑人、被告人并非一定实质无罪，因此在诉讼中应受到诸多限制。国家的确要靠自己的力量来追诉犯罪，但是，不能任由犯罪嫌疑人、被告人对追诉活动造成干扰，由此采取强制措施在所难免。又因为强制措施有干预公民基本权利的属性，因此现代法治国家多采用法律保留和法官

保留原则。如果说上文的论述体现了法律保留的要求，那么具体由谁来决定采取强制措施则是法官保留的内容。我国公安机关、检察院和法院可以决定拘传、取保候审和监视居住，未能很好地体现法官保留原则。在我国，除了审查起诉阶段和审判阶段分别由检察院和法院依职权决定逮捕，侦查阶段的逮捕则必须由检察机关批准。可以说，侦查阶段检察机关批准逮捕是具有中国特色的法官保留原则。就我国当前的少捕慎诉慎押刑事政策而言，不管是公安机关自主决定取保候审，还是申请逮捕不成而倒逼公安机关决定取保候审，都应该完善继续盘问或者传唤后直接采取取保候审的程序，从而更好地保障公民的基本权利。

（一）公安机关直接决定取保候审

这种程序在总体上呈现为自我取证（实体证据和程序证据）—自我说理—自我审查（无需听取意见，"黄金救援期"）—自我决定的机制，缺乏预防性制约和权利性制约。在我国，公安机关往往冲在与犯罪作斗争的第一线，首先就要接触犯罪嫌疑人，所以，在通过继续盘问、传讯确定有犯罪事实发生后，当然可以直接对符合条件的犯罪嫌疑人采取取保候审（《公安规定》第81条第1款）。办理取保候审所需要的证据材料，由办案人员自行收集。根据《公安规定》第83条，需要对犯罪嫌疑人取保候审的，应当制作呈请取保候审报告书，说明取保候审的理由、采取的保证方式以及应当遵守的规定，经县级以上公安机关负责人批准，制作取保候审决定书。取保候审决定书应当向犯罪嫌疑人宣读，由犯罪嫌疑人签名、按指印。

需要注意的是，取保候审的随传随到并不等于逐次地传唤或者拘传，取保候审是带有持续限制人身自由、活动范围等性质的强制措施，根据2020年《公安规定》第94条，"执行取保候审的派出所应当定期了解被取保候审人遵守取保候审规定的有关情况，并制作笔录"，修改了2012年《公安规定》第90条"可以责令被取保候审人定期报告有关情况"的规定。新规定将被取保候审人的"定期报告"义务转化为执行派出所的"定期了解"义务，并且还将"有关情况"的模糊表述具体为"被取保候审人遵守取保候审规定的有关情况"。当然，对犯罪嫌疑人采取取保候审措施的关键是在决定之时就要在保证人保证和财产保证之间选择其一，即"应当责令犯罪嫌疑人提出保证人或者交纳保证金"。此外，《公安规定》和《取保候审规定》都更多地规定了执行、协作执行、义务要求、违反义务后果等情况，即使是变更强制措施或者解除取保候审，根据《公安规定》第 107 条，也是由公安机关"根据案情变化"自主决定。

《刑事诉讼法》第 74 条、《公安规定》第 109 条及《取保候审规定》第 6 条都规定了对符合取保候审条件，但犯罪嫌疑人、被告人不能提出保证人，也不交纳保证金的，可以监视居住。当然，《取保候审规定》第 6 条还规定了符合取保候审条件的被监视居住人提出保证人或者交纳保证金的，可以对其变更为取保候审。这种对取保候审措施的恢复建立在被取保候审人恢复保证能力的基础上。此外，《公安规定》第 109 条还规定了被取保候审人违反相关规定的，可以监视居住。从取保候审到监视居住的措施升级，可能给徒刑以下轻罪带来监禁的后果。这些强制措施的变更有随机应变、灵活机动的成分，但是有无外在约束机制、如何约束以及被决定者有无参与机会、参与效果如何等都不明确。

（二）公安机关拘留转取保候审或者在不批准逮捕后采取取保候审措施

公安机关拘留转取保候审或者在不批准逮捕后采取取保候审措施，集中体现了事后制约和检、警权力之间相互制衡。司法实践中，我国公安机关会对大部分犯罪嫌疑人采取拘留措施，这是一种紧急到案措施。2015 年《最高人民检察院、公安部关于逮捕社会危险性条件若干问题的规定（试行）》第 2 条规定，由公安机关收集、固定犯罪嫌疑人是否具有社会危险性的证据。第 3 条明确了公安机关提请逮捕犯罪嫌疑人时，应当同时移送证明犯罪嫌疑人具有社会危险性的证据。而这种证据有两种形式：一是附属性证据。证明犯罪事实的证据能够证明犯罪嫌疑人具有社会危险性的，应当在提请批准逮捕书中专门予以说明。二是独立性证据。对于证明犯罪事实的证据不能证明犯罪嫌疑人具有社会危险性的，公安机关应当收集、固定犯罪嫌疑人具有社会危险性的证据，并在提请逮捕时随卷移送。第 4 条规定，人民检察院应当以公安机关移送的社会危险性相关证据为依据，并结合案件具体情况综合认定犯罪嫌疑人是否具有社会危险性；核实相关证据的方式有讯问犯罪嫌疑人、询问证人等诉讼参与人、听取辩护律师意见等；人民检察院可以要求公安机关补充相关证据，公安机关没有补充移送的，应当作出不批准逮捕的决定。此外，第 10 条还规定，人民检察院对于以无社会危险性不批准逮捕的，应当向公安机关说明理由，必要时可以向被害人说明理由；对于社会关注的重大敏感案件或者可能引发群体性事件的，在作出不捕决定前应当进行风险评估并做好处置预案。《公安规定》第81条第2款规定："对拘留的犯罪嫌疑人，证据不符合逮捕条件，以及提请逮捕后，人民检察院不批准逮捕，需要继续侦查，并且符合取保候审条件的，可以依法取保候审。"《刑事诉讼法》第91条规定："人民检察院不批准逮捕的，公安机关应当在接到通知后立即释放，并且将执行情况及时通知人民检察院。对于需要继续侦查，并且符合取保候审、监视居住条件的，依法取保候审或者监视居住。"

从某种意义上讲，《刑事诉讼法》第88条规定的检察机关"审查逮捕时的讯问与询问"，虽然是检察机关单方面听取意见，但是与听证程序具有某种相似性。值得注意的是，依据《刑事诉讼法》第90条，检察机关只能作出批准逮捕或者不批准逮捕的决定，而不能直接作出取保候审的决定，并且"对于不批准逮捕的，人民检察院应当说明理由，需要补充侦查的，应当同时通知公安机关"。

提请逮捕的证据材料要由公安机关负责收集和提供，犯罪嫌疑人申请取保候审或者要求其意见被听取的权利并不能受到不当限制。[1]

不管是公安机关自主决定取保候审，还是申请逮捕未被批准但需要继续侦查而"另辟蹊径"决定取保候审，都应该完善继续盘问或者传唤后直接采取取保候审的程序，并且在取保候审的决定程序之中引入听取被取保候审人或者辩护律师意见的预防性制约和权利性制约机制，从而更好地保障公民的基本权利。

---

[1] 《人民检察院刑事诉讼规则》第135条重申了2015年《最高人民检察院、公安部关于逮捕社会危险性条件若干问题的规定（试行）》第4条的内容："人民检察院审查认定犯罪嫌疑人是否具有社会危险性，应当以公安机关移送的社会危险性相关证据为依据，并结合案件具体情况综合认定。必要时，可以通过讯问犯罪嫌疑人、询问证人等诉讼参与人、听取辩护律师意见等方式，核实相关证据。依据在案证据不能认定犯罪嫌疑人符合逮捕社会危险性条件的，人民检察院可以要求公安机关补充相关证据，公安机关没有补充移送的，应当作出不批准逮捕的决定。"

第四章　认罪认罚从宽制度的试点探索

认罪认罚从宽制度在我国的《刑法》和《刑事诉讼法》以及相关的法律解释之中早有体现。[1]2016 年 9 月 3 日，第十二届全国人民代表大会常务委员会第二十二次会议通过了《全国人民代表大会常务委员会关于授权最高人民法院、最高人民检察院在部分地区开展刑事案件认罪认罚从宽制度试点工作的决定》，该决定明确了 2014 年 6 月 27 日第十二届全国人民代表大会常务委员会第九次会议授权最高人民法院、最高人民检察院在 18 个地区开展的刑事案件速裁程序试点工作，按照新的试点办法继续试行。据此，2016 年 11 月 11 日，最高人民法院、最高人民检察院、公安部、国家安全部、司法部印发了《关于在部分地区开展刑事案件认罪认罚从宽制度试点工作的办法》（以下简称《认罪试点办法》）。正是因为"认罪认罚从宽制度"包含的要素较复杂，才能兼顾实体性与程序性，"作为政策的制度化、规范化，集中于被追诉人在自愿基础上的认罪、认罚，并选择特定程序处理案件，它充分体现了实体上的从宽与程序上的从简"[2]。由此，该制度可能蕴含了来自犯罪嫌疑人、被告人的"认罪""认罚"和来自国家专门机关的"从宽""从简"之间的互动激励和利益博弈。其中，"认罪"和"认罚"本身是重要的证据资源，在一定程度上可以弥补侦查取证活动的漏洞，而"从宽"和"从简"在压缩被控告人诉讼权利的基础上又给被控告人一些处理结果上的优惠。

一、引言：从审判资源配置到利益博弈

"以审判为中心"的刑事诉讼制度改革需要"审判外程序"的配套支持，除了完善审判前程序，通过"简案快审"也可能有效促进"疑案精审"，

---

[1]　熊秋红：《认罪认罚从宽的理论审视与制度完善》，《法学》2016 年第 10 期。
[2]　陈卫东：《认罪认罚从宽制度研究》，《中国法学》2016 年第 2 期。

实现审判资源的优化配置，这正是《最高人民法院关于进一步推进案件繁简分流优化司法资源配置的若干意见》（以下简称《分流意见》）所提出的"遵循司法规律推进繁简分流"的要求。对刑事案件而言，《分流意见》第5条要求："创新刑事速裁工作机制。总结刑事速裁程序试点经验，加强侦查、起诉、审判程序的衔接配合。推广在看守所、执法办案单位等场所内建立速裁办公区，推动案件信息共享及案卷无纸化流转，促进案件办理的简化提速。"第13条要求："探索认罪认罚案件庭审方式改革。对于被告人认罪认罚的案件，探索简化庭审程序，但是应当听取被告人的最后陈述。适用刑事速裁程序审理的，可不再进行法庭调查、法庭辩论；适用刑事简易程序审理的，不受法庭调查、法庭辩论等庭审程序限制。"2016年6月27日，中央全面深化改革领导小组第25次会议审议通过《关于推进以审判为中心的刑事诉讼制度改革的意见》，该意见第21条要求："推进案件繁简分流，优化司法资源配置。完善刑事案件速裁程序和认罪认罚从宽制度，对案件事实清楚、证据充分的轻微刑事案件，或者犯罪嫌疑人、被告人自愿认罪认罚的，可以适用速裁程序、简易程序或者普通程序简化审理。"2017年2月17日，最高人民法院印发的《关于全面推进以审判为中心的刑事诉讼制度改革的实施意见》第32条要求："推进认罪认罚从宽制度改革，对适用速裁程序、简易程序或者普通程序简化审理的被告人认罪案件，法庭应当告知被告人享有的诉讼权利，依法审查被告人认罪认罚的自愿性和真实性，确认被告人了解认罪认罚的性质和法律后果。"《认罪试点办法》第1条规定："犯罪嫌疑人、被告人自愿如实供述自己的罪行，对指控的犯罪事实没有异议，同意量刑建议，签署具结书的，可以依法从宽处理。"从规范和现实来看，我国认罪认罚从宽制度中，控辩双方既有程序运行上的博弈，也有实体处理上的博弈，主要包括程序简化情形下因为权利减损而要求实体利益补偿，因为诉讼成本节约而提供量刑优惠激励，同时还突出被控告人在选择程序和认罪认罚方面的自愿、明知和明智，这可能要求律师（包括值班律师）帮助、被害人参与和法院审查。

二、"认罪"作为程序选择的前提

作为"坦白从宽"刑事政策的具体化、制度化，"认罪认罚从宽制度"虽然在我国《刑法》和《刑事诉讼法》中已有较为充分的体现，但是，为了解决案多人少的问题，合理优化司法资源配置，实现繁简分流，增加处理方式，以被追诉者认罪认罚为前提构建程序分流机制：在审前程序中应侧重于通过起诉便宜主义强化程序分流功能；在审判程序中则需依据案件轻重、难易程度，构建多元化的简易速裁程序。[1]

（一）实体认罪和程序选择的二元合意

学者达玛什卡（Mirjan R. Damaka）指出，在美国的某些州，检察官和被告可以达成协议——仅仅根据预审笔录所包含的证据就将案件提交审判；在刑事被告表示认罪或不拟答辩时，被告被认定为放弃了进入审判阶段的权利；被告还可以通过放弃接受陪审团审判的权利来影响法官审判和陪审团审判之间的选择。[2]他还指出，相反，在能动型刑事检控制度中，检察官提出要求被告供认犯罪事实的邀请并不能左右法官对被告供认是否可信，以及所供认的事实是否构成犯罪的判断。即使被告供认自己"有罪"，程序也必须继续进行下去，不过有可能会采取一种专门为事实发现较为容易的案件保留的不太严苛的形式。[3]可见，在纠纷解决型或者政策实施型的不同国家，被告人的认罪可能会影响证据调查方式和诉讼程序选择。

朱严谨、谈丽华曾以 2011 年下半年（6 月 26 日—12 月 25 日）上海市闵行区人民检察院公诉案件为样本，针对《刑法修正案（八）》"坦白从宽"的适用情况进行统计，2011 年下半年，上海市闵行区人民检察院向法院提起公诉的刑事案件共计 975 件，除检察院审查起诉阶段认定自首情节的案件 285 件外，其余 690 件案件中有 572 件在公诉阶段适用了坦白条款，适用率较高。2011 年下半年适用普通程序简化审和简易程序的案件共计 851 件，其中简化审案件 235 件，适用自首、坦白条款的分别为 80 件、149 件；简易程序案件 616 件，适用自首、坦白条款的分别为 191 件、407 件。[4]由此可见，基层司法机关审理的自首、坦白刑事案件较多，而这些案件基本上都是通过

---

〔1〕　熊秋红：《认罪认罚从宽的理论审视与制度完善》，《法学》2016 年第 10 期。
〔2〕　［美］米尔伊安·R. 达玛什卡：《司法和国家权力的多种面孔：比较视野中的法律程序》，郑戈译，中国政法大学出版社 2015 年版，第 129 页。
〔3〕　［美］米尔伊安·R. 达玛什卡：《司法和国家权力的多种面孔：比较视野中的法律程序》，郑戈译，中国政法大学出版社 2015 年版，第 123 页。
〔4〕　朱严谨、谈丽华：《刑事案件"坦白从宽"条款适用情况之研究与商榷》，《法治论坛》2012 年第 4 期，第 163—170 页。

简化审或者简易程序处理的，客观上起到了节约司法资源、保证诉讼效率的作用。

然而，在我国，认罪并不必然带来程序从简的自然结果，但是法院适用简易程序审判以被告人认罪甚至认罚为前提。由此，适用简易程序至少要有实体认罪和程序选择的二元合意。我国 2012 年《刑事诉讼法》第 50 条规定了"不得强迫自证其罪"的原则，但同时第 118 条仍然要求"犯罪嫌疑人如实供述自己罪行"，尽管这附加了"从宽处理"的利益因素。虽然我国《刑事诉讼法》一直强调"不轻信口供"，口供孤证不立，但是获取口供从来就是取证活动的重要内容，而 2012 年《最高人民法院关于适用〈中华人民共和国刑事诉讼法〉的解释》（以下简称"2012 年《高法解释》"）第 106 条规定："根据被告人的供述、指认提取到了隐蔽性很强的物证、书证，且被告人的供述与其他证明犯罪事实发生的证据相互印证，并排除串供、逼供、诱供等可能性的，可以认定被告人有罪。"由此可见，"认罪"指向的事实往往成为定罪依据，获取口供的难易程度及被告人的认罪态度又成为量刑依据。总体而言，被控告人自愿如实供述，既便利了侦查，可以获得其他证据的必要线索，又能节省审查起诉和法庭调查的时间，由此发展出以认罪和自主选择二元合意为主导的多元简易审理格局。

（二）程序递简和权利减损的层级格局

就我国刑事程序格局的多元化发展，学者魏晓娜认为，我国刑事诉讼自 1996 年形成"普通程序—简易程序"二级递简格局，2014 年启动速裁程序试点后，我国刑事诉讼已形成"普通程序—简易程序—速裁程序"的三级递简格局，通过审前分流、繁简分化和程序激励来完善认罪认罚从宽制度，之后进一步分化简易程序，设立协商程序，最终形成"普通程序—简易程序—速裁程序—协商程序"的四级递简格局。[1]认罪案件程序从简路径的层级化如下：

1. 区分罪行轻重的多元程序机制

从当前的刑事司法实践以及刑事案件速裁程序试点和认罪认罚从宽制度试点工作来看，对于认罪认罚案件，根据罪行轻重分别采取以下处理方式：

---

[1] 魏晓娜：《完善认罪认罚从宽制度：中国语境下的关键词展开》，《法学研究》2016 年第 4 期。

（1）适用速裁程序。根据 2014 年最高人民法院、最高人民检察院、公安部、司法部印发的《关于在部分地区开展刑事案件速裁程序试点工作的办法》第 1 条的规定，速裁程序适用于以下两类案件：一类是"对危险驾驶、交通肇事、盗窃、诈骗、抢夺、伤害、寻衅滋事、非法拘禁、毒品犯罪、行贿犯罪、在公共场所实施的扰乱公共秩序犯罪情节较轻、依法可能判处一年以下有期徒刑、拘役、管制的案件"；另一类是"依法单处罚金的案件"。具体的适用条件首先是"案件事实清楚、证据充分"；其次是就指控的犯罪事实、适用法律、量刑建议、程序适用与检察机关形成"合意"。《认罪试点办法》第 16 条取消了罪名限制，将速裁程序的适用范围扩大至"基层人民法院管辖的可能判处三年有期徒刑以下刑罚的案件"。

（2）适用简易程序。根据 2012 年《刑事诉讼法》，基层人民法院管辖的案件在符合条件的情况下都可以适用简易程序，其适用条件除"案件事实清楚、证据充分"外，还包括"被告人承认自己所犯罪行，对指控的犯罪事实没有异议""被告人对适用简易程序没有异议"。《认罪试点办法》第 18 条规定将简易程序的底线设定为"基层人民法院管辖的可能判处三年有期徒刑以上刑罚的案件"。

（3）普通程序简化审理。2003 年《最高人民法院、最高人民检察院、司法部关于适用普通程序审理"被告人认罪案件"的若干意见（试行）》[1]第 1 条和第 4 条分别对实体认罪和程序选择上的合意作出规定。

（4）不起诉或者免予刑事处罚。这种处理方式可以从下述两个司法解释中找到依据，当然现实中作出不起诉决定或者免予刑事处罚的并不仅限于此。

2013 年 4 月 2 日发布的《最高人民法院、最高人民检察院关于办理盗窃刑事案件适用法律若干问题的解释》第 7 条规定："盗窃公私财物数额较大，行为人认罪、悔罪，退赃、退赔，且具有下列情形之一，情节轻微的，可以不起诉或者免予刑事处罚；必要时，由有关部门予以行政处罚：（一）具有法定从宽处罚情节的；（二）没有参与分赃或者获赃较少且不是主犯的；（三）被害人谅解的；（四）其他情节轻微、危害不大的。"第 8 条规定：

---

[1]　需要注意的是，该文件根据 2013 年 3 月 1 日发布的《最高人民法院、最高人民检察院关于废止 1997 年 7 月 1 日至 2011 年 12 月 31 日期间制发的部分司法解释和司法解释性质文件的决定》失效，但是相关内容还具有参考价值。

"偷拿家庭成员或者近亲属的财物，获得谅解的，一般可不认为是犯罪；追究刑事责任的，应当酌情从宽。"

2013年11月11日发布的《最高人民法院、最高人民检察院关于办理抢夺刑事案件适用法律若干问题的解释》第5条规定："抢夺公私财物数额较大，但未造成他人轻伤以上伤害，行为人系初犯，认罪、悔罪，退赃、退赔，且具有下列情形之一的，可以认定为犯罪情节轻微，不起诉或者免予刑事处罚；必要时，由有关部门依法予以行政处罚：（一）具有法定从宽处罚情节的；（二）没有参与分赃或者获赃较少，且不是主犯的；（三）被害人谅解的；（四）其他情节轻微、危害不大的。"

相较于已失效的《最高人民法院关于审理抢夺刑事案件具体应用法律若干问题的解释》第3条和《最高人民法院关于审理盗窃案件具体应用法律若干问题的解释》第6条第2项的相关规定，上述两个司法解释以"不起诉或者免予刑事处罚"代替了"可不作为犯罪处理"，维护了法院的统一定罪权，更主要的是，把"认罪、悔罪，退赃、退赔"上升为上述抢夺罪和盗窃罪虽达到"数额较大"但仍可以"不起诉或者免予刑事处罚"的必备要件而不是可选要件。

2. 针对不同程序的权利减损程度差异

一般认为，美国辩诉交易制度中的被告人选择了"答辩认罪"，也就意味着他放弃了沉默权、陪审团审判、法庭质证等权利，当然由此可能会获得一些量刑优惠甚至变更指控罪名。对比而言，在我国，随着案件严重程度的递增，被告人在法庭调查、法庭辩论等环节的某些程序性权利将受到相应程度的减损。根据《认罪试点办法》第16条，适用速裁程序，"送达期限不受刑事诉讼法规定的限制，不进行法庭调查、法庭辩论"；适用简易程序审理案件，根据2012年《刑事诉讼法》第213条，"送达期限、讯问被告人、询问证人、鉴定人、出示证据、法庭辩论程序"不受普通程序规定的限制而更为灵活。然而，笔者一直对审理程序如何得到简化感到困惑。其实这里所谓的"不受限制"可能更接近于审问式，而"不进行法庭调查、法庭辩论"则必然表现为一种笔录确认程序。所以2018年《刑事诉讼法》对速裁程序的事实条件进行修改，在证据"充分"的基础上还要求"确实"，或许为了保证程序的严肃性，还在"不进行法庭调查、法庭辩论"前增加了"一般"，也意味着速裁程序有进行法庭调查、法庭辩论的可能。被告人的权利体现在对程序运行的控制之中，而程序的简化或者主导由法官掌握，由此必然带来权利的减损，并且程序越是简化，权利行使的空间越是被压缩。就简易程序的适用而言，根据 2012 年最高人民检察院制定的《人民检察院刑事诉讼规则（试行）》（以下简称"2012 年《高检规则》"）第 468 条第 2 款的规定，"人民检察院可以对适用简易程序的案件相对集中提起公诉，建议人民法院相对集中审理"，第 469 条规定，法庭审理"可以简化宣读起诉书，根据案件情况决定是否讯问被告人，是否询问证人、鉴定人，是否需要出示证据"，"公诉人可以建议法庭简化法庭调查和法庭辩论程序"。

　　适用普通程序审理案件如何简化或许可以参照曾经探索的普通程序简化审改革。[1] 2003 年《最高人民法院、最高人民检察院、司法部关于适用普通程序审理"被告人认罪案件"的若干意见（试行）》第 7 条[2]规定："对于被告人自愿认罪并同意适用本意见进行审理的，可以对具体审理方式作如下简化：（一）被告人可以不再就起诉书指控的犯罪事实进行供述。（二）公诉人、辩护人、审判人员对被告人的讯问、发问可以简化或者省略。（三）控辩双方对无异议的证据，可以仅就证据的名称及所证明的事项作出说明。合议庭经确认公诉人、被告人、辩护人无异议的，可以当庭予以认证。对于合议庭认为有必要调查核实的证据，控辩双方有异议的证据，或者控方、辩方要求出示、宣读的证据，应当出示、宣读，并进行质证。（四）控辩双方主要围绕确定罪名、量刑及其他有争议的问题进行辩论。"虽然该文件已失效，但是从理论上讲，既然"认罪"则审判前的供述可能被理所当然地带入审判之中，所以庭审中的供述和讯问不再那么重要。进而言之，既然已经认罪认罚，则事实方面不存在争议，更多的是关注法律适用方面的问题。

　　3. 针对不同程序的审限压缩程度差异

　　为了突显效率价值，对这些程序从简的案件，一般要求"当庭宣判"，并且根据罪行轻重，审理时限相应地受到不同程度的压缩。2012 年《刑事诉讼法》第 214 条规定："适用简易程序审理案件，人民法院应当在受理后二

---

〔1〕　自 1999 年北京市海淀区人民检察院率先试行普通程序简化审以来，各地纷纷仿效。2003 年《最高人民法院、最高人民检察院、司法部关于适用普通程序审理"被告人认罪案件"的若干意见（试行）》对普通程序简化审进行了统一规范。参见孙长永：《试论"普通程序简化审"》，《学术研究》2001 年第 12 期；戴红霞：《普通程序简化审"简"什么——两高一部〈关于适用普通程序审理"被告人认罪案件"的若干意见（试行）〉解读》，《杭州商学院学报》2004 年第 1 期。

〔2〕　这些内容大体上为 2021 年《最高人民法院关于适用〈中华人民共和国刑事诉讼法〉的解释》第 365 条关于适用简易程序审理案件的庭审简化规定所吸收。

十日以内审结；对可能判处的有期徒刑超过三年的，可以延长至一个半月。"而《认罪试点办法》第 16 条第 2 款规定："适用速裁程序审理案件，人民法院一般应当在十日内审结；对可能判处的有期徒刑超过一年的，可以延长至十五日。"可见，速裁程序在简易程序的基础上对审限再次压缩。

此外，对于认罪案件，根据 2012 年《刑事诉讼法》第 173 条第 2 款，人民检察院可以作出不起诉决定。而对"有重大立功或者案件涉及国家重大利益的"，在侦查阶段需要撤销案件，在审查起诉阶段作出不起诉决定或者减项提起公诉，分别根据《认罪试点办法》第 9 条、第 13 条第 1 款应当层报最高人民检察院批准；而在审判阶段，需要在法定刑以下判处刑罚的，根据《认罪试点办法》第 22 条的规定应当层报最高人民法院核准。批准是决定前把关，而核准是决定后把关。

（三）特殊情形下"认罪"条件的判断

在英美法系中，认罪天然地带有一定的程序选择效果，在我国则不然，认罪和程序选择是两道工序，分别体现了被控告人的自主性和对被控告人秉性的怀疑。《认罪试点办法》第 1 条除了明确"签署具结书"的形式化要求，还突出了事实合意和量刑合意作为从宽处理的两个实质条件。其中，量刑合意即"同意量刑建议"，可以说是"认罚"的主要内容。认罪自然能带来认罚的效果，但是认罪和认罚也存在相对分离的可能。

1. 认事（犯罪事实）而不认法（法律适用）

现实中存在这样一种情形，被控告人对犯罪事实没有异议，但是对罪名有异议。一般而言，罪名与处罚相关，根据罪刑责相适应原则，认罪之后在特定的罪名之下就有相应的"量刑起点"和"基准刑"。这样看来，虽然被控告人对犯罪事实没有异议，但是对罪名有异议，而罪名又与处罚相关，这样会因为被告人不认可罪名，进而不认罚，则认罪认罚具结书也就无从签署。但是，这就相应地要求在侦查、审查起诉过程中，侦查机关、检察机关应当告知犯罪嫌疑人享有的诉讼权利和认罪认罚可能导致的法律后果（《认罪试点办法》第 8 条、第 10 条），人民法院审理认罪认罚案件，应当告知被告人享有的诉讼权利和认罪认罚可能导致的法律后果（第 15 条），应当保障犯罪嫌疑人、被告人获得有效法律帮助（《认罪试点办法》第 5 条），听取犯罪嫌疑人及其辩护人或者值班律师的意见（《认罪试点办法》第 8 条、第 10

条)。也就是说,当被控告人"不认法"时,司法机关既可以主动向其释明法律规定和法律后果,还可以保障其能获得有效帮助,最大限度地维护被控告人的合理利益,这也突出了权利告知和获得律师帮助的权利保障的意义。律师帮助并不完全是走对抗路线,还可能使被控告人认清自身的处境,增强其自主合作意愿。被控告人的权利减损及自身的法律知识不足等问题可以通过值班律师得到相应的解决。值班律师与指派律师都是由法律援助机构安排,并且在没有辩护人时起补充作用。值班律师覆盖面广,工作场所和工作时间相对固定(在人民法院、看守所设立法律援助工作站),职责主要是"提供法律咨询、程序选择、申请变更强制措施等法律帮助"(第5条),以及在场见证签署具结书(第10条)。

2. 认罪而不悔罪

"自首"尤其是"走投无路"情形下的"自首"更突出的含义在于主动到案接受处罚,但不一定是主动"认罚",甚至还存在被控告人认罪而不悔罪的情形,例如,被控告人承认实施犯罪行为,但是他认为自己在行侠仗义、惩罚恶人,这就动摇了"从宽"的悔罪之心理基础。学者魏晓娜认为,根据2004年3月26日颁布的《最高人民法院关于被告人对行为性质的辩解是否影响自首成立问题的批复》所规定的"被告人对行为性质的辩解不影响自首的成立","认罪"但是对法律适用存在异议的,不影响认罪成立。因此,"认罚"在某些情形下还需要"承认犯罪事实"之外的特定行为表现。正如《认罪试点办法》第7条规定:"办理认罪认罚案件,应当听取被害人及其代理人意见,并将犯罪嫌疑人、被告人是否与被害人达成和解协议或者赔偿被害人损失,取得被害人谅解,作为量刑的重要考虑因素。"另一个需要注意的问题是,定罪且量刑后才有惩罚的后果,而"认罚"却先于定罪量刑要求被控告人接受刑罚,这只能是一种认同惩罚处理和承诺接受处罚的态度问题。对即将到来的"处罚",首先要求被控告人表明愿意接受犯罪带来的刑事处罚的态度,其次要求被控告人认同检察机关提出的量刑建议。

三、"认罪"作为定罪量刑的证据

在认罪主导了程序选择后,由于认罪要求如实供述自己的罪行或者承认被指控的犯罪事实,则控辩双方对犯罪事实一般没有争议,而争议的焦点将是如何量刑以及如何从宽处理。"认罪"以"如实供述自己的罪行"为内容,理应包括刑法中的"自首""坦白"等其他相关情形。[1]一般而言，认罪既包括承认犯罪事实，也包括认同法律适用，但是因为"认罪"有积极主动与消极被动以及早晚等差别，由此可能带来从宽处理上的差异。有学者指出，对认罪认罚和积极退赃退赔的被追诉人予以从宽处理的理论逻辑是：

一是客观上，犯罪行为人在事后采取补救措施，降低了社会危害性。二是主观上，犯罪行为人事后的认罪、自愿接受处罚，或者积极退赃退赔的态度和行为，往往表明其已经认识到自己行为的不法性，说明其尚存在法规范意识，并有配合司法机关的意愿。这表明行为人已有悔罪表现，人身危险性不大，再犯可能性较小，不再有通过严厉刑罚进行矫正之必要。[2]

自 2010 年 9 月 13 日最高人民法院印发了《人民法院量刑指导意见（试行）》（规范了 15 种常见犯罪的量刑）到 2014 年最高人民法院发布的《关于常见犯罪的量刑指导意见》（以下简称《量刑指导意见》，规范了 15 种常见犯罪的量刑），再到 2017 年 5 月 1 日起施行的《最高人民法院关于常见犯罪的量刑指导意见（二）（试行）》（规范了 8 种常见犯罪的量刑），我国持续探索量刑规范化，[3]其中有关"从宽"幅度的细化规定对我国认罪认罚从宽制度试点进行了铺垫。2016 年 11 月 28 日，最高人民检察院副检察长孙谦在"检察机关刑事案件认罪认罚从宽制度试点工作部署会"上指出："要准确理解和把握认罪认罚从宽制度内涵，准确把握适用条件，准确理解量刑建议的内容和方式，严格把握特殊案件认罪认罚条件、审批程序和后续违法所得处理，依法保障犯罪嫌疑人、被告人和被害人诉讼权利，规范相关诉讼程序适用，强化认罪认罚案件办理过程的监督制约，确保试点工作依法规范展开。"[4]

美国 1987 年生效的《联邦量刑指南》影响了联邦体系中的辩诉交易乃至"隐性"的辩诉交易。哪怕没有任何协商，联邦法官也常常会对作出有罪答辩的被告人处以比被陪审团定罪的被告人更轻的刑罚。当"被告人明确表

---

[1] 陈光中、马康：《认罪认罚从宽制度若干重要问题探讨》，《法学》2016 年第 8 期。

[2] 魏晓娜：《完善认罪认罚从宽制度：中国语境下的关键词展开》，《法学研究》2016 年第 4 期。

[3] 需要注意的是，以前检察院的量刑建议主要参考法院的量刑指南，而目前有关罪名的量刑指南由法检两家共同制定。2021 年，最高人民法院、最高人民检察院联合印发的《关于常见犯罪的量刑指导意见（试行）》明确了量刑的指导原则、量刑的基本方法、常见量刑情节的适用和常见犯罪的量刑，将 23 种常见犯罪判处有期徒刑的案件纳入规范范围，同时规范罚金、缓刑的适用。2024 年，最高人民法院、最高人民检察院联合印发的《关于常见犯罪的量刑指导意见（二）（试行）》明确了 7 种常见犯罪的量刑指导意见。

[4] 谢敏：《牢牢把握改革方向确保试点依法规范展开》，《检察日报》2016 年 11 月 29 日，第 1 版。

示愿意承担其犯罪责任"的时候，可获得减刑两个等级（约减轻20%的刑罚）的量刑优惠，从而控制辩诉交易。[1]因此，认罪后量刑上升为主要问题，而认罪本身就是某种量刑情节。

（一）认罪让步与从宽激励

认罪认罚后在处理或者量刑上到底如何"从宽"，在专门机关作出决定或判决之前都只是一种尚未确定的意向。从《认罪试点办法》第1条的规定可知，程序法中的认罪、认罚与从宽之间是逐步递进的关系，犯罪嫌疑人、被告人认罪、认罚之后一般会达到诉讼程序尽快终止这一程序意义上的从宽效果，但在实质上不一定能真正起到减轻刑罚的效果。[2]从侦查程序的实践来看，侦查人员依据2012年《刑事诉讼法》第118条对犯罪嫌疑人作出的"坦白从宽"告知，往往仅停留在形式层面的权利告知。这种缺乏具体从宽标准与实质承诺的程序性告知，实际上可能使"如实陈述"义务沦为一种难以兑现的制度承诺，削弱了认罪认罚从宽制度的实质激励效果。

认罪认罚从宽制度中的"从宽"不仅包括实体处理上的从宽，也包括程序适用上的从宽。学者魏晓娜认为，认罪认罚从宽与公诉案件当事人和解有交叉，但旨趣不同，前者旨在以从宽为条件，鼓励犯罪嫌疑人、被告人与公权力机关合作，后者旨在促进犯罪嫌疑人、被告人与被害人和解，进而在一定程度上影响刑事案件的处理。[3]学者陈瑞华总结了相对应的两种刑事诉讼合作模式，一种是"公力合作模式"，国家追诉机构与被告人经过协商、妥协而进行的诉讼合作；另一种是"私力合作模式"，被害人与被告人经过协商达成和解协议。[4]笔者认为，公力合作和私力合作虽然有主体和方式差异，但是这两者都可能转化为某种具有从宽效果的量刑情节。更多的时候是先有犯罪嫌疑人、被告人的认罪，而国家给予一定的"从宽"承诺，这属于认罪从宽。而所谓的认罚从宽虽然可能表现为被控告人接受检察机关的量刑

---

〔1〕　［美］伟恩·R. 拉费弗、杰罗德·H. 伊斯雷尔、南西·J. 金：《刑事诉讼法》（下册），卞建林、沙丽金等译，中国政法大学出版社2003年版，第1042页。
〔2〕　孔令勇：《论刑事诉讼中的认罪认罚从宽制度———一种针对内在逻辑与完善进路的探讨》，《安徽大学学报（哲学社会科学版）》2016年第2期。
〔3〕　魏晓娜：《完善认罪认罚从宽制度：中国语境下的关键词展开》，《法学研究》2016年第4期。
〔4〕　陈瑞华：《司法过程中的对抗与合作———一种新的刑事诉讼模式理论》，《法学研究》2007年第3期。

建议或者其将要面对的刑罚处罚，但是更强调犯罪嫌疑人、被告人通过积极赔偿、退赃退赔、挽回损失，先行承担民事责任或者行政责任而体现出悔罪态度，以及可能赢得被害人的谅解而争取"从宽"处理。

"认罪"具体表现为"自首""坦白"等量刑情节、证据形态或者其他相关情形，从而分别具有不同的从宽效果。正如日本学者城下裕二对日本刑事司法的观察，在接受公开审判的被告人中，有90%以上对全部的公诉事实进行了坦白，极高的有罪判决率下特定的量刑结果更为被告人所关注，2005年普通一审案件中，认罪案件占91.5%，无罪率为0.08%，2005年控诉审理中，"量刑不当"为被提出次数最多的控诉理由。[1]由此可见，即使自首和坦白得到认定，如何以及在多大程度上从宽仍然是未知的，或者依赖于司法裁判者的自由裁量。

在中国刑事诉讼法学研究会2016年年会上，陈光中先生认为，实体从宽是指在依法正常定罪量刑的标准下免予追究刑事责任或者从轻、减轻处罚；程序从宽主要体现在采取较轻的强制措施方面。[2]当然，实体从宽更主要体现在对具体刑罚的裁量上，从而落实了侦查、审查起诉阶段提出的量刑从宽的要求、建议；程序从宽主要体现在选择较轻的强制措施或者撤诉、作出不起诉决定等方面。在从宽的同时应当防范同案异判、权钱交易、以宽压服，或者避免诱发疑罪从轻、强迫自证其罪等违反刑事诉讼法原则的现象，这要求"从宽"应建立在高质量的案件事实查明上。笔者以为，认罪认罚从宽制度并不会因为压缩开庭时间就提高了诉讼效率，我国的刑事庭审本身并不烦琐，因此程序从简并没有多大必要，当然，笔者并不反对简易程序和速裁程序作为一种有效的庭审程序。由此，认罪认罚从宽案件更突出的问题是实体从宽标准和程序从宽标准。

（二）认罪情境与量刑梯度

学者熊秋红梳理了量刑阶段认罪认罚从宽制度的相关内容，这主要体现在刑法总则以及刑法分则中。[3]这里笔者将只讨论与"认罪"有关的自首、坦白以及当庭自愿认罪等量刑情节。为了防止同案不同判或者自由裁量权被

---

〔1〕　[日] 城下裕二：《量刑理论的现代课题》（增补版），黎其武、赵珊珊译，法律出版社2016年版，第1、2页及注释。
〔2〕　刘金林：《认罪认罚从宽制度仍应坚持常规证明标准》，《检察日报》2016年8月25日，第3版。
〔3〕　熊秋红：《认罪认罚从宽的理论审视与制度完善》，《法学》2016年第10期。

滥用，司法机关对量刑规范化进行了有益探索。《量刑指导意见》对自首、坦白、当庭自愿认罪规定了不同的量刑层级。

1. 细化相关的法定情节

第一，我国刑法总则规定的自首、坦白等量刑情节体现了"认罪"内容。在自首方面，《刑法》第67条规定了一般自首和特别自首（亦称"准自首""余罪自首"）。《刑法》第67条第1款后段规定："对于自首的犯罪分子，可以从轻或者减轻处罚。其中，犯罪较轻的，可以免除处罚。"《量刑指导意见》对此作出细化规定："对于自首情节，综合考虑自首的动机、时间、方式、罪行轻重、如实供述罪行的程度以及悔罪表现等情况，可以减少基准刑的40%以下；犯罪较轻的，可以减少基准刑的40%以上或者依法免除处罚。恶意利用自首规避法律制裁等不足以从宽处罚的除外。"在坦白方面，2011年通过的《刑法修正案（八）》在《刑法》第67条中增加第3款，规定："犯罪嫌疑人虽不具有前两款规定的自首情节，但是如实供述自己罪行的，可以从轻处罚；因其如实供述自己罪行，避免特别严重后果发生的，可以减轻处罚。"该条的主体仅仅被限定为"犯罪嫌疑人"，对坦白的犯罪嫌疑人并非一律从轻、减轻处罚，主要是让坦白与自首之间有所区别，形成一定的梯度。[1]《量刑指导意见》规定："对于坦白情节，综合考虑如实供述罪行的阶段、程度、罪行轻重以及悔罪程度等情况，确定从宽的幅度。（1）如实供述自己罪行的，可以减少基准刑的20%以下；（2）如实供述司法机关尚未掌握的同种较重罪行的，可以减少基准刑的10%—30%；（3）因如实供述自己罪行，避免特别严重后果发生的，可以减少基准刑的30%—50%。"

第二，刑法分则对贪污、贿赂等特定犯罪中"主动交代"情节的从宽规定，实质上构建了区别于普通自首制度的特殊从宽体系，通过专门条款强化对特定犯罪认罪行为的激励。2015年《刑法修正案（九）》修改了《刑法》第383条、第390条的相关内容。（1）贪污、受贿犯罪行为人犯罪后态度对应的量刑从宽幅度，立法修改趋"宽"。修改后的《刑法》第383条第1款由具体数额改为根据数额大小、情节轻重的定性描述，并重新划定了贪污罪的不同法定刑档次。同条第3款规定："犯第一款罪，在提起公诉前如实供述自己罪行、真诚悔罪、积极退赃，避免、减少损害结果的发生，有第一项

---

[1] 黄太云：《刑事立法的理解与适用——刑事立法背景、立法原意深度解读》，中国人民公安大学出版社2014年版，第169—170页。

规定情形的，可以从轻、减轻或者免除处罚；有第二项、第三项规定情形的，可以从轻处罚。"《刑法》第386条又规定："对犯受贿罪的，根据受贿所得数额及情节，依照本法第三百八十三条的规定处罚。索贿的从重处罚。"（2）行贿犯罪行为人犯罪后态度对应的量刑从宽幅度，立法修改趋"严"。修改后的《刑法》第390条第2款规定："行贿人在被追诉前主动交代行贿行为的，可以从轻或者减轻处罚。其中，犯罪较轻的，对侦破重大案件起关键作用的，或者有重大立功表现的，可以减轻或者免除处罚。"较之修改前细化了行贿犯罪后的态度可能带来的量刑从宽幅度。此外，《刑法》第164条第4款规定，行贿人在被追诉前主动交代行贿行为的，可以减轻或者免除处罚。第392条第2款规定，介绍贿赂人在被追诉前主动交代介绍贿赂行为的，可以减轻处罚或者免除处罚。

2. 规范相关的酌定情节

当庭自愿认罪并非法定量刑情节，但是由于被告人在法庭上如实坦白能增加审判者的内心确信，也或许能使程序的运行得以简化。2014年《量刑指导意见》规定："对于当庭自愿认罪的，根据犯罪的性质、罪行的轻重、认罪程度以及悔罪表现等情况，可以减少基准刑的10%以下。依法认定自首、坦白的除外。"这种从宽效果主要是因为认罪的被告人放弃了诸多权利，从而使庭审程序简化，节约了司法资源，提高了司法效率，并且认罪的被告人主观恶性和人身危险性较小。[1]

2012年《刑事诉讼法》新增的刑事和解突出了加害人"赔偿"或"赔礼"以及获得被害人谅解等互动因素，作为从宽量刑的重要考虑因素，在《认罪试点办法》第7条中得到了重申。《量刑指导意见》对民事担责的实体从宽效果进一步具体化和规范化。《量刑指导意见》第三部分第9条、第10条对达成刑事和解协议、积极赔偿被害人经济损失并取得谅解、积极赔偿但未取得谅解、未赔偿但取得谅解等情形，分别规定了不同的量刑优惠。此外，笔者对几份量刑指导意见进行对比，梳理了相关酌定情节对应的量刑幅度，详见表2。

---

〔1〕 熊选国主编：《〈人民法院量刑指导意见〉与"两高三部"〈关于规范量刑程序若干问题的意见〉理解与适用》，法律出版社2010年版，第153页。

表2 相关酌定情节量刑指导意见比较

酌定情节		2010年《人民法院量刑指导意见（试行）》	2014年《关于常见犯罪的量刑指导意见》	2017年《最高人民法院关于常见犯罪的量刑指导意见（二）（试行)》	2021年《关于常见犯罪的量刑指导意见（试行)》
退赃退赔		减少基准刑0%—30%（抢劫等严重危害社会治安犯罪从严掌握）			
赔偿谅解	赔偿并取得谅解	减少基准刑0%—40%			
	只赔偿	减少基准刑0%—30%	减少基准刑0%—30%		
	只取得谅解	减少基准刑0%—20%	减少基准刑0%—20%		
当庭自愿认罪（除自首、坦白外）		减少基准刑0%—10%			
刑事和解	一般犯罪	减少基准刑0%—50%			
	犯罪较轻	减少基准刑50%—100%			
在羁押期间表现好					减少基准刑0%—10%
前科劣迹	有前科	增加基准刑0%—10%	增加基准刑0%—10%，前科犯罪为过失犯罪和未成年人犯罪的除外		
	有劣迹				
犯罪对象是弱势群体		增加基准刑0%—20%			
在灾害期间故意犯罪		增加基准刑0%—20%			

综上可见，针对认罪的不同情况规定了不同的量刑优惠幅度，并呈现出"自首＞坦白＞当庭自愿认罪"的递减态势，可见被控告人认罪认罚是否及时是影响量刑优惠幅度的重要因素。[1]学者熊秋红指出，犯罪后的态度和认罪的早晚虽然并不必然反映出其悔罪的程度以及再犯罪可能性的高低，但被

---

[1] 随着2018年《刑事诉讼法》对认罪认罚从宽制度的立法确认，2021年《关于常见犯罪的量刑指导意见（试行）》也对认罪认罚从宽幅度进行了规范：对于被告人认罪认罚的，综合考虑犯罪的性质、罪行的轻重、认罪认罚的阶段、程度、价值、悔罪表现等情况，可以减少基准刑的30%以下；具有自首、重大坦白、退赃退赔、赔偿谅解、刑事和解等情节的，可以减少基准刑的60%以下，犯罪较轻的，可以减少基准刑的60%以上或者依法免除处罚。认罪认罚与自首、坦白、当庭自愿认罪、退赃退赔、赔偿谅解、刑事和解、羁押期间表现好等量刑情节不作重复评价。

控告人越早认罪，越有利于司法机关处理案件，越有利于节约司法资源，需要基于刑事政策给予其相应的奖励。[1]

四、认罪认罚案件的审理程序

主流观点认为，认罪认罚案件的证明标准并没有被降低。学者陈卫东指出："我们推行的认罪认罚必须在案件事实清楚证据确实充分的条件下进行，不允许司法机关借认罪认罚之名，让犯罪嫌疑人、被告人承受事实不清证据不足情形下的罪与罚，依此减轻或降低检察机关的证明责任。"[2]前述"案件事实清楚、证据充分"[3]不是法庭调查后的水落石出，而是适用认罪认罚从宽制度的前提条件。与英美法系辩诉交易可能将口头程序转化为书面程序[4]一样，在2012年《刑事诉讼法》已经恢复了卷宗移送制度的大背景下，认罪认罚当然不排斥一种书面的确认程序，甚至被告人的认罪认罚都被转化为有辩护人或值班律师在场见证的认罪认罚具结书。基于孤证不立、口供补强规则，被告人的认罪并不是认定有罪的唯一证据，由此，认罪必然存在着一定的事实基础，而认罪的自愿性、真实性将成为证明程序审查的重心。

（一）审前认罪的程序正当性保证

《认罪试点办法》第8条第1款和第10条第1款规定，在侦查过程、审查起诉过程中，侦查机关、人民检察院应当告知犯罪嫌疑人享有的诉讼权利和认罪认罚可能导致的法律后果，听取犯罪嫌疑人及其辩护人或者值班律师的意见。这在一定程度上突出了"讯问"活动的程序正当性。正如前文提及《认罪试点办法》第5条对律师帮助权的保障，在某种程度上更利于促成认罪，《认罪试点办法》第8条第2款"犯罪嫌疑人向看守所工作人员或辩护人、值班律师表示愿意认罪认罚的，有关人员应当及时书面告知办案单位"，

---

〔1〕 熊秋红：《认罪认罚从宽的理论审视与制度完善》，《法学》2016年第10期。
〔2〕 陈卫东：《认罪认罚从宽制度研究》，《中国法学》2016年第2期。
〔3〕 注意这里的表述与《刑事诉讼法》对侦查终结、提起公诉和作出有罪判决均要求的"案件事实清楚，证据确实、充分"存在差异，笔者推测可能"确实"是法院查证属实的职责要求，而在认罪认罚从宽处理程序的选择上放宽了要求。
〔4〕 该词的出处参见［美］米尔伊安·R.达玛什卡：《司法和国家权力的多种面孔：比较视野中的法律程序》，郑戈译，中国政法大学出版社2015年版，第129页。

为认罪提供了一个意见转达的渠道。辩护人或者值班律师在场见证"签署具结书"是一种程序正当性的需要。通过"记录在案并附卷""签署具结书"等程序要求，以及在"起诉意见书""起诉书"中明确载明认罪认罚情况等制度设计，司法机关建立了完整的认罪认罚书面记录体系，使认罪口供有据可查。笔者认为，这种认罪认罚意见在侦诉审机关之间的书面传递以及递进式的自愿合法性审查，既有通过正当程序固定证据的作用，又有通过这种固定证据进一步防止被控告人翻供的效果。

尽管"认罪"孤证不立，但是会使证明难度降低，也无需收集更多的其他证据。当然，认罪口供还可能成为收集其他证据的线索。但是，认罪口供能够成为定罪证据常常会使侦查人员过于关注口供而忽视其他证据的收集，一旦被控告人翻供，可能会造成证据链缺失，错失查证的最佳时机。例如，强奸案犯罪嫌疑人到案认罪后，如果侦查机关过于轻信其口供而忽视收集伤害痕迹、体液等物证证据，那么现场遭破坏后此类证据就再难取得。我国检察官倾向于积极促成被告人认罪的深层动因在于，以确定的量刑优惠（半个面包）来规避证据瑕疵导致全案败诉（没有面包）的风险。正如美国学者约翰·郎本（John H. Langbein）所认为的，辩诉交易和刑讯逼供是刑事司法制度设定过高的程序与证明标准而可能引发的替代性制度，如果说刑讯逼供制度是中世纪法定证据制度的必然配备，那么辩诉交易制度则是规避当代英美国家对抗性陪审制烦琐程序的重要途径。[1] 我国认罪认罚从宽制度的实施客观上强化了刑事司法对口供证据的依赖，但是这种依赖形态已实现从"刑讯逼供"向"量刑激励"的转变，也是一种进步。[2]

（二）审判中对认罪证据的审查

认罪案件审判有"书面审"的特点，庭审程序简化，甚至不进行法庭调查和法庭辩论，审查主要聚焦于认罪自愿性、合法性以及检察院所建议的量刑种类、幅度和执行方式等方面。《认罪试点办法》第 15 条规定："人民法院审理认罪认罚案件，应当告知被告人享有的诉讼权利和认罪认罚可能导致的法律后果，审查认罪认罚的自愿性和认罪认罚具结书内容的真实性、合法

---

〔1〕 ［美］约翰·朗本：《刑讯与辩诉交易》，朱奎彬译，《昆明理工大学学报（社会科学版）》2009年第 1 期。

〔2〕 张建伟：《认罪认罚从宽处理：内涵解读与技术分析》，《法律适用》2016 年第 11 期。

性。"美国学者将口供分为两种：第一种是被告人在法庭上作出的供述。此时，被告人作为证人作出陈述，其提供的证词与普通的言词证据无异。另一种是在审判前作出的供述（通常是向警察作出的）。司法制度在口供到达陪审团之前进行了自愿性、合法性和补强性三重检验。[1]可见，无论认罪发生在审判前还是审判中，只要其是真实的并前后一致，均可以成为定罪的根据。当然，以口供定案，还要有其他证据予以补强。

对于犯罪嫌疑人、被告人翻供或者反悔的，有学者建议，参照《美国联邦证据规则》第410条规定，被告人在与检察官进行辩诉交易中作出有罪答辩，或答辩有罪后又撤回的，这些答辩的证据不能被用来证明被告人实施了被诉的犯罪行为，更不能以之追究被告人的刑事责任。同时，也不能用来显示偏见，或将它用于证明被诉刑事犯罪以外的用途。[2]

在我国认罪认罚从宽制度框架下，犯罪嫌疑人、被告人的认罪反悔并不必然导致先前的认罪证据被排除，经过法定审查程序确认其自愿性、真实性与合法性，即便后续被撤回，仍可作为控方的定罪证据。《认罪试点办法》第10条、第11条规定的"认罪认罚具结书"具有独特的法律属性：其本质是控辩协商达成的程序合意文书，而非传统意义上的口供证据。当被追诉人反悔时，该具结书既不能作为实体法上的口供使用，也不具备补强口供的证据功能，但其仍可作为重要的程序性证据，用以证明认罪认罚过程的自愿性、检察机关履职的规范性以及律师参与的实效性等关键程序事实。从程序而言，《认罪试点办法》第19条明确了在被告人违背意愿认罪认罚或被告人否认指控的犯罪事实等情形下，应当转为普通程序审理。在程序转换的同时，检察官就顺理成章地可以撤回量刑上的从宽建议。[3]

此外，有认罪被告人利用上诉不加刑原则在被判刑后又提出无罪的上诉意见，既意图保留在量刑上得到的优惠，还想更进一步摆脱所定的罪名，当然现实之中，被告人的主要目的是获得缓刑或者通过拖延而在看守所服完剩

---

[1] Larry Laudan, *Truth, Error, and Criminal Law—An Essay in Legal Epistemology*, Cambridge University Press, 2006, pp. 172 –173.

[2] 陈界融译著：《〈美国联邦证据规则（2004）〉译析》，中国人民大学出版社2005年版，第37页。

[3] 2019年《最高人民法院 最高人民检察院 公安部 国家安全部 司法部关于适用认罪认罚从宽制度的指导意见》规定了认罪认罚的反悔和撤回后的处理：第51条规定不起诉后反悔的处理；第52条规定起诉前反悔的处理；第53条规定审判阶段反悔的处理；第54条规定人民检察院的法律监督，要求"规范认罪认罚案件的抗诉工作"。

余刑期等。有的检察机关相应地提起抗诉，请求法院撤销被告人因为认罪而获得的量刑优惠。[1]

五、结语："认罪"的动力学原理

我国认罪认罚从宽制度是为解决案多人少问题、提高诉讼效率而进行的有价值的探索。认罪认罚从宽制度以认罪为前提，并且根据所犯罪行的严重程度分别采取不同的简化审理程序，可以撤销案件，也可以不起诉。当然，在我国该制度主要体现为被控告人与公诉人对实体认罪和程序选择的二元合意，甚至包括刑罚方式和刑罚幅度的合意。通常公诉人和被控告人以各自的优势作为协商的筹码，当然双方也可能会作出一些让步，或通过协商来弥补自己的劣势。一般来说，案件的事实信息尤其是犯罪嫌疑人所了解到的信息，由被控告人所掌握，而依法惩罚犯罪的权力属于国家。因此，被告人以认罪为代价，换取国家专门机关从速从宽处理案件，具体表现为获得一定的量刑优惠。被控告人的认罪也在一定程度上弥补了控方证据的薄弱环节。因此，为了规避败诉风险，检察机关提出了相对明确或者不确定的量刑建议。国家在追求效率的过程中所追求的简化程序可能会压缩被控告人的权利空间，反过来，应加强辩护人或值班律师的帮助，以提高被控告人的决策能力。被控告人获得一定程度的量刑优惠，也可能使受害人尽快得到赔偿或尽快得到精神抚慰。

认罪认罚从宽制度在一定程度上将检察机关由起诉机关降格为当事人，似乎是在与个人交换其所代表的国家利益。然而，这是一种务实的考虑，也对国家遵守契约提出了要求。更重要的是，通过被告人的自我选择和自愿供述，也体现了程序参与的要求。当然，在这种妥协中，仍然会有反悔或反复，在适当时候还需要回到普通程序。

---

[1]　2021 年《人民检察院办理认罪认罚案件开展量刑建议工作的指导意见》第 39 条规定："认罪认罚案件中，人民法院采纳人民检察院提出的量刑建议作出判决、裁定，被告人仅以量刑过重为由提出上诉，因被告人反悔不再认罪认罚致从宽量刑明显不当的，人民检察院应当依法提出抗诉。"

第五章　认罪认罚从宽制度的博弈原理

2014 年 10 月 23 日，党的十八届四中全会通过了《中共中央关于全面推进依法治国若干重大问题的决定》，既提出了完善刑事诉讼中的认罪认罚从宽制度，又明确要求"推进以审判为中心的诉讼制度改革"。2016 年，我国开展了刑事诉讼认罪认罚从宽制度试点工作，以审判为中心的刑事诉讼制度改革也在同步推进，在实践中，前者是与后者相配套的一个重要方面。以审判为中心的刑事诉讼制度改革，事关刑事司法公正，牵一发而动全身；而认罪认罚从宽制度在很大程度上是为了解决司法资源短缺问题和提高诉讼效率。区别于以不认罪为前提的普通审判程序，认罪认罚从宽制度以控辩双方形成有关事实和法律、定罪与量刑的合意为核心，可能要求辩护人或者值班律师积极参与，被害人能够获得及时有效的补偿或者赔偿，在此基础上还可能要求法院作为中立第三方审查认罪认罚的自愿性、真实性和合法性，从而作出从宽处理决定，或者在审判之前由公安机关撤销案件、由检察院作出不起诉决定的一种制度体系。认罪认罚从宽案件并不仅仅是由公诉方和被控告人两方全权决定，可能还需要辩护人、法官、被害人等的积极参与，还会受到公众的关注。然而，是否"认罪认罚"以及如何"从宽"所表现的不同程序路径首先是围绕着控辩双方的心理需求和行为抉择而展开。曾经司法机关的试点实践着力宣传的是认罪认罚从宽制度如何实现快速审理，[1] 但是正如学者左卫民所说，认罪认罚从宽制度带来的程序效率只是一种附随效果，至多是一种从属性目标，该制度的要旨是使宽严相济的刑事政策得到制度呼应，使其能够通过正式的程序机制在实践中落实，并且他认为我国对被追诉人主动认罪认罚从而给予处罚优待的实体权利供给是一种法定职权供

---

[1] 此类新闻屡见报端，余东明：《被告人认罪认罚从宽案五分钟审结》，中国青年网，http://news. youth. cn/jsxw/201707/t20170710_ 10256310. htm，最后访问日期：2025 年 4 月 28 日；姚晨奕、刘国华、刘媛：《南昌东湖法院适用认罪认罚从宽制度速裁案件》，《人民法院报》2017 年 8 月 16 日，第 4 版。

给机制，而非交易协商供给机制。[1]或许正是为了避免响应"坦白从宽"政策反而招致"牢底坐穿"的后果，来自犯罪嫌疑人、被告人的"认罪""认罚"与来自国家专门机关的"从宽""从简"之间的互动激励和利益博弈既要从具体契约转化为普遍法律，又要从粗放政策定型为精细制度。

一、从盲目预测到先定后审

犯罪嫌疑人、被告人"认罪认罚"可能有两种动机：一是事实清楚、争辩无益，此时从宽处理的利益供给是一种额外收获；二是错误铸成、悔不当初，此时从宽处理是一种必要奖赏。此外，国家也可能以"从宽"促使犯罪嫌疑人、被告人，让其放弃抗争，相应地认罪认罚从宽制度节约了更多侦查、控诉的成本，但并不一定旨在节约我国本已简单的庭审程序的时间成本。认罪认罚从宽制度仍然可能用合作代替冲突的方式、用"有罪推定"代替对抗制"无罪推定"的效果，以一种混合策略游戏（mixed - strategy game）冲击着诉诸"零和博弈"（zero - sum game）的对抗式正当程序理念，意图脱离案多人少和程序烦苛的双重困境。[2]既然被控告人认罪认罚，则控辩双方意见冲突不存，也无须强调采用模拟战争的对抗形式来释放（吸收）不满和确立正当性。认罪认罚从宽制度将审判过程分解为一个控辩双方各有退让的反复磋商的"先定后审"过程。审前的事实认定、法律适用合意以及定罪、量刑合意在刑事庭审这场"游戏"还没有结束甚至还没开始时就基本确定，"游戏"可能没有必要再玩下去。或许认罪认罚从宽制度并不是要避免定罪方面的不确定性，因为我

---

〔1〕　左卫民：《认罪认罚何以从宽：误区与正解——反思效率优先的改革主张》，《法学研究》2017年第3期。

〔2〕　杰罗米·H. 什科尔尼克（Jerome H. Skolnick）、亚伯拉罕·布隆伯格（Abraham Blumberg）以及乔治·科尔（George Cole）等人的研究。参见［美］马尔科姆·M. 菲利：《刑事司法制度的两种模式：以机构为视角》，郭志媛译，［美］虞平、郭志媛编译：《争鸣与思辨：刑事诉讼模式经典论文选译》，北京大学出版社2013年版，第116页。

国无罪判决率本来就很低[1]，并且认罪认罚案件的事实一般都比较清楚[2]，但是，如果在审判结局已定的情形下再去"认认真真走形式"，就会陷入一种机械司法中，并且要求证人出庭、鉴定人出庭的正当庭审程序常常被规避了，还会遭人诟病"庭审形式化"。因此，一个更好的办法就是承认这种"先定后审"的制度意义，并且通过反复强化当事人的自主意愿来保障其正当性，同时也允许结合犯罪嫌疑人的罪后态度在量刑方面作出一些个别化的合适处理。

（一）法律预测功能的不可信赖

或许是源于对（自然）规律的探寻，或许是出于人类追求安逸的本性，人类在生活中也渴求规则和秩序，法律意图满足人类对规则和秩序的渴望而成为一种重要的社会规范。然而，法律并不能一劳永逸地满足人们对稳定的需求，变化才能孕育生机，因此，多种法律尤其是刑事法律本身已经含有应对复杂变化情境之义，甚至要把已经失范的行为重新矫正过来或者以规范再调整之。立法和司法并非一成不变，只是想尽力让变化能够在可控制和可预测的范围之内。但是，这种预测并不准确，首先需要面对的恰恰就是法律自身的问题——法律语言的模糊性，不同的主体有不同的视角，由此每个人所预测的结果就大相径庭。在司法实践中，不同的法律解释机构和个案中的诉讼参与主体对法律规范的理解与适用天然存在着多元性差异，这种法律解释的复杂性既源于司法工作者个体经验、认知结构和职业背景等主体性因素，也受到社会舆论和诉讼主体间互动博弈等社会性因素的影响。解释过程既可

---

[1]　2016 年 11 月 5 日，最高人民检察院检察长曹建明在第十二届全国人大常委会第二十四次会议上作《最高人民检察院关于加强侦查监督、维护司法公正情况的报告》，该报告指出，2013 年以来，无罪判决率为 0.016%，逮捕后撤案、不起诉率则分别为 0.007%、1.4%。参见邢丙银：《中国近三年无罪判决率仅为 0.016%，有学者称低得不正常》，澎湃新闻，http：//www. thepaper. cn/newsDetail_ forward_ 1556725，最后访问日期：2017 年 9 月 30 日。需要注意的是，2014 年全国法院刑事判决生效被告人 1184562 人，宣告无罪 778 人，参见《2014 年全国法院司法统计公报》，《最高人民法院公报》2015 年第 4 期，第 11 页。2015 年全国法院刑事判决生效被告人 1232695 人，共宣告 1039 人无罪，参见最高人民法院研究室：《2015 年全国法院审判执行情况》，《人民法院报》2016 年 3 月 18 日，第 4 版。2016 年全国法院刑事判决生效被告人 1220645 人，宣告无罪 1076 人，参见《2016 年全国法院司法统计公报》，《最高人民法院公报》2017 年第 4 期。可见，2014 年、2015 年、2016 年的无罪判决率为 0.066%、0.084%、0.088%，虽然逐年略有上升，但是总体仍然偏低。

[2]　《关于在部分地区开展刑事案件认罪认罚从宽制度试点工作的办法》第 16 条规定，对可能判处 3 年有期徒刑以下刑罚的案件适用速裁程序要求"事实清楚、证据充分"，同样，《刑事诉讼法》第 214 条规定，适用简易程序审判的条件包括"案件事实清楚、证据充分"。

能因分歧而陷入争议，也可能通过理性沟通达成超越法律文义的共识。因此，仅仅依靠法律的预测是盲目的，虽然对法律的依赖就是为了防止人的随意性，但是，法律本身的不可靠却要通过信任具体诉讼参与主体有自主交易能力和信守契约精神来规避。

"法律是对判决的预测"，法律现实主义者的这个关于法律功能的定义引申出两种法律外延的不同观点。[1]一种观点以奥利弗·温德尔·霍姆斯（Oliver Wendell Holmes，Jr）、卡多佐为代表，认为在既定情况下法律是以各种形式表现出来的规则或法院的判决。法律在多数情况下是确定的，少部分由法官的判决所确立的法律存在不确定性，但这种不确定性甚至产生了许多伟大的判决。另外一种观点以卡尔·卢埃林（Karl N. Llewellyn）和杰罗姆·弗兰克（Jerome Frank）为代表，他们认为真正的法律只有法院的判决，包括已经作出的和没有作出的。他们认为，规则不能提供他们所期待的确定性，并且指出："法律目标的实现，依赖的不是静态的、字面意义上的法律规则的推演，而是动态的司法行为过程。"[2]由此可见，衔接于作为立法成果的法律和作为司法成果的判决之间的逻辑形式是据法司法和不据法司法两种情形的抉择、折中和混合。从一种极端意义上来说，只有判决结果出来，我们才能对一个法律事件如何被处理有最终的答案。虽然该答案受到法律制约，但是，这种约束只能通过各诉讼参与人对法律的认识、解释而表现出来。此外，司法裁决之中不仅仅有法律争议的问题，还有如何收集、固定、呈现证据以发现案件真相的问题，这些虽然也需要依法进行，但是判决结果本质上取决于各诉讼参与主体在特定司法情境中的策略性选择与行为互动。

（二）先定后审的契约交易冲动

从理论上讲，刑事诉讼审判过程不仅在适用法律规范方面存在不确定性，更主要的是在事实认定方面也常常会存在困难，由此定罪和量刑颇费周折。这或许有空谈之嫌，现实中，我国刑事诉讼被控告人认罪的比例非常高[3]，因

---

〔1〕　何海锋：《〈普通法传统〉：传统还是理想——对〈普通法传统〉的另一种解读》，易继明主编：《私法》（第9辑·第1卷），华中科技大学出版社2011年版，第280页。

〔2〕　转引自何海锋：《〈普通法传统〉：传统还是理想——对〈普通法传统〉的另一种解读》，易继明主编：《私法》（第9辑·第1卷），华中科技大学出版社2011年版。

〔3〕　2003—2013年，我国学者对犯罪嫌疑人供述率的统计值不仅很高，而且不同研究者的统计结果都较为接近，供述率最低为87.5%，最高为100%，均值约为96.05%。付凤：《侦查讯问中供述率的比较研究：误区、方法与技术》，《河南大学学报（社会科学版）》2014年第4期。

此，所谓的裁判结果的不确定性可能并非主要问题。然而，这种观点还是有点想当然了，或许在定罪的确定性上的确不是很成问题，但是，对于被控告人而言，法院判决最终确定的量刑结果必然蕴含了很大的不确定性。首先，检察机关很难提出准确的量刑建议。2016 年《认罪试点办法》第 11 条第 2款规定："量刑建议一般应当包括主刑、附加刑，并明确刑罚执行方式。可以提出相对明确的量刑幅度，也可以根据案件具体情况，提出确定刑期的量刑建议。建议判处财产刑的，一般应当提出确定的数额。"其次，还存在检法量刑合致问题。《认罪试点办法》第 20 条确立了人民法院采纳所控罪名和量刑建议的一般原则及除外情形；第 21 条直面了检察院和法院对量刑建议意见不一致或者被告人、辩护人对量刑建议提出异议的问题。[1]

由此可见，我国认罪认罚从宽制度也特别依赖控辩双方的合意，主要包括被控告人与检察官形成实体认罪和程序选择的双重合意，双方就处罚方式和处罚幅度达成的合意。其中可能存在这样的心理动机，控辩双方以各自的优势作为协议的对价，或者作出一定的让步，又或者对自己的劣势进行了一定的弥补。这虽然不能完全避免诉讼结局不确定的问题，但是在程序运行之中控辩双方基本上做到了心里有数，从而也满足了诉讼各方对诉讼运行的掌控欲。

二、认罪认罚从宽统一性与个别化的制度信任

有学者介绍美国的辩诉交易制度，认为其有如下几点弊端：第一，辩诉交易已惯性作业化，对被告的个别情状毫不考虑。第二，对犯相同罪行之人均适用相同罪名，而不考虑其惯习性或犯罪倾向性及其他主观要素。第三，辩诉交易自开始至成立并不留有记录存查，因此，为何与如何获得其结论，

---

[1]　最高人民法院、最高人民检察院、公安部、国家安全部、司法部《关于在部分地区开展刑事案件认罪认罚从宽制度试点工作的办法》第 20 条规定："对于认罪认罚案件，人民法院依法作出判决时，一般应当采纳人民检察院指控的罪名和量刑建议，但具有下列情形的除外：（一）被告人不构成犯罪或者不应当追究刑事责任的；（二）被告人违背意愿认罪认罚的；（三）被告人否认指控的犯罪事实的；（四）起诉指控的罪名与审理认定的罪名不一致的；（五）其他可能影响公正审判的情形。"第 21 条规定："人民法院经审理认为，人民检察院的量刑建议明显不当，或者被告人、辩护人对量刑建议提出异议的，人民法院可以对建议人民检察院调整量刑建议，人民检察院不同意调整量刑建议或者调整量刑建议后被告人、辩护人仍有异议的，人民法院应当依法作出判决。"该两条内容最终被 2018 年《刑事诉讼法》新增的第 201 条所吸收，这就是学者反复讨论的"一般应当"条款。

非公众所能知悉。第四，辩诉交易能否成立依赖于检察官的个人感情，毫无准则可循，导致法执行上之不公平。第五，在辩诉交易双方当事人不顾事实，只求交易成立之时，可常见被告对非其所犯之事实答辩有罪。第六，辩诉交易的本意是对简易案件不经审判来处理，以谋求诉讼迅速化，但实际上之运用却罔顾原来之用意，而对复杂案件以辩诉交易来处理，对简单案件反以审判来处理。[1]

上述批评的目的是要将对人的信任转化为对惯性作业的"制度信任"。但是，即使形成了新制度也仍然会再次面临两重不确定性问题：第一重是对旧制度的破坏带来的不确定性。旧制度大体上能为刑事司法提供相对确定的结果，并且还在一定程度上允许变通；而实践中兴起的辩诉交易制度既破坏了原法律的相对确定性，还使得变通被忽视。第二重是新制度自身带来的不确定性。辩诉交易被制度化也会产生法律制度固有的不确定性问题，既不免会受参与诉讼的检察官个人情感影响，还可能违背以事实为根据和"简案快审"等制度设计的初衷。这种情形在我国认罪认罚从宽制度之中也同样存在，因此《认罪试点办法》第 4 条重申更带有务虚性的办理认罪认罚案件应当坚持的原则。下文将分析在罪责刑相适应法律原则和宽严相济刑事政策下，对刑事案件的处理从合法到合适的目的转变。

（一）罪责刑相适应的法律原则

无论是对人的信任还是对制度的信任，都可能会面临困境。对认罪协商的制度性依赖可能会导致一种"饮鸩止渴"式的惯性作业，又可能因为没有具体章法而给人一种"拿正义议价"的感觉，从而损害司法公正性及人民对司法的信赖。正是因为制度标准不确定，不论是出于激励认罪，还是以过度起诉或求处重罚威胁被控告人，都有导致"既枉又纵"的潜在可能。也就是说，由于对刑事程序进行不同程度的简化，使得实体法上的"罪责刑相适应"扭曲变形了。

在我国《刑法》和《刑事诉讼法》中，"认罪认罚"与"从宽"本来就存在一定的利益互换，[2]这种互换格局并不是新制度兴起导致的，可能是出于对刑事诉讼成本和收益的经济考量。由于制度不完善及认知不足，产生了

---

[1]　转引自林钰雄：《刑事诉讼法》（下册），中国人民大学出版社 2005 年版，第 209 页，注释。
[2]　熊秋红：《认罪认罚从宽的理论审视与制度完善》，《法学》2016 年第 10 期。

074 意见裁判主义究变：刑事司法改革的原理与实践

所谓的"赔钱减刑"乃至"花钱买命"的感觉，认为认罪协商制度违背罪刑法定下之"同案同判"的制度预期，甚至可能带来法律适用上的"嫌贫爱富"。

目前，在理论和实践上普遍存在着将认罪认罚从宽制度视为一种制度创新或者革命的误解，其实，结合相关的实体法规范和程序法规范可以发现，认罪认罚从宽制度仍然是有规可循，分为认罪实体从宽、认罪程序从简、认罚实体从宽、认罚程序从简。这4种模式以"从宽"为核心，以"认罪"和"认罚"为事实前提，以实体法和程序法的规范解释为工具，系统地展现了认罪认罚从宽制度的各个方面，尤其是其中存在的量刑梯度和程序递简的成比例格局，权力与权利合作协商、刑民责任的交叉互动、实质权利的程序保障等复杂情势。[1]因此，认罪认罚从宽制度需要对现有的法律法规进行体系化梳理。

（二）宽严相济的刑事政策

从上述对辩诉交易制度的批评来看，该制度的运行既要考察不同犯罪嫌疑人的品格差异，又要依赖检察官的秉公办案、一视同仁。《认罪试点办法》第4条规定："贯彻宽严相济刑事政策，充分考虑犯罪的社会危害性和犯罪嫌疑人、被告人的人身危险性，结合认罪认罚的具体情况，确定是否从宽以及从宽幅度，做到该宽则宽，当严则严，宽严相济，确保办案法律效果和社会效果。"也就是说，办理认罪认罚从宽案件，既要考虑犯罪所带来的社会危害后果，又要考虑在个案之中被控告人犯罪的具体情况，如被控告人的惯习性或犯罪倾向性，犯罪时的主观心理状态以及犯罪后的认罪悔罪表现，并且将这些形式隐秘的性格因素或者无以言表的内心想法，通过一些特定的、具体的行为方式来进行确认，从而既可以对程序进行正当性审查，还能做到"宽严有度"。有学者认为，犯罪后的态度和认罪时间的早晚并不必然反映出犯罪嫌疑人、被告人悔罪的程度以及再犯罪的可能性，更主要的是被控告人越早认罪，越有利于专门机关处理案件，越有利于节约司法资源，减轻专门机关的负担。[2]认罪认罚后，案件的关注焦点在很大程度上转向了量刑问题，量刑着眼于未来行为人的可塑性甚至过去行为的可罚性。这也印证了提高诉讼效率只是认罪认罚从宽制度的一个额外好处。

---

〔1〕 陆而启、苏素专：《认罪认罚从宽的四种模式》，《人民检察》2017年第16期。
〔2〕 熊秋红：《认罪认罚从宽的理论审视与制度完善》，《法学》2016年第10期。

三、控方的举证责任与关照义务

认罪认罚从宽案件的结果除了受被控告人认罪态度等方面的影响，还受检察官个人素质和正义信仰的影响。美国的辩诉交易常常被批评为控方对案件进行情感操控，控方可能会采用过度起诉或者加重刑罚的方式逼迫被控告人选一个较轻的罪名认罪。就我国而言，认罪认罚从宽制度在一定程度上有检察机关拿着国家利益与个人进行交换的意味。这是一种实用主义的考量，也对国家提出了信守契约的要求。"共同集体的道德感和经济秩序的迫切需要，要求人们信守他们的诺言。人们将实现由于他们的诺言或其他行动而合理地形成的合理期望，这一点也是一个法律前提。"[1]这种"权利先于法律"的自然权利和道德义务在不同年代的权利理论演变之中常常表现为受到法律支持的正当要求。辩诉交易在制度化之前不受法律保障，而在其制度化之后，政治组织社会[2]对其进行保障，使它成为一种法律权利，甚至不再以其有道德价值为前提了。

（一）从个人对抗国家的力量悬殊到国家与个人平起平坐

学者和中央政法机关一般认为，认罪认罚从宽案件要坚持法定证明标准。[3]《认罪试点办法》第 3 条提出了要"以事实为根据，以法律为准绳"，《认罪试点办法》第 4 条提出了要"坚持证据裁判"，可以说这分别对证明标准和证明程序两个方面提出了要求。有学者指出，纠纷解决的三方格局只是一种表面关系，其根本的动力机制是控辩关系中的控辩平等。控辩平等含有平等武装、平等保护、平等对抗和平等合作之意，其中控辩平等合作就是为了弱化当事人主义诉讼的过分对抗化和竞技化所带来的弊端。[4]

2018 年《刑事诉讼法》第 51 条规定，"公诉案件中被告人有罪的举证责任由人民检察院承担"，第 55 条规定了认定被告人有罪和处以刑罚要符合

---

〔1〕［美］罗斯科·庞德：《通过法律的社会控制》，沈宗灵译，商务印书馆 2008 年版，第 40 页。

〔2〕"政治组织社会"（politically organized society）这个概念在庞德的书中多次被提及，参见［美］罗斯科·庞德：《通过法律的社会控制》，沈宗灵译，商务印书馆 2008 年版，第 3、5、11、13、25、32、33 页。

〔3〕对陈光中先生的采访，参见刘金林：《认罪认罚从宽制度仍应坚持常规证明标准》，《检察日报》2016 年 8 月 25 日，第 3 版；同类观点参见蔡元培：《认罪认罚案件不能降低证明标准》，《检察日报》2016 年 6 月 13 日，第 3 版。

〔4〕冀祥德：《控辩平等论》，法律出版社 2008 年版，第 49、74 页。

"证据确实、充分"的条件，包括以下 3 个方面：(1) 定罪量刑的事实都有证据证明；(2) 据以定案的证据均经法定程序查证属实；(3) 综合全案证据，对所认定事实已排除合理怀疑。可见，立法通过"排除合理怀疑"这一对裁判者主观确信程度的规定弥补传统"证据确实、充分"标准过于客观化、形式化的缺陷。[1]在中国刑事诉讼中运用"排除合理怀疑"，需要强化疑点审查的"消极思维"。[2]刑事诉讼的控辩双方本来是天然不平等的，控方起诉要建立在对证据的全面收集之上，以及保证证据收集的合法性，出于对被控告人的倾斜性保护，排除合理怀疑标准是控方推翻无罪推定而证明被告有罪的一大障碍。"证明犯罪应超过合理怀疑的证明责任，正是对当事人收集与提供证据的资源配置不平等的部分补偿（正如为贫穷的被告提供律师一样）。"[3]

虽然刑事案件都是"过去式"，要通过证据去回溯过去发生的事实，但是案件事实还是有疑难、复杂和简单、清晰之分的，因此存在所谓的"疑案精审、简案快审"的说法。虽然认罪认罚从宽案件的事实往往很清楚，但是检察机关没有必要为尽快处理案件而向被控告人提供优惠，因为我国的审判组织并不采用英美法系的陪审团制，[4]相应的审判程序本身并不复杂，检察机关和法院并不迫切追求节约庭审时间。然而，官方极力推进认罪认罚从宽制度导致认罪认罚从宽案件的审限受到压缩，还可能促成具有共同国家立场和官方职权色彩的控诉检察官和裁决法官之间的联手。

实体从宽一直是建立在高质量的案件事实查明上，既然认罪认罚从宽案件也要达到法定证明标准，那么办案机关就应严把事实证据关和程序关，在审前依法全面收集、固定证据等环节并不能放松，甚至不能轻信被控告人的"认罪认罚"，否则一旦被控告人在侦查终结后翻供、在一审判决后上诉，案件就会因证据细节无法固定而被办成"夹生饭"。再则，认罪认罚案件的"程序从简"可能会导致为追求效率而强迫被控告人自证其罪等。另外，"诉

---

〔1〕 卞建林、张璐：《"排除合理怀疑"之理解与适用》，《国家检察官学院学报》2015 年第 1 期。

〔2〕 龙宗智：《中国法语境中的"排除合理怀疑"》，《中外法学》2012 年第 6 期。

〔3〕 ［美］理查德·A. 波斯纳：《证据法的经济分析》，徐昕、徐昀译，中国法制出版社 2001 年版，第 87 页。

〔4〕 有学者总结了有关司法改革突破口的观点：其一，把律师当法官作为司法改革突破口；其二，把地方法院法官选任权由省级统管作为司法改革突破口；其三，把设立行政法院作为司法改革突破口。此外，有些学者认为，程序正当化是司法改革突破口的方向性选择，其最重要的是确保法官中立，而陪审团制度是保障法官中立的关键措施，应将构建陪审团制度作为司法改革的突破口。马贵翔、徐加祥：《陪审团：司法改革的突破口——兼评〈人民陪审员制度改革试点方案〉》，《贵州民族大学学报（哲学社会科学版）》2017 年第 4 期。

讼效率低"并不能怪到"开庭"上，主要是因为法官在庭后仍需投入大量时间和精力，如撰写判决书要反复阅卷。因此，庭审程序的简化虽然是认罪认罚从宽制度的重要组成部分，但并不是其最终目标。

此外，曾经我国的公诉检察官主要关注定罪问题而忽视量刑问题，公诉检察官在审查起诉阶段限制辩护律师的有效参与、片面追求胜诉率等，也在一定程度上导致冤错案件的发生，这与检察机关内部的业绩考核指标有一定的关系。而历经多年的量刑规范化改革[1]要求公诉检察官在量刑上精细化，由此，检察官为了不让具体的量刑建议被法院所否定，更有动力在认罪案件中提出从宽的量刑建议。

（二）从威逼到利诱的自白证据资源

依法惩罚犯罪是国家的权力，被控告人要想获得量刑折扣和对案件的快速、宽缓处理，就需要以认罪作为交换。但是，不管办理何种类型案件，都严禁法院、检察院、公安机关工作人员作出刑讯逼供、暴力取证或者权钱交易、放纵犯罪等滥用职权、徇私枉法的行为。或许是认罪认罚天然地带有一种交易性质而更应该被提防，但是所谓的物理强迫已经很少见，更多的强迫来自心理和一种已经被制度所承认的从宽诱惑，这很难被发现。但是，检察官所能提供的各种优惠要有据可查，而不是个人一时的心血来潮。笔者认为，最恰当的责任追究方式，就是在诉讼过程中让专门机关中相关的个人以第一人称对自己的办案活动进行准确记录。

根据《刑事诉讼法》的相关规定，人民检察院负有一定"关照义务"，要求全面收集有罪或者无罪、犯罪情节轻或者犯罪情节重的各种证据，保障辩护人的阅卷权，调查核实非法取证行为，保障被控告人获得法律援助，并且要

---

[1]　最高人民法院成立了量刑规范化课题组，从 2005 年开始对量刑规范化问题进行实质性的调研，在反复论证并广泛听取各界意见的基础上，起草了《人民法院量刑指导意见（试行）》和《人民法院量刑程序指导意见（试行）》两个文件。2008 年 8 月，最高人民法院确定了 4 个中级人民法院和 8 个基层人民法院进行试点。后经报中央批准，最高人民法院决定自 2009 年 6 月 1 日起在全国范围内的 120 多家法院对上述两个文件进行试点。2009 年 12 月，根据工作的需要，课题组又起草了《新增十个罪名的量刑指导意见（试行）》，并要求一并进行试点。自 2010 年 9 月 13 日最高人民法院印发《人民法院量刑指导意见（试行）》到 2014 年最高人民法院发布的《关于常见犯罪的量刑指导意见》，再到 2017 年 5 月 1 日起施行的《最高人民法院关于常见犯罪的量刑指导意见（二）（试行）》对量刑规范化进行了持续的探索，其中有关"从宽"幅度的细化规定为认罪认罚从宽制度试点进行了铺垫。

证明犯罪达到"事实清楚，证据确实、充分"的程度。而在认罪认罚从宽案件中，基于一种诉讼关照义务，专门机关既可以主动向犯罪嫌疑人、被告人释明法律规定和法律后果，还可以保障其能够获得律师及时有效的帮助，最大限度地保障被控告人的合理利益。在侦查、审查起诉、审判过程中，侦查机关、检察机关、审判机关应当告知被控告人"享有的诉讼权利和认罪认罚可能导致的法律后果"（《认罪试点办法》第 8 条、第 10 条、第 15 条）[1]，应当保障被控告人获得有效的法律帮助，"符合应当通知辩护条件的，依法通知法律援助机构指派律师为其提供辩护"（《认罪试点办法》第 5 条），其实是突出规定了具有补充性、普惠性的值班律师法律帮助。《认罪试点办法》第 10 条还规定，在审查起诉过程中，人民检察院应当听取犯罪嫌疑人及其辩护人或者值班律师就法律适用、量刑建议、审查程序等事项的意见，以及对"犯罪嫌疑人自愿认罪，同意量刑建议和程序适用的，应当在辩护人或者值班律师在场的情况下签署具结书"。[2] 认罪认罚从宽案件是值班律师的"主战场"，但是值班律师认为自己在不充分会见以及无机会阅卷的基础上所提供的辩护意见往往无事实基础，并且其"所掌握和知晓的情况"有限，"见证签署具结书"承担了过大的责任。当然，在多数控辩平等合作的案件中，控方的客观真实义务和职权关照义务掩盖了值班律师的对抗作用。值班律师的参与意在保障被控告人认罪认罚的自愿性、真实性，当然也要尊重被控告人的自主选择和自由意志。由于认罪认罚案件更侧重于书面化审理，赋予被控告人阅卷权[3]是一种寻求控辩"平等"之道。其实"口供"一直在刑事诉讼中扮演重要的证据角色，被控告人的认罪能在一定程度上为侦查提供有效线索和最佳突破口，相应地，检察机关通过采取较轻的强制措施争取被控方的配合，或者给予其一个相对明确的量刑建议而降低败诉风险。此外，正是基于控辩双方的相互让步，事实真相成了一种交易真相或者协议真相，也就是说从一种法定标准变成了一种意定标准。

---

〔1〕　2018 年《刑事诉讼法》第 120 条第 2 款规定，应当告知"犯罪嫌疑人享有的诉讼权利"和"认罪认罚的法律规定"；第 173 条也规定了犯罪嫌疑人认罪认罚的，人民检察院应当告知其享有的诉讼权利和认罪认罚的法律规定；第 190 条第 2 款也规定，被告人认罪认罚的，审判长应当告知被告人享有的诉讼权利和认罪认罚的法律规定，审查认罪认罚的自愿性和认罪认罚具结书内容的真实性、合法性。由此可见，上述规定都将"法律后果"改为"法律规定"。

〔2〕　2018 年《刑事诉讼法》第 173 条规定，犯罪嫌疑人认罪认罚的，人民检察院应当听取犯罪嫌疑人、辩护人或者值班律师、被害人及其诉讼代理人对某些事项的意见，并记录在案；第 174 条规定了应当签署认罪认罚具结书和不需要签署认罪认罚具结书的情形。

〔3〕　陈瑞华：《论被告人的阅卷权》，《当代法学》2013 年第 3 期。

四、被控告人认罪服法或者对抗博弈

"认罪"被视为一种让步，因为被控告人放弃了诸多权利。但是，认罪认罚从宽案件典型的正当性就在于，被控告人的自我选择和自愿认罪体现了其对刑事诉讼程序的实质性参与。有学者归纳了认罪制度中"从宽"的正当性来源，有节约资源说、人身危险性降低说、节约资源和人身危险性降低并存说以及赎罪说等观点，并且提倡一种"权利放弃对价说"。[1]然而，这种权利放弃本身只是一种形式化的表象，并且在被控告人权利尚需进一步保障和庭审实质化还在继续推进的背景下，所谓契合西方文化的"权利放弃对价说"给出的解释可能并不恰当。概言之，这种通过放弃权利而获得一种实体量刑上的利益补偿并不是"对症之药"，其真正的内在机理恰恰是在于控辩双方对建立在被控告人意志自由基础上的一种确定性的追求。当然，官方宣称能够提高效率的认罪认罚从宽制度还可能产生节约资源和人身危险性降低的边际效应，因此，认罪认罚从宽处理的制度化可能不是建立在对某单一因素的考量之上。

（一）悔罪表现与从宽激励

从实用主义的角度考虑，认罪使庭审程序简化，节约了司法资源，提高了司法效率，也增加了司法人员的内心确信。然而，从刑罚目的观而言，认罪的被控告人主观恶性和人身危险性小，根据报应刑理论，可以适用相对轻缓的刑罚；而认罪并不能取代认罚悔罪，但是至少是悔罪的第一步，"认罚"在某些情形下还需要特定的"悔罪"行为予以呈现。换句话说，认罚本身是对责任承担的承诺，而这种责任包括对特定受害者的民事责任和为公众利益的刑事责任，两种责任都以被控告人的犯罪行为为事实根据，又以被控告人的责任能力、回归社会的客观可能及其对罪行的主观认知和悔罪态度为目标指向。当然，悔罪本身还可能因为其外在行为表现而成为一种罪后情节，是量刑甚至定罪的事实根据，最为突出的情形就是，悔罪可能会使被害人及早获得赔偿或者使其精神尽快得到抚慰。此外，目的刑理论认为，悔罪的被控

---

[1]　赵恒：《论从宽的正当性基础》，《政治与法律》2017年第11期。

告人更易于回归社会，可以给其一定程度的量刑优惠作为激励。正如《认罪试点办法》第 7 条的规定："办理认罪认罚案件，应当听取被害人及其代理人意见，并将犯罪嫌疑人、被告人是否与被害人达成和解协议或者赔偿被害人损失，取得被害人谅解，作为量刑的重要考虑因素。"[1]

"认罚"先于刑罚的确定和执行，而要求被控告人接受可能的刑罚结果，这只能是被控告人对惩罚处理表示认同的态度问题。由于"处罚"不是现在式而是将来式，被控告人在作出愿意接受犯罪带来的刑事处罚的承诺之后，当然有权利与检察机关就量刑进行协商。一方面，由于我国采取的是相对确定的法定刑，确定具体的刑罚及其执行方式时，要具体考量认罪、悔罪程度，包括自首、坦白、赔礼道歉、赔偿损失，以及立功、从犯、初犯、偶犯、被害人过错等因素，同时，还要让被控告人知道不认罚的法律后果，由此认罚协商可能超出被控告人的能力范围而需要为其提供法律帮助。另一方面，我国的认罪认罚并不是暗箱操作，国家专门机关有职权关照义务，也会在法律法规允许的情况下向被控告人提供帮助。

认罪认罚案件可能涉及对犯罪分子宣告缓刑或者判处管制。2014 年 10 月 9 日，司法部发布《关于切实发挥职能作用做好刑事案件速裁程序试点相关工作的通知》，该通知要求切实做好对犯罪嫌疑人、被告人的社会调查评估工作。社会调查评估在很大程度上是一种决定能否将犯罪嫌疑人、被告人送交社区矫正的品格证据。2019 年《最高人民法院 最高人民检察院 公安部 国家安全部 司法部关于适用认罪认罚从宽制度的指导意见》（以下简称《认罪指导意见》）第 35—38 条规定了公检法机关在侦查阶段、审查起诉阶段和审判阶段可以委托犯罪嫌疑人、被告人居住地的社区矫正机构进行调查评估；受委托的社区矫正机构应当根据委托机关的要求，对犯罪嫌疑人、被告人的居所情况、家庭和社会关系、一贯表现、犯罪行为的后果和影响、居住地村（居）民委员会和被害人意见、拟禁止的事项等进行调查了解，形成评估意见，及时提交委托机关。

（二）对抗博弈与反悔上诉

既然认罪认罚从宽存在控辩双方协商，那么双方总得有可以谈判的筹

---

[1] 2019 年《最高人民法院 最高人民检察院 公安部 国家安全部 司法部关于适用认罪认罚从宽制度的指导意见》第 16 条吸收了该规定的内容；第 17 条规定了促进和解谅解；第 18 条规定了被害方异议的处理。

码。一方面，国家掌握着刑罚的权力，并且可以动用强大的侦查资源来查清案件事实；另一方面，一些被控告人可能掌握着一手的案件信息，或者其所在的犯罪组织中的一些内幕消息，可以与国家交换获得一些好处。

当然，被控告人通过有对抗的合作为自己赢得更多的好处，也需要对被控告人的诉讼权利进行有效保障，被控告人在对认罪认罚从宽制度、自己的权利和义务、认罪认罚的可能后果等有一个比较全面的了解，以及获得辩护人或者值班律师的有效帮助之后，才可能在明知的基础上明智且自愿地认罪认罚，也才可能有与控诉机关依据法律法规和个人情况就量刑协商的信心，从而增强被控告人的自主决策能力。

必须注意的是，在这场相互让步的交易之中，不排除专门机关有违法的可能，被控告人也有撤回认罪认罚和反悔上诉的权利。但是，控诉机关也可能通过撤回量刑上的优惠来反制被控告人的反复。更主要的是，尽管我国《刑事诉讼法》明确规定"严禁刑讯逼供和以威胁、引诱、欺骗以及其他非法方法收集证据，不得强迫任何人证实自己有罪"，但是，在司法实践中，犯罪嫌疑人、被告人的先前认罪并不能被后面的撤回或反悔所否定，在不能证明存在采用暴力、威胁以及非法限制人身自由等非法方法[1]取证的情形下，仍然可能作为证据被审查。

---

[1] 2017年《最高人民法院、最高人民检察院、公安部、国家安全部、司法部关于办理刑事案件严格排除非法证据若干问题的规定》对可能导致证据被排除的非法取证手段作出更明确的规定，第2条规定采取殴打、违法使用戒具等暴力方法或者变相肉刑的恶劣手段，使犯罪嫌疑人、被告人遭受难以忍受的痛苦而违背意愿作出的供述，应当予以排除。第3条规定采用以暴力或者严重损害本人及其近亲属合法权益等进行威胁的方法，使犯罪嫌疑人、被告人遭受难以忍受的痛苦而违背意愿作出的供述，应当予以排除。第4条规定采用非法拘禁等非法限制人身自由的方法收集的犯罪嫌疑人、被告人供述，应当予以排除。

第六章　认罪认罚从宽案件的检察主导听证

我国的认罪认罚从宽制度由于有协商合作成分，庭审对抗并不十分重要，又由于其具有主动因素，因此，在认罪认罚案件中实行检察主导的听证制度，能简化对公安机关和法院的双控环节，并且通过保障当事人参与来正当化程序本身和裁判结果。在定罪问题退居次要地位的认罪认罚案件中，作为"量刑事实"的认罪，如"自首、坦白、当庭自愿认罪、退赃退赔、积极赔偿被害人的物质损失"等情形，最终还是要根据其自愿性和真实性来进行判断，当然，定罪纷争还可能再次发生。

一、何谓实质审查：保障认罪认罚自愿性和真实性

学者王兆鹏在介绍美国刑事诉讼法时认为，为确保被告之权利，美国联邦法院在接受协商前，必须先践行下列事项[1]：第一，调查被告之认罪声明是否出于自愿。法院在接受被告声明有罪之前，必须先调查其声明是否出于自由意思，是否为强暴胁迫或不当承诺的产物。[2]第二，法院必须确信被告了解其所认之罪、刑及其所放弃的权利。在接受被告认罪声明前，依联邦法律，法院必须亲自告知被告以下事项，而且要确信被告了解其意义：其所认之罪的性质及其刑期，包括主刑及从刑；若被告无委任律师，告知被告有权聘请律师或由公设辩护人辩护；被告有权声明无罪，有权接受陪审团审判，审判时有权聘请律师，有权诘问证人及与证人对质；声明认罪即等于放弃接受审判的权利。[3]第三，调查被告所认之罪有无事实基础。近年来，许多司法区域对法官在接受有罪答辩时的义务作出了增加性规定，要求法官对

〔1〕　王兆鹏：《美国刑事诉讼法》（第2版），北京大学出版社2014年版，第677页。
〔2〕　Federal Rules of Criminal Procedure 11（b）（2）.
〔3〕　Federal Rules of Criminal Procedure 11（b）（1）.

这种答辩的准确性作出判断。在联邦司法程序中，法官如果没有进行调查以确认存在有罪答辩的事实基础，就不能就该答辩作出决定。[1]许多州也规定了类似的条款。[2]通常法院建立这种事实基础最常见的方式是询问被告人、检察官，审查有关的报告，或综合使用这些方法，但是其并没有试图就此建立一个精确的证明标准。[3]可见，在美国把"认罪"作为证据进而判断其证据能力和证明力的现实做法可谓切中要害，避免了凭空臆断。

（一）何为自愿性

认罪要求具有自愿性的理论基础，一方面来源于理智的自我决策的正当性，另一方面则是对犯罪行为的自我担责及自觉反省与忏悔。可以说，判断被告人认罪的自愿性有两个标准，一是自愿性标准，二是明智性标准。[4]自愿是一种内心自由状态，通过环境是否存在压力及权利是否被侵犯等外在表征来评判，突出体现的就是立法上"禁止非法取证"和"非法证据排除"的规定。由于认罪代表着弃权，因而所谓认罪的明智性是指，被告人在信息对称的情况下充分理解其所受到的指控的意义，进而作出认罪答辩。[5]这除了要求被告人能够获取有利信息并且能对其进行有效权衡，最基本的是要求被告人具有正常人的理智。需要注意的是，《认罪试点办法》第2条规定犯罪嫌疑人、被告人是尚未完全丧失辨认或者控制自己行为能力的精神病人，或者未成年犯罪嫌疑人、被告人的法定代理人、辩护人对未成年人认罪认罚有异议，不适用认罪认罚从宽制度。而《认罪指导意见》第31条规定，这两种情形可以适用认罪认罚从宽制度，只不过不需要签署认罪认罚具结书。其中可见不同个体身份独立之意，但是当其意志是否真正自主存在疑问时，从一种平等对待的角度而言，从宽福利并不能因为辩方内部意见不一致而被削减，这或许含有对疑难问题模糊处理以图速战速决之意。不论是自愿性还是明智性，都要求认罪是一种深思熟虑、理智选择的结果。

---

[1] Federal Rules of Criminal Procedure 11 (b) (3).

[2] ［美］伟恩·R. 拉费弗、杰罗德·H. 伊斯雷尔、南西·J. 金:《刑事诉讼法》（下册），卞建林、沙丽金等译，中国政法大学出版社2003年版，第1089页。

[3] ［美］伟恩·R. 拉费弗、杰罗德·H. 伊斯雷尔、南西·J. 金:《刑事诉讼法》（下册），卞建林、沙丽金等译，中国政法大学出版社2003年版，第1089页。

[4] 孔冠颖:《认罪认罚自愿性判断标准及其保障》，《国家检察官学院学报》2017年第1期。

[5] 孔令勇:《论刑事诉讼中的认罪认罚从宽制度———一种针对内在逻辑与完善进路的探讨》，《安徽大学学报（哲学社会科学版）》2016年第2期。

（二）何为真实性

认罪的真实性包含了两种含义：首先，认罪本身是一种犯罪嫌疑人、被告人的程序行动，因此，认罪真实性的第一层意思是其"认罪"行动出于真实意思，不是受刑讯逼供等非法方法逼迫，或者检察官甚至律师的欺骗等而作出的；其次，也就是认罪内容所指向的犯罪事实的真实，这就回到了证明标准问题上。陈光中先生坚持认为，我国司法机关对主要事实的证明要达到结论唯一性、确定性，客观上符合事实真相的证明标准，[1]因此对于认罪认罚案件，他也认为，由于被追诉人已经认罪，为了防止"被迫认罪"和"替人顶罪"，特别是冤错案件的发生，对犯罪事实已经发生、犯罪分子是谁等主要事实的证明必须达到确定无疑的程度。[2]学者林钰雄介绍了德国量刑协商实务中的证明标准要求："法院必须审查协商被告之认罪自白的可信度，必要时并应调查其他证据，以确认自白之真实性。据此，无论是无罪认成有罪、轻罪认成重罪、小弟顶替大哥这类无罪有责或轻罪重刑情形，抑或让重罪认成轻罪这类罪刑不相当的大案小办情形，法院若率先认可将因违反调查原则及实质真实原则而违法。"[3]由此可见，就主体而言，法院并不属于量刑协商的双方，既要超然中立，又要积极调查；就调查的手段和结果而言，被追诉人的认罪必须与其他证据一起达到"内心确信"的证明标准。

学者张建伟认为，在我国认罪认罚从宽处理程序造成口供依赖的强化，其中的进步是，由刑讯等强制获得口供变为用"从宽处理"诱取口供。[4]从量刑事实的种类划分而言，自首、坦白、当庭自愿认罪、退赃退赔、积极赔偿被害人的物质损失、获得被害人谅解等"认罪认罚"事实并不是与犯罪同时产生的，而主要是犯罪后的态度和悔罪表现，被认为与定罪无关，只与量刑有关，属于纯正的量刑事实，也属于"从宽"的罪轻事实，但是其证据指向和蕴含的事实信息则是同步于犯罪过程而储备下来的认知经验，即使认罪

---

〔1〕 陈光中、马康：《认罪认罚从宽制度若干重要问题探讨》，《法学》2016年第8期。此前陈光中先生在接受采访时也持此观点，刘金林：《认罪认罚从宽制度仍应坚持常规证明标准》，《检察日报》2016年8月25日，第3版；同类观点参见蔡元培：《认罪认罚案件不能降低证明标准》，《检察日报》2016年6月13日，第3版。

〔2〕 陈光中、马康：《认罪认罚从宽制度若干重要问题探讨》，《法学》2016年第8期。

〔3〕 林钰雄：《干预处分与刑事证据》，北京大学出版社2010年版，第159—160页。

〔4〕 张建伟：《认罪认罚从宽处理：内涵解读与技术分析》，《法律适用》2016年第11期。

认罚被认为是纯正的量刑事实，其所包含的事实信息也已经覆盖甚至取代了原本的案件事实。学者张吉喜在对学术界代表性观点比较考察后认为，罪重事实应当适用与定罪事实相同的证明标准，从轻处罚的事实可以适用优势证据标准，减轻处罚的事实和免除处罚的事实应当适用明晰可信标准。[1]

《认罪指导意见》第28条规定的检察院对侦查阶段认罪认罚的自愿性、合法性进行审查，以及第39条规定的法院在审判阶段进行认罪认罚自愿性、合法性审查，其实质内容完全相同，这种审查并不会因为重复进行而使认罪认罚更真实和自愿，在保证程序合法的情形下一次性形成的记录或者具结书等司法活动记录之材料更能实现司法追求的效率价值。这就需要进一步考察在证据形成和审查过程中到底有谁参与以及如何参与。

二、如何保障程序：回归到书证审查的常态

对认罪自愿性的判断是有关证据能力的程序真相问题，往往要求通过内心的真实意思有无受到外在的身体强制或者心理强制来判断，甚至转变为一个更为客观的取证手段是否"非法"的问题。而对认罪真实性的判断是有关证明力的实体真相问题，其实认罪事实可信与否又只能通过其他证据的外部印证和通过逻辑推理、经验常识的内心确信相互结合来判断。尽管进行非法证据排除并不是认罪认罚案件的常规操作，但其仍然是认罪认罚案件之重中之重的问题。

（一）"审判中的审判"：非法证据排除程序

非法证据排除主要是证据的证据资格判断问题。我国刑事诉讼活动中，可能通过补充侦查、撤回起诉等程序倒流机制来弥补"证据瑕疵"，或者通过更换取证主体、变更后续诉讼程序来重新取证，导致程序正义不彰。我国法律法规确认了非法证据排除作为一种程序性制裁方式有相对独立的调查和决定程序，而程序启动有依申请和依职权两种方式，排除程序"多点"进行，从侦查阶段、对重大案件侦查终结前（驻看守所检察人员开展讯问合法性核查）、审查逮捕、审查起诉期间贯穿到庭前会议、庭审期间、休庭（对

---

[1] 张吉喜：《论量刑事实的证明标准》，《证据科学》2013年第5期。

有疑问的证据进行调查核实）甚至到第二审程序、审判监督程序、死刑复核程序等，这些程序之间可能存在相互补充的关系。

第一，检察机关排除非法证据发挥自律和监督的作用，为认罪认罚从宽制度做好铺垫。有学者认为，"非法证据排除"等制度要求法院对证据从严把握，倒逼检察机关在审查庭前证据时严格标准、提高质量，进而倒逼公安机关规范其侦查取证行为，提高办案水平，通过连环倒逼机制，强化审判中心地位。[1] 2017 年《最高人民法院、最高人民检察院、公安部、国家安全部、司法部关于办理刑事案件严格排除非法证据若干问题的规定》（以下简称《严格排除非法证据规定》）规定了排除非法证据的相关后果，在侦查阶段，"排除非法证据后，证据不足的，不得移送审查起诉"（第 15 条），在审查逮捕、审查起诉阶段，"证据不足，不符合逮捕、起诉条件的，不得批准或者决定逮捕、提起公诉"（第 18 条），也可能采取其他方式，例如"另行指派侦查人员重新调查取证"（第 15 条），"必要时人民检察院可以自行调查取证"（第 17 条）。对排除非法证据结果的异议被吸收到对案件处理的异议之中，"对于人民检察院排除有关证据导致对涉嫌的重要犯罪事实未予认定，从而作出不批准逮捕、不起诉决定，或者对涉嫌的部分重要犯罪事实决定不起诉的，公安机关、国家安全机关可要求复议、提请复核"（第 17 条）。当然，《严格排除非法证据规定》第 25 条规定，在庭前会议核实非法证据阶段，"人民检察院可以决定撤回有关证据，撤回的证据，没有新的理由，不得在庭审中出示。被告人及其辩护人可以撤回排除非法证据的申请。撤回申请后，没有新的线索或者材料，不得再次对有关证据提出排除申请"。其实，非法证据排除所带来的倒逼效果是一种"威慑理论"的表现，其程序目标则是要求侦查人员严格遵循法定程序调查取证，《严格排除非法证据规定》第二部分"侦查"立足法律和相关规定，侧重实践中刑讯逼供等非法取证情形易发的环节，有针对性地明确了侦查取证的程序规范，主要包括：（1）侦查机关应当依法全面取证；（2）严格规范讯问地点；（3）完善侦查讯问录音录像制度；（4）完善讯问笔录的制作；（5）严格规范看守所的提讯登记和收押体检制度；（6）严格执行重大案件侦查终结前对讯问合法性进行核查制度。

第二，辩护方依申请启动非法证据排除程序可能增加其协商的筹码。被控告人获得法律帮助显得尤为重要，而为了提供"涉嫌非法取证的人员、时

---

[1] 秦策：《审判中心主义下的"程序倒逼"机制探析》，《北方法学》2015 年第 6 期。

间、地点、方式、内容等相关线索或者材料"，自审查起诉之日，辩护律师可以"查阅、摘抄、复制讯问笔录、提讯登记、采取强制措施或者侦查措施的法律文书等证据材料"。被告人及其辩护人在开庭审理前申请排除非法证据以及法院召开庭前会议逐渐成为一种进行非法证据排除的必经程序（《严格排除非法证据规定》第24—25条）。《刑事诉讼法》第58条仍然规定了在法庭审理阶段可以申请排除非法证据，2021年《高法解释》第128—130条再次重申了开庭审理前排除非法证据的操作程序，也就是"在庭前会议中，人民检察院可以通过出示有关证据材料等方式，对证据收集的合法性加以说明。必要时，可以通知调查人员、侦查人员或者其他人员参加庭前会议，说明情况"。《严格排除非法证据规定》第27条规定："被告人及其辩护人申请人民法院通知侦查人员或者其他人员出庭，人民法院认为现有证据材料不能证明证据收集的合法性，确有必要通知上述人员出庭作证或者说明情况的，可以通知上述人员出庭。"

关于在法庭审理过程中提出排除非法证据的调查程序，《严格排除非法证据规定》第31条规定了公诉人对证据收集的合法性加以证明的方法；被告人及其辩护人可以出示相关线索或者材料，并申请法庭播放特定时段的讯问录音录像；侦查人员或者其他人员出庭，应当向法庭说明证据收集过程，并就相关情况接受发问；公诉人、被告人及其辩护人可以对证据收集的合法性进行质证、辩论。2021年《高法解释》第135条重申："法庭决定对证据收集的合法性进行调查的，由公诉人通过宣读调查、侦查讯问笔录、出示提讯登记、体检记录、对讯问合法性的核查材料等证据材料，有针对性地播放讯问录音录像，提请法庭通知有关调查人员、侦查人员或者其他人员出庭说明情况等方式，证明证据收集的合法性。"但是基于认罪激励机制，越早认罪优惠越大，很多案件并不会走到这一步。因此有学者看到，即使法官对非法证据进行了调查，其也只是会在说理方面把合法性争议偷换为真实性争议，[1]并且更多的是带来一些量刑上的优惠，对定罪影响不大。因此，检察机关的证据审查对非法证据排除争议的解决至关重要。

（二）书证审查：重新认识卷宗确认程序

一般而言，定罪量刑要经过严格的法庭调查程序，并确保被告人有与不

---

〔1〕　孙远：《非法证据排除的裁判方法》，《当代法学》2021年第5期。

利证人对质的权利。随着以审判为中心的诉讼理念对证人、鉴定人出庭提出要求，我国有学者形象地称"以审判为中心"背景下的刑事庭审模式需要实现从"审被告"到"审证人"的转型。[1]也就是说，刑事庭审活动要遵循直接言词原则。但是，我国刑事诉讼一直有卷宗确认的传统，阅卷既是法官、检察官的基本功，也是律师的基本功，成问题的是当事人的命运由其不得查阅的卷宗而决定，不论普通程序还是简易、速裁程序，不论经过多少道把关程序，问题总是悬而未决。反倒是在证据保全式听证和案件分流式听证中，通过控辩双方对在卷证据进行质证、辩论乃至确认，更能保障程序正当性。

其一，证据保全式听证。认罪认罚具结书是以书面形式对犯罪嫌疑人、被告人认罪认罚、自愿选择简化程序意愿的确认，其本身不具有自证功能。[2]在认罪认罚案件中，当被告人翻供时，具结书自然随之失效，不能作为证据使用。正如《认罪指导意见》第52条规定，在检察院提起公诉前犯罪嫌疑人反悔的，具结书失效。我国立法并未明示有沉默权制度，失效的具结书仍然可能是犯罪嫌疑人的"审前"供述，其中的认罪内容并不当然不能作为证据。查明其翻供原因，若取证程序合法则口供具有证据能力，并且在证明力得到合理补强的情况下仍然可以作为证据使用。

2020年5月，最高人民检察院印发了《人民检察院办理认罪认罚案件监督管理办法》（以下简称《监督管理办法》），其中第3条规定："办理认罪认罚案件，检察官应当依法履行听取犯罪嫌疑人、被告人及其辩护人或者值班律师、被害人及其诉讼代理人的意见等各项法定职责，依法保障犯罪嫌疑人、被告人诉讼权利和认罪认罚的自愿性、真实性和合法性。听取意见可以采取当面或者电话、视频等方式进行，听取情况应当记录在案，对提交的书面意见应当附卷。对于有关意见，办案检察官应当认真审查，并将审查意见写入案件审查报告。"由此可见，在尊重程序合法性基础上的"记录在案"和"附卷"都必然成为裁量的主要依据。

如何保证程序合法性，《监督管理办法》第5条要求："在确定和提出量刑建议前，应当充分听取犯罪嫌疑人、被告人、辩护人或者值班律师的意见，切实开展量刑协商工作，保证量刑建议依法体现从宽、适当，并在协商

---

〔1〕 杨文革：《从"审被告"到"审证人"——诉讼制度改革背景下刑事庭审模式转型刍议》，《北方法学》2017年第1期。

〔2〕 汪海燕：《职务犯罪案件认罪认罚从宽制度研究》，《环球法律评论》2020年第2期。

一致后由犯罪嫌疑人签署认罪认罚具结书。"这里明确使用"协商"一词体现了控辩平等原则，但是这里所谓的听取意见还是显得很空洞，因此结合《认罪指导意见》的"证据开示"之规定，使在案证据都经得住控辩双方的检验，则进一步起到了保全证据的作用，满足了控辩平等、对质诘问、直接言词等程序正当性要求，可以成为决定的基础。我国检法机关整体上都没有"取证"的经验，检法之间的关系主要体现为在法律适用上为达到尺度均衡而相互沟通，《监督管理办法》第6条规定："检察官提出量刑建议，应当与审判机关对同一类型、情节相当案件的判罚尺度保持基本均衡。在起诉文书中，应当对量刑建议说明理由和依据，其中拟以速裁程序审理的案件可以在起诉书中概括说明，拟以简易程序、普通程序审理的案件应当在起诉书或者量刑建议书中充分叙明。"

其二，案件分流式听证。《监督管理办法》第10条明确了对于拟作不批捕、不起诉的认罪认罚从宽案件，可以进行公开听证的事由：（1）被害人不谅解、不同意从宽处理的；（2）具有一定社会影响，有必要向社会释法介绍案件情况的；（3）当事人多次涉诉信访，引发的社会矛盾尚未化解的；（4）食品、医疗、教育、环境等领域与民生密切相关，公开听证有利于宣扬法治、促进社会综合治理的；（5）具有一定典型性，有法治宣传教育意义的。

该条还规定了人民监督员的监督："人民检察院办理认罪认罚案件应当按照规定接受人民监督员的监督。对公开听证的认罪认罚案件，可以邀请人民监督员参加，听取人民监督员对案件事实、证据认定和案件处理的意见。"

该条更关注满足程序公开的要求，然而，有关司法者中立、控辩平等等原则还是体现于前面所述的听取意见或者"协商"等环节。公开不只是信息通报或者书面材料的公开，更重要的是通过审查程序公开让各方主体有一定的参与渠道。《监督管理办法》第20条规定："人民检察院办理认罪认罚案件，应当按照规定公开案件程序性信息、重要案件信息和法律文书，接受社会监督。"由此可见合法、公平、客观、中立的书面质证程序对处理认罪认罚案件的重要性。又根据2020年发布的《人民检察院审查案件听证工作规定》第5条，拟不起诉案件的听证会一般公开举行；审查逮捕案件、羁押必要性审查案件以及当事人是未成年人案件的听证会一般不公开举行。

第七章　认罪认罚从宽制度中的值班律师

由于认罪认罚从宽案件极力追求简化庭审，其正当性更依赖于侦查和起诉活动中值班律师的普惠式参与。概而言之，认罪认罚程序的正当性保证，主要体现为从庭审活动逐步向审前的侦查和起诉活动延伸，从而加强值班律师的作用。认罪认罚从宽案件中，值班律师在侦、诉、审环节中的沟通交流机会和帮助权利受损的当事人寻求救济的能力情况等是考察其身份定位、权利义务配置的关键节点。针对调查取证和司法审查的不同讯问目的，值班律师也分别突出其帮助人和见证者的不同角色。值班律师在以证据收集为目的的讯问中主要扮演帮助人角色，而在以司法审查为目的的讯问中突出其见证者角色。就诉讼沟通方式而言，在权利告知程序中，公、检、法机关的职权关照往往掩盖了值班律师为当事人提供法律咨询的帮助作用，又因为值班律师缺乏一定的知悉案情的必要渠道，当认罪认罚从宽案件中值班律师的职能扩张到"针对刑讯逼供、非法取证情形代理犯罪嫌疑人、被告人申诉、控告"之时，其提出的意见很难有事实基础。因此，以"当事人的反悔、不认罪或者要求提出申诉、控告等情形"为一种筛选机制，我们可以将这些认罪认罚案件的法律援助值班律师直接转换为法律援助辩护律师，或者另行指派法律援助辩护律师。

一、刑事诉讼律师化与强制辩护制度

当今社会，律师参与刑事诉讼是诉讼构造控辩平等的需要，也是保障人权的重要指标。[1]根据当下我国刑事诉讼法的规定以及各项刑事司法改革措施，律师几乎可以参与到刑事诉讼的各个阶段或者各个具体程序。代理维权

---

[1] 陆而启、王铁玲：《律师参与刑事诉讼：历史解释与现状审视》，《贵州民族大学学报（哲学社会科学版）》2015年第3期。

的律师自己成为维权者或许并不如人所愿。2017 年 4 月 26 日，司法部首次召开以"保障律师执业权利"为主题的新闻发布会。会上司法部副部长熊选国介绍，2016 年 4 月 6 日，中共中央办公厅、国务院办公厅印发了《关于深化律师制度改革的意见》，提出了保障律师执业权利的具体措施，要求保障律师诉讼权利、完善便利律师参与诉讼机制、完善律师执业权利救济机制、优化律师执业环境，为新形势下进一步加强律师执业权利保障指明了方向。为了在惩罚犯罪和保障人权的两极诉求中寻求平衡，控辩双方既对抗又合作，刑事诉讼的律师化体现了把权利从当事人向律师转移、把权力从法官向律师转移这两重技术设置。这里简要介绍律师参与刑事诉讼的法律背景、实践要求及其背后的关系原理。

（一）法律背景：理由说明与意见听取

目前，强调在刑事诉讼中加强律师的作用和保障律师的执业权利是基于我国刑事法治强化人权保障的大背景和近年来律师执业实践的现实需要。2012 年《刑事诉讼法》修正高举"人权保障"大旗，最终让我们摆脱了到底要走对抗主义路子还是职权主义路子的理论之争。左卫民教授认为，我国刑事诉讼有单方结构、双方结构和三方结构 3 种模式，我国刑事诉讼法治要想在司法化的路上走得更远，就需要不断调整程序主体的结构关系，由单方结构、双方结构演变为三方结构，由弱三方结构演变为强三方结构。[1]笔者以为，司法化的最终形成可能不仅仅在于司法机关中立、司法机关分权，而更在于具有民间立场、异质身份的律师参与到刑事诉讼之中。

可以说，律师参与刑事诉讼的本质就在于提供意见。2012 年《刑事诉讼法》许多条款明确规定了有关听取辩护律师或者辩护人意见的内容，具体体现在第 86 条之人民检察院审查批准逮捕程序、第 159 条之侦查终结环节（"侦查机关应当听取辩护律师的意见，并记录在案。辩护律师提出书面意见的，应当附卷"）、第 170 条之审查起诉环节（"人民检察院审查案件，应当讯问犯罪嫌疑人，听取辩护人、被害人及其诉讼代理人的意见，并记录在案。辩护人、被害人及其诉讼代理人提出书面意见的，应当附卷"）以及第 182 条之庭前准备程序等。此外，该法新增的量刑辩论环节（第 193 条第 1

---

〔1〕　左卫民：《司法化：中国刑事诉讼修改的当下与未来走向》，《四川大学学报（哲学社会科学版）》2012 年第 1 期。

款）、二审开庭情形（第 223 条第 1 款）和对死刑复核程序进行的制度调整（第 240 条）等都为辩护人参与提供了渠道。但这种听取意见可能存在听而不取的情形，更主要的是多数情况下并不能真正形成诉辩审三方同时在场和诉辩两方进行交叉质证的听证格局。由此，动态的言词交锋更倾向于转化为静态的决策说理，具体要求说理的法律条文有：第 88 条不批准逮捕的理由，第 95 条不同意变更强制措施的理由，第 111 条公安机关不立案的理由，第 183 条当庭宣布不公开审理的理由。我国《刑事诉讼法》还是突出了一种权力主体主动公开的结果控制，而不强调当事人及辩护人等权利主体积极参与的程序制约。但是，总体而言，我国《刑事诉讼法》明文规定要求听取律师的意见，这必然要在程序设计上为辩护人参与刑事诉讼和提出意见提供更好的制度平台。

（二）实践要求：权利保障与权利救济

我国刑事司法实践中一度出现侦查本位导致的"检警摩擦""检法冲突"等在某种意义上还算正常的专门机关相互制衡的现象，在当前因为律师的作用逐渐强化，一种比较奇特的"审辩冲突"现象也时有出现。[1] 律师为当事人的尽力"维权"与政府的强力"维稳"碰撞，律师的意见表达受挫，从而可能使"战火"从法庭之内延伸到法庭之外。当然，某些律师的执业活动也可能存在一些理念和手段上的偏差，有评论认为，有律师靠"死磕"博出名，利用网络舆论制造声望，利用访民造势谋利，这不是在推动法治建设，而是破坏法治进步。由此，2017 年 3 月 20 日，中华全国律师协会印发《律师执业行为规范修正案》，其第 2 条为："在《律师执业行为规范》第六条中增加一款作为第二款：'律师不得利用律师身份和以律师事务所名义炒作个案，攻击社会主义制度，从事危害国家安全活动，不得利用律师身份煽动、教唆、组织有关利益群体，干扰、破坏正常社会秩序，不得利用律师身份教唆、指使当事人串供、伪造证据，干扰正常司法活动。'"

因为犯罪本质上就是做坏事，一般人心里都会认同律师是"为坏人辩护"的说法，被扣着"为坏人辩护"帽子的律师与"为人民服务"的国家机关相比，承担着更大的道德压力。然而，律师参与刑事诉讼本身就是一种防范错误和进行监督的力量。当前，司法改革的重心是推行审判中心主义，

---

〔1〕 王彪：《刑事诉讼中的"辩审冲突"现象研究》，《中国刑事法杂志》2015 年第 6 期。

同时还要考虑在制度上避免审判专断、司法专横。律师的辩护是公正审判的重要内容，而律师有效地行使辩护权的前提是其职业权益得到保障。

笔者注意到一个现象，多年来，除了司法行政机关、律师自律组织重视律师执业权利，公检法机关也相继出台一些保障该权利的规定。这些规定有一个共同的目标，就是使律师和司法机关的意见得到有效的交流。2015 年 8 月，在中央政法委统筹协调下，最高人民法院、最高人民检察院、公安部、司法部首次联合召开全国律师工作会议。会上，中央政法委书记孟建柱提出，要推动司法人员和律师构建彼此尊重、平等相待、相互支持、相互监督，正当交往、良性互动的新型关系，充分保障律师执业权利，为律师执业创造更好的环境，共同促进社会主义法治文明进步。他要求，各级政法机关要把法律已规定的律师执业权利落实到位，建立健全配套的工作制度机制，为律师依法执业提供服务，同时完善律师执业权利受侵犯的救济机制。2015 年 9 月，最高人民法院、最高人民检察院、公安部、国家安全部、司法部联合印发了第一个保障律师执业权利的专门规定《关于依法保障律师执业权利的规定》，进一步细化了法律规定的各项保障措施，完善了侵犯律师执业权利的救济机制和责任追究机制。由此，律师执业权利保障从解决律师执业过程中的难题具体化为各级政法机关的责任落实，从外部的法律规则转化为内部的纪律约束、责任追究。2023 年 3 月，最高人民检察院、司法部、中华全国律师协会发布《关于依法保障律师执业权利的十条意见》，这 10 条意见是：加强接待律师平台建设，充分保障律师对案件办理重要程序性事项的知情权，充分保障律师查阅案卷的权利，充分保障律师反映意见的权利，及时向律师反馈意见采纳情况，认真听取律师对认罪认罚案件的意见，加强对律师会见权的监督保障，畅通权利救济渠道，严肃责任落实，强化沟通协调。

由此可见，该意见除聚焦于保障律师知情、阅卷、会见等获取信息方面的权利之外，更侧重于保障听取律师意见，向律师反馈意见，保障律师权利救济，等等，要求人民检察院加强接待律师的平台建设及其与司法行政机关和律师协会的沟通机制建设。针对人民检察院办理认罪认罚案件可能存在的"占坑辩护"[1]问题，特别规定了人民检察院"不得绕开辩护律师安排值班

---

[1] 吴洪淇：《法援辩护与委托辩护顺序问题的机理与根源》，《现代法学》2024 年第 2 期；顾永忠：《论"委托辩护应当优先法援辩护"原则》，《上海政法学院学报（法治论丛）》2022 年第 1 期。

律师代为见证具结"，当然辩护律师可以通过远程视频方式见证具结，或者经辩护律师同意安排值班律师在场履职。

（三）关系原理：机能互动与权能互补

不论是侦查阶段以法律限制公权力（法律保留），还是审判阶段以法官限制公权力（法官保留），两者在很大程度上都依赖于公权力机关的自行接受审查和主动推进程序。与这种公权力机关对程序合法性的主动诉求相对应的是，还存在着更为广泛的诉讼当事人的权利救济空间（申诉、控告、上诉、申请等）。另外，作为"法律的代言人"的法官首先要解决日常生活纠纷，然而他并不独占对法律的解释，因此，为了提高诉讼结果的可靠程度和当事人的接受程度，这种法律保留和法官保留的制度设计虽然依赖权力之间的相互制约，但是也允许作为法律职业共同体一员的律师在程序启动和程序推进上的积极介入。

首先，法官在庭审支配权能上的留白由控辩双方权能扩展进行填补。从司法决策的权力而言，法官作为一个中立的第三方相对而言拥有更高的权威，然而决策的事实根据和证据信息必然来自控辩双方的法庭呈现。如果说法官掌握着法律，那么证据由控辩双方提供。审判本身并不是一成不变的，作为诉讼推理大前提的裁判规范本身也可能是控辩双方达成的合意。正如学者陈瑞华所言："如果法官无法独立行使审判权，审判流于形式，则辩护意义不大。所以，要想真正激活中国的辩护者，一定要激活中国的审判者，让法院真正有权威实现审判中心主义。"[1]

其次，国家公诉方的权力属性和资源优势要求对辩方进行倾斜性的弥补，以在实质性对抗中发现真相。对抗中的控辩双方所拥有的资源天然不平等，因此，需要出台一些向辩方倾斜的政策以实现平衡。例如，无罪推定原则为"只动口而无力动手"的犯罪嫌疑人和被告人设置保护的屏障，要求控方承担举证责任并且证明要达到法律的要求，从而实现保障无辜者不受罚的制度目的，因为诉讼程序本身是一个确认罪犯的特殊制度，如果不给这个制度设置一个"障碍"，可能会使惩罚从定罪后逐步延伸到定罪过程中甚至定罪前。或许寻求这种控辩平衡的最重要的方式是让犯罪嫌疑人、被告人获得律师帮助。

---

[1] 陈瑞华：《激活辩护者，一定要激活审判者》，财新网，https：//opinion.caixin.com/2016-08-30/100983250.html，最后访问日期：2024年8月22日。

再次，律师参与刑事诉讼能够弥补犯罪嫌疑人、被告人活动范围上的局限和专业能力上的不足。刑事诉讼常常以对抗的形式展开，且对抗是建立在对当事人人格尊严和应有权利尊重和重视的基础上，利害关系人享有充分的表达意见的权利，双方同时在场并且相互质证；而裁判要在听证的基础上作出，法官须对裁判结论进行充分的说理。因此，对抗的交流方式（横向和纵向）和叙述功能不单单是审判程序正当化的要求，更有益于化解对立情绪。而律师参与刑事诉讼除了是控辩平等的要求，首要的就是弥补犯罪嫌疑人、被告人权能的不足，由此形成两个效应：一是合力效应。由于我国刑事诉讼中犯罪嫌疑人的被羁押率高，其活动自由常常受限，并且相对而言其法律知识也不是很完备，虽然有学者认为律师所具有的会见权、阅卷权和调查取证权也应该同属于犯罪嫌疑人、被告人，但是因为有职业道德约束和执业经验保障，只有律师才可能使辩护活动更为积极有效，而律师提出的专业法律意见也更容易为执法、司法机关所认同和接受。二是分身效应。一方面，律师代理相当于为被控告人设置了针对被害人报复心理和社会不满情绪的"隔离带"；另一方面，避免处于弱势地位的被控告人被处于强势地位的司法机关刑讯、强迫的危险。此外，死刑或者重罪案件和适用简易程序的案件往往都更强调辩护人尤其是辩护律师的参与，甚至还在刑事速裁程序以及认罪认罚从宽制度改革试点中创设了驻法院和看守所的值班律师制度，这些都是诉讼程序正当化的要求。虽然，在强职权主义之下参与刑事诉讼的律师可能仅仅是贯彻官方政策的一种工具，又或许律师参与刑事诉讼并不以发现真相为己任，但是，他凭自己的缓冲和中介作用却可以说出当事人说不出的话。由此，在一些事实清楚、情节简单的案件中，律师参与诉讼提出意见比调查证据更重要。

最后，律师参与刑事诉讼不仅仅是一种工具角色、补充角色，还是一种民主参与司法决策的体现。德国著名学者拉德布鲁赫在其著作《法学导论》中指出："律师业作为法律工作者阶层中自由民主的要素，处于因职业而具有更为保守专断倾向的法官阶层的对立面。律师是个人利益的职业代表，他必须在遵守法律秩序的同时，习惯于从个人主义的合目的性观察角度出发保护个人，因而他在政治方面也是天生的个人利益代言人"，"今天的民主共和政体比以往任何时候都更需要在经济上和道德上健全的律师制度，它不论对我们的司法，还是对整体的社会生活都必不可少"。[1]

---

〔1〕　〔德〕拉德布鲁赫：《法学导论》，米健译，中国大百科全书出版社1997年版，第115—116页。

　　就刑事诉讼法而言，1979 年《刑事诉讼法》明确规定"被告人有权获得辩护，人民法院有义务保证被告人获得辩护"的原则，"辩护"分为：（1）被告人自行辩护；（2）接受委托的律师、监护人、亲友，人民团体或所在单位推荐的人辩护；（3）在没有委托辩护人的情形下，法律援助机构指派律师提供辩护。1996 年《刑事诉讼法》将犯罪嫌疑人、被告人委托辩护的时间从原来的审判阶段提前到侦查阶段，明确规定了辩护人的数量、资格；扩大了指定辩护的范围，扩大了律师或其他辩护人的诉讼权利。2012 年《刑事诉讼法》明确了侦查阶段律师的辩护人身份；扩大了法律援助的范围；完善了律师与在押犯罪嫌疑人、被告人会见制度；扩大了辩护律师的阅卷权；完善了辩护人申请调查取证权；修改了追究辩护人刑事责任的规定；确立了辩护律师对委托人涉案信息的保密权；增加了辩护权受到侵犯时的救济性规定。2018 年修正的《刑事诉讼法》以及最高人民法院、最高人民检察院发布的配套规则更进一步扩展了辩护律师在刑事诉讼中的权利，加强了辩护律师的执业保障，并将值班律师制度正式纳入其中。律师制度也与刑事诉讼制度并肩发展，1980 年全国人大常委会通过的《律师暂行条例》成为我国律师辩护制度进入新时期的重要里程碑，1996 年《律师法》确认和巩固律师工作改革的成果，规范和引导律师事业的健康发展。此后，全国人大常委会于 2001 年、2007 年、2012 年、2017 年四次修改《律师法》，进一步扩展了律师在刑事诉讼中的权利，规范了律师的执业行为。2003 年国务院颁布的《法律援助条例》标志着我国法律援助制度正式建立，2021 年通过的《法律援助法》则意味着我国法律援助制度已进入成熟期。[1]综合来看，应刑事诉讼对公正审判、正当程序的强调，普通程序之外的简易程序、速裁程序等实现繁简分流，以及刑事和解程序、未成年人司法程序、不负责任的精神病人强制医疗程序、没收财产程序、强制措施程序、缺席审判程序等多种特殊程序逐步发展，律师参与刑事诉讼的形式和保障也渐趋多样，还发展出了值班律师制度。正当程序下保障律师参与刑事诉讼自然不在话下，而在一些对公民权利有重大影响的程序如羁押审查程序，以及一些对当事人诉讼权利进行一定程度限制的诉讼程序如认罪认罚从宽程序中，更要加强辩护律师的参与，要确立强制辩护制度。认罪认罚从宽制度试点与值班律师制度的互动发展充分体现了我国刑事辩护制度的发展趋势。

---

〔1〕　顾永忠：《我国法律援助制度的创新与发展》，《中国司法》2021 年第 12 期。

二、从值班律师参与认罪认罚案件到刑事辩护全覆盖

（一）我国值班律师的发展历程

我国值班律师制度的发展与刑事速裁和认罪认罚从宽处理密切联系在一起。

早在 2005 年，个别地方就开展过值班律师制度试点工作，[1]2014 年在部分地区开展了刑事速裁程序试点工作，值班律师制度得到推行，并在后来的认罪认罚从宽制度试点工作中得到进一步发展。其间，一系列中央司法改革文件对法律援助值班律师的定位、工作职责、运行机制进行了初步界定和统一部署，[2]各地司法行政机关相应地积极推进和贯彻落实[3]。2017 年 8 月，最高人民

---

〔1〕 2005 年，杭州市余杭区看守所设立浙江省首个法律援助工作站，派驻律师值班。参见王春、汤宇洁：《值班律师法律帮助近 7 万人次》，《法制日报》2017 年 9 月 9 日，第 3 版。

〔2〕 2014 年 8 月，最高人民法院、最高人民检察院会同公安部、司法部制定了《关于在部分地区开展刑事案件速裁程序试点工作的办法》，其中第 4 条首次在中央司法改革文件中明确要求建立法律援助值班律师制度。2014 年 10 月，司法部发布《关于切实发挥职能作用做好刑事案件速裁程序试点相关工作的通知》，明确了值班律师的主要职责是提供法律咨询和建议，告知犯罪嫌疑人、被告人适用速裁程序的法律后果，帮助其进行程序选择和量刑协商。2015 年 6 月，中共中央办公厅、国务院办公厅印发《关于完善法律援助制度的意见》，该意见提出要"建立法律援助值班律师制度，法律援助机构在法院、看守所派驻法律援助值班律师"。

〔3〕 "安徽 80 家看守所、126 家法院均已设立法律援助工作站，实现全覆盖。"参见《律师成为安徽法律援助主力军》，西峰政法网，http://xf.qyswzfw.gov.cn/Show/29695，最后访问日期：2025 年 4 月 28 日。"北京市 17 家法律援助中心都成立了专门值班律师团队，共建立 52 支总数保持在 1000 人左右、相对稳定的专业律师队伍。仅今年 7 月，全市法律援助中心驻公检法机关工作站值班律师就解答法律咨询 1530 人次，办理认罪认罚法律援助案件近 1000 件。"参见蔡长春：《法律援助值班律师"北京模式"形成》，《法制日报》2017 年 9 月 5 日，第 3 版。"从 2006 年 9 月在国内首家试点到现在，河南法律援助值班律师制度历经 11 年探索实践。值班律师已为犯罪嫌疑人和被告人提供法律咨询 56.4 万人次，代写法律文书 15.3 万份，受理、指引申请法律援助 13.6 万余件。在未成年犯罪嫌疑人及被告人接受讯问时，安排值班律师到场 4950 人次。"参见赵红旗：《法律援助律师监区内面对面施援》，《法制日报》2017 年 9 月 6 日，第 3 版。"截至 7 月底，上海市法律援助机构共办理认罪认罚案件 4037 件，其中，值班律师提供法律帮助案件 2758 件。目前，全市共有 1080 名法律援助值班律师。"参见余东明、王志敏：《值班律师助推认罪认罚从宽制度施行》，《法制日报》2017 年 9 月 7 日，第 3 版。"浙江法律援助机构设立看守所法律援助工作站 89 个，设立法院法律援助工作站 103 个，设立检察院法律援助工作站 79 个。……截至目前，全省看守所、法院法律援助工作站已实现全覆盖，累计为犯罪嫌疑人、被告人提供法律帮助近 7 万人次。……2015 年 5 月 22 日，杭州市看守所刑事速裁案件在押人员首次申请提供法律帮助。……目前，杭州市看守所法律援助工作站已为认罪认罚案件提供法律帮助近 1500 件，接待法律咨询 22156 次，转交法律援助申请 1274 件。"参见王春、汤宇洁：《值班律师法律帮助近 7 万人次》，《法制日报》2017 年 9 月 9 日，第 3 版。

法院、最高人民检察院、公安部、国家安全部、司法部联合印发《关于开展法律援助值班律师工作的意见》（以下简称《值班律师意见》），对值班律师的职责定位、运行机制和管理保障等作出统一规范。

2018 年《刑事诉讼法》将认罪认罚从宽制度和速裁程序试点工作中可复制、可推广、行之有效的司法经验上升为法律。其中，第 15 条增加规定了认罪认罚可以从宽处理的原则，并在相关条款中完善了刑事案件认罪认罚从宽的程序规定，增加了速裁程序，加强对当事人的权利保障。第 36 条增加规定了值班律师制度，明确了值班律师的职责，这是值班律师制度的首次入法。该条也被认为是对 2016 年《认罪试点办法》第 5 条的细化和完善。2019 年《认罪指导意见》在"犯罪嫌疑人、被告人辩护权保障"部分第10—15 条明确规定了犯罪嫌疑人、被告人获得值班律师或者法律援助辩护律师法律帮助权，法律援助机构可以在人民法院、人民检察院、看守所派驻值班律师，值班律师的职责，法律帮助的衔接，拒绝法律帮助的处理，以及辩护人职责等内容。2020 年 8 月 20 日，最高人民法院、最高人民检察院、公安部、国家安全部、司法部联合印发了《法律援助值班律师工作办法》，该办法吸收了上述《认罪指导意见》的内容，规定了值班律师工作职责、法律帮助工作程序、值班律师工作保障等内容，同时废止了 2017 年制定的《关于开展法律援助值班律师工作的意见》。

从 2018 年《刑事诉讼法》条文内容来看，值班律师制度的适用并不限于认罪认罚从宽案件，尽管法律只明确规定值班律师由法律援助机构统一派驻到"人民法院、看守所等场所"。值班律师的服务内容主要包括提供法律咨询、程序选择建议、申请变更强制措施、对案件处理提出意见等法律帮助，这种法律帮助虽然具有程序性和实体性，但并非辩护。提供这种法律帮助的前提是，犯罪嫌疑人、被告人没有委托辩护人，法律援助机构也没有指派律师提供辩护。[1]此外，相关条款并未明确规定值班律师可以履行侦查期间辩护律师具有的"代理申诉、控告"职责，也未明确规定其具有 2017 年《值班律师意见》第 2 条所规定的"对刑讯逼供、非法取证情形代理申诉、控告"职责。

2020 年《法律援助值班律师工作办法》第 6 条第 1 款对一般案件和认罪认罚案件中值班律师法律帮助的内容作出了递进式规定，并对值班律师的会

---

[1]　胡云腾主编：《认罪认罚从宽制度的理解与适用》，人民法院出版社 2018 年版，第 8 页。

见权和阅卷权进一步予以明确。第 6 条第 1 款规定了 6 项适用于所有刑事案件的值班律师法律帮助的内容，其中第 1—4 项是刑事诉讼法的明确规定；第 5 项是"帮助犯罪嫌疑人、被告人及其近亲属申请法律援助"，有助于更好地落实司法救助制度；第 6 项是兜底条款，即法律法规规定的其他事项。第 2 款进一步规定了对认罪认罚案件的法律帮助，值班律师的工作职责除第 1 款规定的 6 项外，还包括以下 3 个方面：（1）向犯罪嫌疑人、被告人释明认罪认罚的性质和法律规定；（2）对人民检察院指控罪名、量刑建议、诉讼程序适用等事项提出意见；（3）犯罪嫌疑人签署认罪认罚具结书时在场。这 3 项职责体现了 2018 年《刑事诉讼法》第 173 条、第 174 条所规定的在审查起诉阶段听取值班律师意见以及值班律师在场见证签署认罪认罚具结书等内容，有助于保障犯罪嫌疑人认罪认罚的自愿性。这些权能与辩护人是共通的。

（二）刑事案件律师辩护全覆盖试点

伴随着速裁程序和认罪认罚从宽制度的改革实践，一个比较奇怪的现象是律师参与简单、轻罪案件和简易程序案件逐渐成为一种强制性标配，而在复杂、重罪案件和普通程序案件中，当不符合指定辩护的条件以及当事人未委托辩护人时，律师没有参与刑事诉讼的机会，由此可能"轻重倒挂"。或许正是意识到这种偏差，2017 年 10 月 9 日，最高人民法院、司法部联合印发的《关于开展刑事案件律师辩护全覆盖试点工作的办法》（以下简称《全覆盖办法》）规定，律师辩护全覆盖工作在北京、上海、浙江、安徽、河南、广东、四川、陕西试点，试点省（直辖市）可以在全省（直辖市）或者选择部分地区开展试点工作，试点期限为 1 年。[1]

《全覆盖办法》所指的刑事案件律师辩护全覆盖主要是刑事案件审判阶段的律师辩护全覆盖，一般包括以下内容：被告人具有 2012 年《刑事诉讼法》第 34 条、第 267 条规定的应当通知辩护的情形，人民法院应当通知法律援助机构指派律师为其提供辩护；除此之外，其他适用普通程序审理的一

---

[1]　2018 年 12 月，最高人民法院、司法部印发《关于扩大刑事案件律师辩护全覆盖试点范围的通知》将试点工作范围扩大至全国。2022 年 1 月 1 日，《法律援助法》正式施行。2022 年 10 月 12 日，最高人民法院、最高人民检察院、公安部、司法部联合印发《关于进一步深化刑事案件律师辩护全覆盖试点工作的意见》，要求在巩固审判阶段刑事案件律师辩护全覆盖试点工作成效的基础上，开展审查起诉阶段律师辩护全覆盖试点工作，还要求"实质发挥值班律师法律帮助作用"。

审案件、二审案件，按照审判监督程序审理的案件，被告人没有委托辩护人的，人民法院也应当通知法律援助机构指派律师为其提供辩护。同时，适用简易程序、速裁程序审理的案件，被告人没有辩护人的，人民法院应当通知法律援助机构派驻的值班律师为其提供法律帮助；在法律援助机构指派的律师或者被告人委托的律师为被告人提供辩护前，被告人及其近亲属可以提出法律帮助请求，人民法院应当通知法律援助机构派驻的值班律师为其提供法律帮助。[1]

可见，除了刑事诉讼法所规定的通知辩护范围，《全覆盖办法》侧重规范的诉讼环节主要是在审判阶段，大体而言，对普通程序的一审、二审和审判监督程序确立了以"被告人没有委托辩护人"为前提的通知指派律师提供辩护，对简易、速裁程序也确立了以"被告人没有辩护人"为前提的通知值班律师提供法律帮助。由此，对这两种不同的程序形式，法律援助参诉律师的职能也分别有两种：一是具有广覆性、补充性（因而也可能是职权性）的法律援助辩护律师提供辩护；二是法律援助值班律师提供法律帮助。此外，还存在一种前置性（也可能是应申请的、应急性的）措施，即在法律援助辩护律师没有到位的情形下通知值班律师提供法律帮助，换句话来说，法律援助值班律师与法律援助辩护律师之间的衔接已经初具雏形。

2017 年 4 月 26 日，司法部副部长熊选国表示，要抓住推进以审判为中心的刑事诉讼制度改革契机，切实加强和改进刑事辩护工作，首先就是大幅度提高刑事案件律师的辩护率，"司法行政机关要采取措施，扩大刑事辩护法律援助的范围，推动实现刑事辩护的全覆盖"[2]。这是在为即将推出的《全覆盖办法》铺垫和造势。此外，有记者从 2017 年 8 月 22 日召开的四川省政协"推进以审判为中心的刑事诉讼制度改革"对口协商会上获悉，四川省将开展刑事案件律师辩护全覆盖试点。[3] 当然，四川省政协也只是在描述一种理想，而不是现实情况。此前还有媒体报道，"浦东的刑事法律援助工作基本实现了3 年以上有期徒刑案件辩护律师全覆盖，并为部分简易程序和简化审理案件

---

[1] 蒋安杰、刘子阳：《刑事案件律师辩护全覆盖试点是创新之举》，《法制日报》2017 年 10 月 12 日，第 1 版。

[2] 《司法部副部长熊选国：推动实现律师刑辩全覆盖》，新浪新闻，https：//news. sina. com. cn/c/2017 - 04 - 26/doc - ifyepsec1327116. shtml，最后访问日期：2024 年 11 月 7 日。

[3] 《四川将试点刑事案件律师辩护全覆盖》，川观新闻，https：//cbgc. scol. com. cn/news/57735，最后访问日期：2017 年 9 月 27 日。

的被告人和重大伤害案件的被害人指定辩护律师和诉讼代理人。2011 年—2012 年 10 月，浦东的平均指定辩护率为 14.6%，较推进法律援助试点工作开展以前的 1.75%，增长了 8 倍。在指定辩护案件中，律师辩护意见的全部采纳率为 93.10%"[1]。可见，浦东的刑事辩护律师全覆盖更侧重于法定范围内的法律援助全覆盖，也就是说全覆盖是有条件的，并且侧重于重罪案件，这其实很难覆盖到绝大多数为轻罪的认罪认罚从宽案件。与此相反，2017 年 7 月，杭州市委政法委、市中级人民法院、市人民检察院、市公安局、市司法局五家单位联合出台了《关于在认罪认罚从宽制度试点工作中加强法律援助工作的意见》，该意见确立了认罪认罚案件中法律援助以提供律师辩护为主、提供法律帮助为辅的模式，即对无力委托辩护人的犯罪嫌疑人、被告人，赋予其申请法律援助的权利，探索推进认罪认罚案件律师辩护全覆盖；对于不申请法律援助的，一律由值班律师提供法律咨询等法律帮助，避免律师帮助"走过场"。[2]一般而言，这恰恰针对的是轻罪案件。

从比较法来看，在日本，简易裁判的程序包括两种情况：（1）检察官在提起公诉阶段，基于追诉裁量权请求的简易程序，包括略式程序（以简易命令科处罚金或罚款）和即决裁判程序（可能处以罚金或罚款，也可能宣告惩役或者禁锢的缓期执行）；（2）在提起公诉之后，法院决定适用的简易程序，即简易裁判程序。在适用即决裁判程序审理时，没有辩护人的，不得开庭审理。[3]2001 年 11 月，俄罗斯国家杜马通过新的《俄罗斯联邦刑事诉讼法典》，该法典第 314 条规定，对于刑罚不超过 10 年自由刑的案件，被告人同意指控时可以申请法庭不经审理直接作出有罪判决。被告人对认罪程序的申请应该在辩护人在场的情况下向法官提出，开庭时提出申请的被告人及其辩护人必须出庭。[4]在美国，辩诉交易阶段存在着宪法第六修正案所规定的获得律师帮助的权利。[5]我国台湾地区所谓的"刑事诉讼法"第 455 条之 5 第 1 项对

---

〔1〕 应一琳：《浦东 3 年以上刑案辩护律师全覆盖》，东方律师网，https：//www. lawyers. org. cn/info/6c55394134f740c4bfba01d6608cabcb，最后访问日期：2025 年 4 月 28 日。

〔2〕 《杭州推进认罪认罚案件律师辩护全覆盖》，平安浙江网，https：//www. pazjw. gov. cn/yaowen/201707/t20170718_ 4582549. shtml，最后访问日期：2017 年 9 月 27 日。

〔3〕 [日] 田口守一：《刑事诉讼法》（第 5 版），张凌、于秀峰译，中国政法大学出版社 2010 年版，第 168 页。

〔4〕 尹丽华：《俄罗斯联邦刑事诉讼法的创新发展》，《当代法学》2004 年第 4 期。

〔5〕 [美] 伟恩·R. 拉费弗、杰罗德·H. 伊斯雷尔、南西·J. 金：《刑事诉讼法》（下册），卞建林、沙丽金等译，中国政法大学出版社 2003 年版，第 1069 页。

协商程序的案件规定了强制辩护，即"协商之案件，被告表示所愿受科之刑逾有期徒刑六月，且未受缓刑宣告，其未选任辩护人者，法院应指定公设辩护人或律师为辩护人，协助进行协商"。的确，我国速裁程序乃至认罪认罚从宽制度对法律援助值班律师职责的要求并不能达到比较法意义上的实质性辩护参与，但是我国值班律师的参与范围要比域外的强制辩护或者必要辩护更为广泛。《全覆盖办法》的出台意图从逻辑上解决试点中出现的一个悖论，即所有适用速裁、简易程序处理的案件都有值班律师，而普通程序却可能没有辩护律师（包括值班律师）。[1]

2016年《认罪试点办法》第5条第3款规定："犯罪嫌疑人、被告人自愿认罪认罚，没有辩护人的，人民法院、人民检察院、公安机关应当通知值班律师为其提供法律咨询、程序选择、申请变更强制措施等法律帮助。"值班律师参与认罪认罚案件以"没有辩护人"为前提，体现出其具有补充性、普惠性。当然，被控告人在符合法定条件下还可以获得法律援助辩护律师提供的辩护。虽然值班律师和辩护律师都由法律援助机构定点派驻或者个案指派，但是，两者的活动范围和介入程度不同，并且因为值班律师具有广覆性，其更容易成为认罪认罚从宽制度中的优先选项。

三、告知程序的职权关照影响值班律师形式化参与

在我国2014年进行的刑事速裁程序试点和2016年认罪认罚从宽制度试点工作中明确提及了建立法律援助值班律师制度，[2]当然，正如前文所述，律师在此类试点活动中已经有了普通辩护律师、法律援助辩护律师、法律援助值班律师等参与范围区分和职责差异。先期的速裁试点把指派值班律师作为对犯罪嫌疑人、被告人"申请提供法律援助"的一种职权回应，虽然当时

---

〔1〕 顾永忠：《刑事诉讼律师辩护全覆盖的挑战及实现路径初探》，《中国司法》2017年第7期。

〔2〕 2014年8月22日，最高人民法院、最高人民检察院、公安部、司法部印发的《关于在部分地区开展刑事案件速裁程序试点工作的办法》第4条规定："建立法律援助值班律师制度，法律援助机构在人民法院、看守所派驻法律援助值班律师。犯罪嫌疑人、被告人申请提供法律援助的，应当为其指派法律援助值班律师。"2016年11月11日，最高人民法院、最高人民检察院、公安部、国家安全部、司法部印发的《关于在部分地区开展刑事案件认罪认罚从宽制度试点工作的办法》第5条第2款规定："法律援助机构可以根据人民法院、看守所实际工作需要，通过设立法律援助工作站派驻值班律师、及时安排值班律师等形式提供法律帮助。人民法院、看守所应当为值班律师开展工作提供便利工作场所和必要办公设施，简化会见程序，保障值班律师依法履行职责。"

并未明确要审查申请人是否具备相应的法律援助条件，实践中值班律师更多只是提供一种法律咨询服务。此后，认罪认罚从宽制度要求为"没有辩护人"且自愿认罪认罚的犯罪嫌疑人、被告人提供一种普惠式的值班律师帮助，并且明确其法律帮助内容为"提供法律咨询、程序选择建议、申请变更强制措施等"，从而与法律援助辩护律师的权能和职责区分开来。虽然，在认罪认罚程序中明确规定值班律师帮助制度是为了"保障犯罪嫌疑人、被告人获得有效法律帮助"，"确保其了解认罪认罚的性质和法律后果，自愿认罪认罚"，以及增强其与控方进行量刑协商的能力，但是在值班律师具体参与方式上还是有不明之处。2020 年《法律援助值班律师工作办法》第 3 章"法律帮助工作程序"专门规定了法院、检察院、公安机关、司法行政机关在保障值班律师工作中应当履行的义务，法律援助机构及值班律师的履职要求，值班律师会见、阅卷权利的保障，等等。

2016 年《认罪试点办法》第 8 条、第 10 条、第 15 条分别规定了侦查机关、检察机关和审判机关应当"告知"被控告人"享有的诉讼权利和认罪认罚可能导致的法律后果"。如前所述，该内容已被 2018 年《刑事诉讼法》所吸收，由此可见，为了保障供述的真实性、自愿性，应当在讯问前履行告知义务，这本身就是一种程序正当性的要求，也就是意图通过一种当事人的自主性来弥补讯问不采取"对席抗辩"的正当性缺陷。胡云腾主编的《认罪认罚从宽制度的理解与适用》（以下简称《理解与适用》）一书第三部分提供了一些告知文书样式参考。从某种意义上来讲，公检法机关对被控告人的告知义务已经能够满足所谓的认罪自愿性、真实性，因此值班律师的功能被公检法机关的职权关照所掩盖了。

（一）《犯罪嫌疑人／被告人诉讼权利义务告知书》

在侦诉审 3 个阶段都有相应的《诉讼权利义务告知书》。有些地方在《犯罪嫌疑人诉讼权利义务告知书》之外单独设计了《认罪认罚从宽处罚权利义务告知书》和《适用认罪认罚从宽制度法律帮助告知书》。《认罪认罚从宽处罚权利义务告知书》的内容大体上包括：（1）界定认罪；（2）界定认罚；（3）列举了犯罪嫌疑人、被告人在不同诉讼阶段（侦查、审查起诉、审判）认罪认罚的不同从宽处罚幅度，以及翻供后不得从宽，开庭审理时又能如实供述的，从宽幅度从严把握；（4）认罪认罚案件适用简易程序或者速裁程序审理；（5）人民检察院根据相关规定提出量刑建议；（6）人民法院决定适用简易程序或速裁程序审理；（7）人民法院审理被告人认罪认罚案件，其审查内容和量刑决策以及当庭宣判；（8）较大幅度从宽处罚、作不起诉处理或者判处非监禁刑、免予刑事处罚的情形；（9）检法办结期限。

由于犯罪嫌疑人诉讼权利中的核心权利就是辩护权，所以获得法律援助或者法律帮助在认罪认罚从宽制度中就显得尤为重要，因此在权利义务告知之外还特别增加了"法律帮助告知"环节。这里的告知书是确立律师尤其是值班律师与犯罪嫌疑人之间联系的信息基础。而《理解与适用》则将认罪认罚和值班律师相关方面的内容纳入《犯罪嫌疑人/被告人诉讼权利义务告知书》中。[1]

（二）人民检察院《认罪认罚从宽制度告知书》及《认罪认罚具结书》

《认罪认罚从宽制度告知书》及《认罪认罚具结书》同时使用。《理解与适用》中的样本四《认罪认罚从宽制度告知书》主要围绕《认罪认罚具结书》的形成、效力、载明内容、撤回、重新签署等展开。[2]《认罪认罚具结书》主体包括两大部分：一部分是针对犯罪嫌疑人，例如犯罪嫌疑人的身份信息，确认权利知悉（呼应前面的《认罪认罚从宽制度告知书》），认罪认罚内容（认罪、量刑建议、程序选择），自愿签署声明；另一部分是针对辩护人或值班律师。

由于认罪认罚从宽案件以有律师为犯罪嫌疑人提供法律帮助为必要前提，因此，值班律师往往也通过这种告知程序与犯罪嫌疑人建立联系，在检察院公诉环节，值班律师最常规的业务就是确认自己作为犯罪嫌疑人、被告人的值班律师，证明犯罪嫌疑人、被告人已经阅读了《认罪认罚从宽制度告知书》和《认罪认罚具结书》，根据律师自己所掌握和知晓的情况，犯罪嫌疑人、被告人系自愿签署《认罪认罚具结书》。至于律师如何把握犯罪嫌疑人、被告人的理解程度，以及律师自己"所掌握和知晓的情况"以何种方式存在及达到何种程度往往很难确定，需要由在场的值班律师结合当时的情景和对犯罪嫌疑人、被告人进行察言观色来判断。

---

[1] 胡云腾主编：《认罪认罚从宽制度的理解与适用》，人民法院出版社 2018 年版，第 117、123、
     138 页。
[2] 胡云腾主编：《认罪认罚从宽制度的理解与适用》，人民法院出版社 2018 年版，第 126 页。

　　然而，值班律师的见证作用真的很重要吗？2018 年《刑事诉讼法》第222 条规定："基层人民法院管辖的可能判处三年有期徒刑以下刑罚的案件，案件事实清楚，证据确实、充分，被告人认罪认罚并同意适用速裁程序的，可以适用速裁程序。"其中对证据的要求比《认罪试点办法》第 16 条"事实清楚、证据充分"更为严格，还要求"证据确实"，而 2018 年《刑事诉讼法》第 214 条仍保留修改前的规定，要求适用简易程序审判的"案件事实清楚、证据充分"。据此，笔者以为适用认罪认罚从宽制度的案件大都"事实清楚"，值班律师在场见证是实现效率价值的必由之路。甚至在实践中还出现了一种替代措施，有时候值班律师并未真正到场见证，而是要求检察机关承办人将犯罪嫌疑人、被告人签好的具结书送过去让其签名。

　　如果认为犯罪嫌疑人一定是个朴实、无知的"法律门外汉"，那就可能大错特错了。其实，犯罪嫌疑人在涉及切身利益的时候都非常精明，凭着对案件事实、证据和法律适用的一种直觉上的理解，作出利益最大化的选择，争取从轻处罚，甚至争取被判缓刑早点儿出狱。这样所谓追求以"悔罪"为基础的恢复性效果反倒位居其后了。值班律师并不需要在每个案件中都进行实质性参与，多数时候只是提供一些法律帮助，因此值班律师往往并不具有充满对抗色彩的辩护律师身份，甚至更多的时候是鼓励被控告人与专门机关进行合作以寻求最佳利益。

四、值班律师参与对讯问程序的正当性补足

　　在审判资源优化配置的前提下，认罪认罚从宽处理作为繁简分流的配套措施更侧重于效率层面，正如美国辩诉交易制度存在、盛行的动因一样，该制度为案件关系人提供了某些利益。"对检察官、法官、被告、律师等诉讼关系人而言，审判旷日费时花费惊人，而认罪协商制度则可节省大量的时间金钱。"[1]一般认为，在美国的辩诉交易制度中，被告人选择了"答辩认罪"，也就意味着他放弃了诸多权利，当然由此可能会获得一些量刑折扣甚至撤销某些指控的罪名。对比而言，在我国，被控告人常常手握真相并且可能知道犯罪集团或者犯罪团伙的内幕消息，他们以认罪为代价来换取国家专门机关对案件的快速、宽缓处理，主要是为了获得一定的量刑折扣。可见，被控告人

---

〔1〕　王兆鹏：《美国刑事诉讼法》（第 2 版），北京大学出版社 2014 年，第 676 页。

的认罪在一定程度上能够弥补检察机关追诉证据的薄弱环节，相应地，检察机关也愿意通过提出一个相对明确的、打折的量刑建议而避免败诉风险。这种利益交换看似双赢，但控辩双方仍然可能是天然不平等的；在理想状态下的快速处理案件以事实清楚、证据充分为前提，然而，我国刑事诉讼的事实建构一直很重视口供的价值，因此保障讯问的正当性就成为认罪认罚案件的核心命题。此外，快速处理本身也是一把"双刃剑"，既可能让真正的被告人早日摆脱诉累，也可能使无辜的被告人"认假罪"。更主要的是，根据罪行轻重，不同层次的程序路径必然会对被告人在法庭调查、法庭辩论等方面的某些程序性权利有不同程度的侵害，由此所谓的"简程序而不减权利"必然是一句空话。值班律师的引入是缓解简易程序中诉讼权利削减而带来的不平等的一种重要手段，值班律师的参与也可能延伸到普通程序中。下文主要集中讨论认罪认罚从宽制度讯问程序可能的变化，以及如何保障讯问程序的正当性。

当然，或许正当程序存在着一种普适标准，例如要满足"三方组合""兼听则明"的自然正义要求。由于认罪认罚从宽制度本身就是对可能烦琐的所谓正当程序的规避，因此它自身的程序正当性就要从其他方面来弥补。从形式而言，认罪认罚必然牵涉在不同刑事诉讼阶段对犯罪嫌疑人、被告人的讯问问题。讯问有证据收集和司法审查两种模式、两种目的。

（一）值班律师在侦查取证程序中的帮助人角色

在对犯罪嫌疑人进行侦查讯问时，值班律师并没有同时在场权，当然，辩护律师的侦查讯问同时在场权也没有得到立法明确规定，虽然可能从2018年《刑事诉讼法》第34条所规定的"犯罪嫌疑人自被侦查机关第一次讯问或者采取强制措施之日起，有权委托辩护人"可以间接推导出讯问时律师在场符合法律规定。侦查不等于讯问，但是讯问是侦查取证的一种重要方式。一般而言，通过讯问方式获取信息要遵循一定的准则，尤其是严格遵循一些禁止性规定。出于对人格尊严的保护，认罪供述应当建立在被讯问人明知、明智、自愿之上，由此可见，作为证据收集方式的讯问的正当性既要求讯问者真诚善意，又能够保障被讯问人的自主决策。2016年《认罪试点办法》第8条规定："在侦查过程中，侦查机关应当告知犯罪嫌疑人享有的诉讼权利和认罪认罚可能导致的法律后果，听取犯罪嫌疑人及其辩护人或者值班律师的意见，犯罪嫌疑人自愿认罪认罚的，记录在案并附卷。犯罪嫌疑人向看守所工作人员或辩护人、值班律师表示愿意认罪认罚的，有关人员应当及时书面告知办案单位。对拟移送审查起诉的案件，侦查机关应当在起诉意见中写明犯罪嫌疑人自愿认罪认罚情况。"

因此，在实践中，值班律师参与侦查程序主要是为了帮助当事人作出认罪认罚的正确选择。[1]由此可见，在侦查程序之中值班律师更多的是扮演帮助人角色。2018 年《刑事诉讼法》第 120 条吸收了上述《认罪试点办法》中对侦查阶段权利告知的规定："侦查人员在讯问犯罪嫌疑人的时候，应当告知犯罪嫌疑人享有的诉讼权利，如实供述自己罪行可以从宽处理和认罪认罚的法律规定。"其实，与 2012 年《刑事诉讼法》相比，该规定增加了"告知犯罪嫌疑人享有的诉讼权利"，当然，侦查机关在实践中一直都有进行相应的权利告知，即《犯罪嫌疑人诉讼权利义务告知书》[2]，其中必然有认罪认罚从宽和值班律师的相关规定。

需要注意的是，虽然值班律师在听取意见方面被赋予了与辩护人同等的地位，但是，侦查阶段值班律师发表意见显然没有"信息基础"，因此其更多的只是提供法律咨询，并且我国的法律援助值班律师并不像一些西方国家的值班律师强调其"讯问在场权"，尤其是首次讯问的在场权。

（二）值班律师在司法审查听审中的见证者角色

司法审查一般是指对拘留、逮捕、羁押、非法证据排除等决策活动是否合理和合法进行事先或者事后审查，或者决定是否起诉、如何定罪量刑。其正当性突出表现为采用中立第三方在场的对席听证方式。审判一般采用对席听证的方式自不待言，然而 2018 年《刑事诉讼法》并未涉及该方式，例如执行拘留（第 86 条）和执行逮捕（第 94 条）后 24 小时内讯问侧重于自查自纠，审查批准逮捕讯问犯罪嫌疑人、听取辩护律师的意见（第 88 条），逮

---

〔1〕　例如对于值班律师的职责，浙江律师陈芳芳认为，真正意义上帮助犯罪嫌疑人，就是要让犯罪嫌疑人坦然面对自己的犯罪行为，因认罪认罚而获轻判。她回忆说："我被指派为一起涉嫌贩毒案件犯罪嫌疑人提供法律援助，在公安侦查、检察院审查起诉阶段，犯罪嫌疑人均不认罪。一审开庭前，我与他会面，起初他还是不认罪，我向他抛出三个问题让他自圆其说，如果圆不了，就认罪，争取获得轻判。"再次会见时，正如陈芳芳所期望的那样，他痛哭着说："陈律师，感谢你帮我，我想了很久，发现自己真圆不了，我心甘情愿认罪。"参见王春、汤宇洁：《值班律师法律帮助近 7 万人次》，《法制日报》2017 年 9 月 9 日，第 3 版。

〔2〕　胡云腾主编：《认罪认罚从宽制度的理解与适用》，人民法院出版社 2018 年版，第 117 页。

捕后进行羁押必要性审查（第95条），对证据收集合法性进行法庭调查、申请排除非法证据和检察院对证据收集合法性进行证明（第58条、第59条）等，虽然要求双方的意见都能被听取，但是并未作出对席听证的设计。此外，有一些对审查起诉（不起诉）公开听证进行的制度探索，也未被2018年《刑事诉讼法》所吸收。

2018年《刑事诉讼法》第三编第二章增加一节作为第四节"速裁程序"，吸收了2016年《认罪试点办法》第16条有关内容。2018年《刑事诉讼法》第224条规定："适用速裁程序审理案件，不受本章第一节规定的送达期限的限制，一般不进行法庭调查、法庭辩论，但在判决宣告前应当听取辩护人的意见和被告人的最后陈述意见。适用速裁程序审理案件，应当当庭宣判。"2018年《刑事诉讼法》第219条规定："适用简易程序审理案件，不受本章第一节关于送达期限、讯问被告人、询问证人、鉴定人、出示证据、法庭辩论程序规定的限制。但在判决宣告前应当听取被告人的最后陈述意见。"具体而言，根据2012年《人民检察院刑事诉讼规则（试行）》第468条第2款的规定，人民检察院可以对适用简易程序的案件相对集中提起公诉，建议人民法院相对集中审理，根据第469条的规定，法庭审理"可以简化宣读起诉书，根据案件情况决定是否讯问被告人，是否询问证人、鉴定人，是否需要出示证据"，"简化法庭调查和法庭辩论程序"。需要提及的是，速裁程序与简易程序相比，明确了"听取辩护人的意见"的程序要求，而值班律师不在"辩护人"之列。

2018年《刑事诉讼法》对认罪认罚从宽案件可能适用普通程序并未规定相应的简化环节，反而是在第190条吸收了《认罪试点办法》第15条的内容："被告人认罪认罚的，审判长应当告知被告人享有的诉讼权利和认罪认罚的法律规定，审查认罪认罚的自愿性和认罪认罚具结书内容的真实性、合法性。"

前述审判程序的简化常常蕴含着对被告人诉讼权利不当侵害的可能，为了保障被告人放弃诉讼权利是出于明知、明智、自愿，有必要为律师在协商过程中的有效协助和法官对协商结果的仔细审查制定一些必要的配套措施。一方面通过律师参与来强化控辩平等；另一方面通过引入客观中立的法官再度以讯问被告人的方式来审查核实和避免错误。

具体到认罪认罚从宽制度，通过律师参与来强化控辩平等有从审判阶段向审查起诉阶段前移的趋势。例如，2016年《认罪试点办法》第15条未提及辩护人或者值班律师，而第10条则明确提及要就有关事项听取犯罪嫌人及其辩护人或者值班律师的意见，以及在辩护人或者值班律师在场的情况下签署认罪认罚具结书。该条内容分别被 2018 年《刑事诉讼法》第 173 条、第 174 条所吸收。其中，2018 年《刑事诉讼法》第 173 条分三款，第 1 款规定了审查起诉阶段人民检察院应当讯问犯罪嫌疑人，听取辩护人或者值班律师、被害人及其诉讼代理人的意见。第 2 款专门规定了认罪认罚案件听取意见的事项，实际上构建了具有中国特色的"量刑协商"程序："犯罪嫌疑人认罪认罚的，人民检察院应当告知其享有的诉讼权利和认罪认罚的法律规定，听取犯罪嫌疑人、辩护人或者值班律师、被害人及其诉讼代理人对下列事项的意见，并记录在案：（一）涉嫌的犯罪事实、罪名及适用的法律规定；（二）从轻、减轻或者免除处罚等从宽处罚的建议；（三）认罪认罚后案件审理适用的程序；（四）其他需要听取意见的事项。"[1]第 3 款规定了人民检察院"应当提前为值班律师了解案件有关情况提供必要的便利"。[2]2018 年《刑事诉讼法》第 174 条第 1 款规定："犯罪嫌疑人自愿认罪，同意量刑建议和程序适用的，应当在辩护人或者值班律师在场的情况下签署认罪认罚具结书。"第 2 款还列举了不需要签署认罪认罚具结书的情形：（1）犯罪嫌疑人是盲、聋、哑人，或者是尚未完全丧失辨认或者控制自己行为能力的精神病人的；（2）未成年犯罪嫌疑人的法定代理人、辩护人对未成年人认罪认罚有异议的；（3）其他不需要签署认罪认罚具结书的情形。

值得注意的是，审查起诉并不强调要求侦查人员在场，反倒是律师在审查起诉之中兼具辩护意见表达者和见证人的身份。因此，审查起诉也并不是真正的"对席听证"，中立"第三者"可能恰由作为"见证者"的律师来担任。

笔者了解到，某市下辖区值班律师见证签署认罪认罚具结书主要有两种形式。（1）在派驻看守所的值班律师见证下签署认罪认罚具结书。市法律援助中心每周一上午都派驻值班律师到看守所，由此限定了检察官提审犯罪嫌疑人的时间。一上午能提到的犯罪嫌疑人数量有限，有时候提审时间和开

---

〔1〕　该条内容也见于 2020 年《法律援助值班律师工作办法》第 8 条。

〔2〕　2020 年《法律援助值班律师工作办法》第 6 条第 3 款规定了值班律师的会见权与阅卷权："值班律师办理案件时，可以应犯罪嫌疑人、被告人的约见进行会见，也可以经办案机关允许主动会见；自人民检察院对案件审查起诉之日起可以查阅案卷材料、了解案情。"2021 年《法律援助法》第 37 条规定："人民法院、人民检察院、公安机关应当保障值班律师依法提供法律帮助，告知没有辩护人的犯罪嫌疑人、被告人有权约见值班律师，并依法为值班律师了解案件有关情况、阅卷、会见等提供便利。"

庭、开会时间冲突，有时候看守所内的值班律师没有到岗，或者因提供法律咨询无法脱身，导致无法及时签署认罪认罚具结书，也就导致速裁案件无法及时结案，延长了办案期限。（2）联系区法律援助中心指派值班律师到检察院，见证被取保候审的犯罪嫌疑人签署认罪认罚具结书。区法律援助中心只在周二或者周四指派值班律师，承办人需要提前和区法律援助中心预约值班律师、安排讯问时间，这无形中也增加了烦琐的程序，影响办案效率。[1]从实践来看，原先主要是在看守所和法院派驻值班律师，现在逐渐变为在看守所和检察院派驻了，并且即使值班律师只是"走过场"地见证参与，也并非易事。2018年《刑事诉讼法》最终删去了在检察院派驻值班律师的明确规定，很显然没有结合现实对原规定进行相应的改变，由此值班律师到检察院见证签署认罪认罚具结书就带有一定的个案协调意味。

五、权利救济的事实基础需要值班律师实质性参与

刑事诉讼活动中至少包含两种事实的证明，一是证明有关犯罪和刑罚等实体方面的事实，二是证明程序行动是否合法、真实、有效，尤其是在侦查程序中，有无刑讯逼供、非法搜查、非法扣押等违法行为在面临质疑和控诉时同样需要证明。如前所述，虽然认罪认罚从宽案件以存在事实基础为前提，但是认罪认罚本身就是口供，依据口供认定的事实清楚是适用认罪认罚从宽制度的前提，认罪认罚和事实清楚其实与口供互为条件，建立在口供基础上的实体事实证明就非常脆弱。当然，如果当事人要对刑讯逼供、暴力取证或者权钱交易、放纵罪犯等滥用职权、徇私枉法情形进行控告或申诉，值班律师进行代理也不能为"无米之炊"，至少要有一定的"线索"[2]或者真凭实据，对于非法证据排除案件，一旦辩方举证不能，这些证据将被当作裁判证据使用。[3]

---

〔1〕 丁国锋：《逾七成刑案认罪认罚集约办理》，《法制日报》2017年9月12日，第3版。
〔2〕 有学者统计，在581例辩方向法官提出要求排除非法证据的案件中，有60例辩方未提供相关线索，比率达到10.33%。参见郝银钟、史达：《法院适用非法证据排除规则实证研究——基于587份裁判文书的分析》，《贵州民族大学学报（哲学社会科学版）》2017年第1期。
〔3〕 杨正万、王天子：《非法证据排除证明机制研究——以审判中心主义为视角》，《贵州民族大学学报（哲学社会科学版）》2015年第1期。

（一）口供中心与实体性事实

被告人的认罪，在纠纷解决型或者政策实施型的不同国家，可能会影响证据调查方式和诉讼程序选择。美国耶鲁大学教授达玛什卡指出，在美国的某些州，检察官和被告可以达成协议——仅仅根据预审笔录所包含的证据就将案件提交审判；在刑事被告表示认罪或不拟答辩时，被告被认定为放弃了进入审判阶段的权利；被告还可以通过放弃接受陪审团审判的权利来影响法官审判和陪审团审判之间的选择。[1]他还指出，相反，在能动型刑事检控制度中，即使被告供认自己"有罪"，程序也必须继续进行下去——不过有可能会采取一种专门为事实发现较为容易的案件保留的不太严苛的形式。[2]在日本，学者田口守一认为，略式程序和即决裁判程序可以理解为反映当事人意思的程序，但是，根据美国的控罪答辩制度，如果被告人进行了有罪答辩，则将省略定罪程序，直接进入量刑程序，而《日本刑事诉讼法》明文规定，即使被告人自认有罪，也不能因此认定有罪，显然日本在法律上否定控罪答辩制度。[3]由此观之，我国的认罪认罚从宽案件也带有纠纷解决色彩，虽然要求坚持证明标准不降低，但是，"以口供为中心"的事实调查必然会影响"客观真实"的目标追求，而有滑向"合意真相"的可能。我国认罪认罚从宽制度中还突出存在一种以口供为核心的事实认定，也就是说，所谓的案件事实主要是通过"自愿如实供述"来获取和认定的。由此，在口供中心主义的办案传统下以及可能出现补强不力的情况下，认罪认罚从宽程序应更侧重于保障口供的自愿性、合法性和真实性。

在美国对认罪协商制度有轻纵罪犯和冤枉无辜的批评，前者是指通过陪审团审判外的非正常渠道给犯罪行为人提供更多的优惠，因而被告人得以享受更轻的刑罚；后者是指检察官可能以过度起诉或者威胁为被告人求处更重的刑罚，逼迫被告人放弃让案件进入审判，可能导致真正无辜的被告人为了保障自身安全而选择接受轻刑协商条件。正是因为控辩双方力量不平等，所

---

〔1〕 ［美］米尔伊安·R. 达玛什卡：《司法和国家权力的多种面孔：比较视野中的法律程序》，郑戈译，中国政法大学出版社 2015 年版，第 129 页。

〔2〕 ［美］米尔伊安·R. 达玛什卡：《司法和国家权力的多种面孔：比较视野中的法律程序》，郑戈译，中国政法大学出版社 2015 年版，第 123 页。

〔3〕 ［日］田口守一：《刑事诉讼法》（第 5 版），张凌、于秀峰译，中国政法大学出版社 2010 年版，第 24 页。

以需要考量律师能起到多大的帮助作用。然而，批评者认为，许多辩护人常常由法官指定的律师担任，因为这些辩护人收费通常较低且较固定，他们希望速战速决，因此，劝说被告人接受检方的认罪协商条件是最快的途径了。[1]就我国而言，《认罪试点办法》第 4 条重申了办理认罪认罚案件应当坚持的"宽严相济"、"罪责刑相适应"以及"证据裁判"原则，既允许刑事政策结合个案情况而进行一定弹性限度内的调节，又要求"依照法律规定"提出量刑建议，准确裁量刑罚，以及"依照法律规定"收集、固定、审查和认定证据。

　　谁都难以保证司法机关完全不出错。陈光中先生还曾指出，被追诉人的认罪有可能是"被迫认罪"和"替人顶罪"，因此，对犯罪事实已经发生、犯罪分子是谁等主要事实的证明仍然要达到确定无疑的程度。[2]或许，这个时候并不是要值班律师帮助公检法机关来做犯罪嫌疑人、被告人的思想工作，或者帮助当事人掩盖真相。(1)对于"替人顶罪"的情形，值班律师可以保守他所偶然了解到的当事人秘密而不去揭发，要想查清口供的事实基础，需要依赖公检法机关"不轻信口供"，并且要达到"内心确信"的证明标准。(2)对于发生冤案尤其是"被迫认罪"的情形，虽然值班律师会见手续简化，但是通过一两次的会见往往也很难改变侦查机关的追诉心理定式、公检法机关的隧道视野。对此，有律师认为，如果当事人坚持不认罪，律师也应当尊重当事人的选择，并且如果律师认为确属错案，可以向有关部门反映。[3]

(二) 代理申诉控告与程序性事实

　　如果案件可能涉及 2016 年《认罪试点办法》第 24 条所规定的"刑讯逼供、暴力取证或者权钱交易、放纵罪犯等滥用职权、徇私枉法情形"，根据2017 年《严格排除非法证据规定》第 19 条第 2 款的规定，"法律援助值班律师可以为犯罪嫌疑人、被告人提供法律帮助，对刑讯逼供、非法取证情形代理申诉、控告"。这使规定于刑事案件速裁程序和认罪认罚从宽制度试点中的值班律师制度扩大适用于非法证据排除制度中，不仅对未请律师的犯罪嫌疑人、被告人要求排除非法证据具有帮助作用，而且丰富了法律援助制度和

---

〔1〕　林钰雄：《刑事诉讼法》（下册），中国人民大学出版社 2005 年版，第 209 页。

〔2〕　陈光中、马康：《认罪认罚从宽制度若干重要问题探讨》，《法学》2016 年第 8 期。

〔3〕　例如北京市京都律师事务所张律师的观点，参见《认罪认罚从宽试点 律师：检察院权利过大》，搜狐网，https：//mt. sohu. com/20160831/n466991311. shtml，最后访问日期：2017 年 9 月 27 日。

律师辩护制度，意义深远。[1]2017 年《值班律师意见》也赋予了值班律师"对刑讯逼供、非法取证情形代理申诉、控告"的权利。

又根据 2017 年《人民法院办理刑事案件庭前会议规程（试行）》第 3 条第 3 款之规定，"被告人申请排除非法证据，但没有辩护人的，人民法院应当通知法律援助机构指派律师为被告人提供帮助"，以及《人民法院办理刑事案件排除非法证据规程（试行）》第 8 条第 2 款之规定，"被告人申请排除非法证据，但没有辩护人的，人民法院应当通知法律援助机构指派律师为其提供辩护"。这两款在被指派律师的职能是"提供帮助"还是"提供辩护"的表述上略有差异，由此，被指派律师到底是作为值班律师还是辩护律师也因为用语不同而定位不明。

2018 年《刑事诉讼法》对值班律师仅提供"法律帮助"作出明确规定。由此可见，值班律师虽然有会见上的便利，但是其提出的法律帮助意见未建立在全面阅卷、调查取证等基础上，效果有限，甚至成为为公检法之意背书的"橡皮图章"。对此，2020 年《法律援助值班律师工作办法》第 21 条对值班律师了解案件情况和阅卷权以及检察机关、法院保障值班律师阅卷权作出规定："侦查阶段，值班律师可以向侦查机关了解犯罪嫌疑人涉嫌的罪名及案件有关情况；案件进入审查起诉阶段后，值班律师可以查阅案卷材料，了解案情，人民检察院、人民法院应当及时安排，并提供便利。已经实现卷宗电子化的地方，人民检察院、人民法院可以安排在线阅卷。"

六、"两条腿"走路：从权能扩展到身份转换

欲实现刑事辩护全覆盖，就要求委托律师和法律援助律师这两种不同身份的律师齐头并进参与诉讼。而笔者所指的认罪认罚案件的"两条腿走路"更是局限于法律援助律师内部，是指法律援助值班律师和法律援助辩护律师各行其道，各有其权责，但是，一定要注意的是，在特定情形下二者可能相互衔接或者进行身份上的转换。

身陷囹圄的犯罪嫌疑人"认罪认罚"可能会有一个"从宽"的出路，但是，应对其所享有的权利进行反复"告知"，让犯罪嫌疑人知道还可能存在另外一种选择，值班律师的参与和见证或许为犯罪嫌疑人增添了信心，使

----

〔1〕　顾永忠：《非法证据排除规定的突破、创新与务实》，《人民法院报》2017 年 7 月 2 日，第 2 版。

其能表达出自己的真实意思。这样反过来，让潜在错案或者有违法可能的案件从"事实清楚、证据充分"的案件中被筛选出来，由此，案件的审理程序就可能从简易、速裁程序转化为普通程序。

2017年10月出台的《全覆盖办法》第2条第4款和第5款规定法律援助值班律师参与诉讼有两种情况：（1）适用简易程序、速裁程序审理的案件，被告人没有辩护人的，人民法院应当通知法律援助机构派驻的值班律师为其提供法律帮助。（2）在法律援助机构指派的律师或者被告人委托的律师为被告人提供辩护前，被告人及其近亲属可以提出法律帮助请求，人民法院应当通知法律援助机构派驻的值班律师为其提供法律帮助。

根据2018年《刑事诉讼法》第226条的规定，人民法院在审理过程中，发现有被告人的行为不构成犯罪或者不应当追究其刑事责任、被告人违背意愿认罪认罚、被告人否认指控的犯罪事实或者其他不宜适用速裁程序审理的情形的，应当按照普通程序或者简易程序的规定重新审理。又根据第221条规定，人民法院在审理过程中，发现不宜适用简易程序的，应当按照普通程序或者自诉案件的规定重新审理。由此可见，当认罪认罚案件从速裁、简易程序转向普通程序时，要更新律师的法律服务方式，广覆性的值班律师仅仅提供法律帮助还不够，因为当事人反悔、对违法行为进行申诉或控告带来的程序转变要求律师深度介入，从而要求实现从法律援助值班律师提供法律帮助向法律援助辩护律师提供辩护的身份转变和权能扩展。法律默认的措施可能是另行指派法律援助辩护律师，而笔者设想可以将提供法律帮助的值班律师直接转化为指派的法律援助辩护律师。

关于另行指派法律援助辩护律师还是值班律师直接转化为辩护律师，可以从值班律师的职业遴选和社会聘任两个不同的来源渠道做相应的分析。

（一）另行指派法律援助辩护律师

或许由于值班律师遴选的特殊性[1]，其中有属于法律援助机构的律师

---

[1]　2017年《关于开展法律援助值班律师工作的意见》第4条规定："法律援助机构综合社会律师和法律援助机构律师政治素质、职业道德水准、业务能力、执业年限等确定法律援助值班律师人选，建立法律援助值班律师名册。有条件的地方可以组建法律援助值班律师库。" 2020年《法律援助值班律师工作办法》第18条明确要求"建立值班律师名册或值班律师库。并将值班律师库或名册信息、值班律师工作安排，提前告知公安机关（看守所）、人民检察院、人民法院"。

经过遴选成为专职值班律师，又或许由于值班模式的特殊性，尤其是相对固定专人值班的情形，值班律师无力承担具体辩护职能，当符合法律援助法定条件的时候，另行指派法律援助辩护律师当属首选了。2017 年《值班律师意见》第 2 条第 2 款特意明确："法律援助值班律师不提供出庭辩护服务。符合法律援助条件的犯罪嫌疑人、刑事被告人，可以依申请或通知由法律援助机构为其指派律师提供辩护。"第 2 条第 1 款法律援助值班律师相关职责中明确规定，"引导和帮助犯罪嫌疑人、刑事被告人及其近亲属申请法律援助，转交申请材料"，也即法律援助值班律师和法律援助辩护律师有不同的身份定位和权能范围；第 6 条又进一步规定，"值班律师在接待当事人时，应当现场记录当事人咨询的法律问题和提供的法律解答，解释法律援助的条件和范围，对认为初步符合法律援助条件的当事人引导其申请法律援助"[1]。可见，值班律师虽然可以为法律援助辩护律师参与诉讼铺路，但是在法律援助辩护律师参与诉讼后即功成身退。

需要提及的是，为了加强不同诉讼阶段值班律师的衔接，防止不同诉讼阶段由不同值班律师提供帮助造成资源浪费、重复劳动，有专家提出将前阶段值班律师的工作成果以书面形式固定下来并且移送到下一阶段，这样下一阶段的值班律师能够有针对性地开展工作，提供有效的法律帮助。[2]笔者以为，这种分段指派的值班律师更多地体现了"值班"的成分，而忽略了有效法律帮助的成分，作为值班律师工作成果的"书面材料"附属于侦查案卷的可能性并不大，侦查机关并不会将其视为证据，如果仅仅是值班律师的工作记录，往往也比较随意混乱，难以和具体案件对上号。[3]因此，固定的值班律师"一竿子插到底"的帮助比书面材料的衔接更有效率。2020 年《法律援助值班律师工作办法》第 11 条规定："对于被羁押的犯罪嫌疑人、被告人，在不同诉讼阶段，可以由派驻看守所的同一值班律师提供法律帮助。对

---

〔1〕　2020 年《法律援助值班律师工作办法》第 17 条对灵活多样的值班方式作出规定："值班方式可以采用现场值班、电话值班、网络值班相结合的方式。现场值班的，可以采取固定专人或轮流值班，也可以采取预约值班。"

〔2〕　胡云腾主编：《认罪认罚从宽制度的理解与适用》，人民法院出版社 2018 年版，第 9—10 页。

〔3〕　2019 年《最高人民法院 最高人民检察院 公安部 国家安全部 司法部关于适用认罪认罚从宽制度的指导意见》第 12 条第 3 款规定："值班律师提供法律咨询、查阅案卷材料、会见犯罪嫌疑人或者被告人、提出书面意见等法律帮助活动的相关情况应当记录在案，并随案移送。"2020年《法律援助值班律师工作办法》第 28 条还进一步规定了法律帮助台账制度，要求"值班律师应当将提供法律帮助的情况记入工作台账或者形成工作卷宗，按照规定时限移交法律援助机构"。

于未被羁押的犯罪嫌疑人、被告人，前一诉讼阶段的值班律师可以在后续诉讼阶段继续为犯罪嫌疑人、被告人提供法律帮助。"

（二）值班律师直接转化为辩护律师

由于法律援助值班律师还可以从社会律师中选聘，并且即使是法律援助机构的律师也可能并未固定其为专职的值班律师，也就是说，法律援助值班律师可以经过委托成为普通辩护律师，或者经过法律援助机构指派成为法律援助辩护律师。下面主要讨论法律援助值班律师向法律援助辩护律师转化的必要性和可行性。这种身份转换恰好和《全覆盖办法》对法律援助条件的放宽相吻合。

1. 法律援助值班律师转化为法律援助辩护律师的必要性

第一，公正超越效率的情形要求。法律援助资源本身比较稀缺，并且有一定的条件限制，因此，低参与度的法律援助值班律师常常成为认罪认罚从宽案件的首要之选。然而，我们也不想让值班律师承担太多任务，[1] 一方面，值班律师的个人付出和收入不成正比；另一方面，值班律师承担过多任务也与诉讼追求的效率价值相悖。这种法律帮助与律师的辩护以及法律援助机构指派的律师辩护存在巨大差别，很显然是一种因案制宜的考量。不过，当案件具体情形发生改变的时候，如果个案的公正价值超越效率价值，就有必要提供法律援助辩护律师进行更全面、深入的辩护。

第二，值班律师权能扩展的局限。尽管有学者认为，值班律师因为"值班"（随时等候办案机关通知）[2] 而介入诉讼之中，其法律地位或诉讼地位就是"辩护人"，不可能有其他身份。[3] 甚至还有所谓的值班律师的福清样本，2015 年 9 月，福清市法院联合各方出台《关于刑事案件速裁程序值班律师强制法律援助制度和量刑协商制度试行办法》，使值班律师制度成为一种强制性制度，赋予值班律师阅卷、会见、证据开示、协商过程中单独沟通等

---

〔1〕 欧阳晨雨：《法律援助值班律师扩大履职范围的利与弊》，《南方都市报》2017 年 8 月 30 日，第 A15 版。

〔2〕 2020 年《法律援助值班律师工作办法》第 16 条规定了通知法律帮助方式和通知手续，第 19 条规定了通知时限，"公安机关、人民检察院、人民法院应当在确定的法律帮助日期前三个工作日，将法律帮助通知书送达法律援助机构，或者直接送达现场值班律师"。

〔3〕 顾永忠、肖沛权：《"完善认罪认罚从宽制度"的亲历观察与思考、建议——基于福清市等地刑事速裁程序中认罪认罚从宽制度的调研》，《法治研究》2017 年第 1 期。

权利；认罪认罚从宽制度试点后，还增加了犯罪嫌疑人签署认罪认罚具结书时值班律师在场权以及认罪认罚 3 年以上有期徒刑的简易、普通程序值班律师出庭权。[1]但是，这种权能扩展式的值班律师制度不可能走得太远，因为从各国的经验来看，事实清楚的、轻微简单的刑事案件并不值得这么多投入，律师权利越多，提出的意见越多，案件办理就变得越冗长，把简单案件复杂化。

第三，值班律师身份转换的动力。其实，值班律师知悉案情的方式主要是驻看守所坐诊式会见[2]，但是在实践之中有看守所的值班律师想要会见被追诉人而被拒绝的情形，因而，其知悉案情最有可能的方式就是与检察官、犯罪嫌疑人同时在场签署意见书。然而，在此期间，值班律师与犯罪嫌疑人很难进行秘密沟通。需要注意的是，值班律师没有完全了解案情就签字保证认罪认罚的真实、自愿，显然超越了值班律师的权能。律师曾经普遍认为，具结书上写明的责任和义务过重。但是，笔者以为，这并不妨碍值班律师的法律咨询活动可以作为法律援助辩护乃至委托辩护的案源渠道。这一点与 2017《值班律师意见》第 6 条所要求的"严禁利用值班便利招揽案源、介绍律师有偿服务及其他违反值班律师工作纪律的行为"好像有点背道而驰。但是，这种身份转换是出于人权保障的要求，并且还是在法律援助范围内经过法律手续的身份转换，当然如果所谓的"利用值班便利招揽案源"是权力寻租和行业间不正当竞争，则有违职业伦理。此外，如果法律援助值班律师获得当事人委托是建立在对其专业能力的肯定和信任之上，这也无可厚非，甚至是法律援助值班律师的必要动力因素。

2. 法律援助值班律师转化为法律援助辩护律师的可行性

《全覆盖办法》第 2 条第 5 款规定："在法律援助机构指派的律师或者被告人委托的律师为被告人提供辩护前，被告人及其近亲属可以提出法律帮助请求，人民法院应当通知法律援助机构派驻的值班律师为其提供法律帮助。"这个规定明确承认了应急式的值班律师和法律援助辩护律师或者委托辩护律师之间的衔接。当然，这里的"指派"可能是另行指派，也可能是原值班律师转化为法律援助辩护律师，只不过，这个制度依据还要在认罪认罚从宽制度中进一步细化。

---

〔1〕　《值班律师制度的福清样本》，民主与法制网，http：//www. mzyfz. com/index. php/cms/item - view - id - 1278581？ verified = 1，最后访问日期：2017 年 10 月 31 日。

〔2〕　2020 年《法律援助值班律师工作办法》第 22 条规定了对符合手续的值班律师，看守所应当及时安排会见；第 24 条规定了会见时不被监听。

　　第一，身份设置、素质能力和经费保障的可行性。法律援助值班律师和法律援助辩护律师两者都由法律援助机构所派驻或者派出，其职能从最根本上来讲都带有一种国家福利的性质。可以设想针对个案需求直接将值班律师转化为法律援助辩护律师，并且有针对性地做好经费保障，既有利于提高诉讼效率，又不过多浪费法律援助司法资源。2014 年起实行速裁程序试点的相关规定就并未采用这种广覆式值班律师制度，而是采用以申请法律援助为基础的回应式值班律师辩护制度，也就是说，在先前的试点和当下的试点活动之中，我们为了确保值班律师有提供意见的事实基础，一定程度上允许值班律师，也相信其有能力承担相应的辩护职责。

　　第二，权利和义务配置的可行性。现在普遍要对值班律师的权利进行充实，从而既能保证其见证功能的客观性，又能增强其辩护功能的有效性。例如，有观点认为，控辩双方之间的信息对称和双向互动是实现认罪认罚自愿性和程序选择理性的基础和基本要求，所以应当赋予值班律师阅卷权。当下，犯罪嫌疑人并不享有阅卷权，事先很难知悉控方证据的数量、质量及其证据体系，因此，可能在信息不对称的基础上盲目、被动地认罪认罚。而负有帮助职责的值班律师，一方面可以通过阅卷并向犯罪嫌疑人核实证据，间接地保障当事人对案件的正确认识和恰当理解，促进犯罪嫌疑人理性、自愿地认罪认罚和作出程序选择。另一方面可以通过阅卷了解犯罪嫌疑人涉案的信息，掌握涉及被控告人有罪无罪、罪重罪轻的证据，为被控告人的量刑作出有根据的评估，使被控告人有能力进行量刑协商。笔者认为这种说法确有其道理，但是，这与合作式的司法运作并不相称，这种权利上的扩展可能既不是值班律师想要的，甚至也不是犯罪嫌疑人想要的。然而，刑事诉讼的运行不可能完美无瑕，我们允许其存在一定的"无害化"错误，也因此在轻微简单的案件之中无须进行精细化作业，节省司法人员的精力。再者，认罪认罚的犯罪嫌疑人虽然有可能出于"从轻、从宽"的功利想法，但是，他也知道这是权利放弃的对价，也因此能够容忍有瑕疵的程序，并且假如犯罪嫌疑人还具有"悔罪"的心理状态，也就更难进行带有一定"讨价还价"意味的量刑协商了。

　　由此，法律援助值班律师作为辩护人参与诉讼有比较丰富和完善的权利保障，可以通过一定的筛选机制将之配置到特定的个案之中。这种筛选机制可以是在认罪认罚从宽程序中出现当事人反悔、不认罪或者要求提出控告、申诉等情形。在此类情形下将法律援助值班律师转化为法律援助辩护律师，既避免了在每个案件上平均用力，又避免了过于强化所谓值班律师工作台账管理和帮助案件质量考核等形式化作业。这也存在一些问题，一方面，这种筛选机制完全由被告人掌握。被告人认罪后反悔、撤回认罪后，案件转为普通程序审理，结合《全覆盖办法》第 2 条第 3 款要为没有委托辩护人的被告人指派律师，虽然被告人获得了更多保障，但是其认罪后反悔会使控诉方以"子之矛"（先前认罪）攻"子之盾"（后来否认）。被告人反悔能够在一定程度上筛选出有瑕疵的认罪案件，从而起到节约司法资源的效果。进而言之，被告人仅对量刑有异议，可以考虑不转换为普通程序，依据 2016 年《认罪试点办法》第 21 条之规定直接判决。另一方面，值班律师和法律援助辩护律师可能存在一种从合作到对抗的身份反转，律师本人在两种角色之中可能会左右为难。当然，在律师资源丰富的地区完全可以由不同律师分别担任值班律师和法律援助辩护律师，可能只有在律师资源稀缺的地方才有这种身份转换的必要。在刑事辩护全覆盖的视角下，即使值班律师的权能得到丰富和拓展，也不能完全替代辩护律师。

第八章　论监察调查的层级监督

随着我国监察体制改革的试点探索、全面推进乃至监察立法，以法治思维和法治方式惩治腐败也在逐步完善。随着 2018 年 3 月 11 日和 20 日第十三届全国人大第一次会议先后通过《宪法修正案》和《监察法》[1]，我国在立法上确立了党和国家监督体系，实现了党内监督与国家监察相统一。《监察法》所规定的监察调查活动在执法主体、对象、内容和过程上都具有一定的特殊性，其中第 2 条规定了"坚持中国共产党对国家监察工作的领导"，第 3条在《宪法》第 123 条 "中华人民共和国各级监察委员会是国家的监察机关" 的基础上进一步明确，"各级监察委员会是行使国家监察职能的专责机关"。正是出于 "构建集中统一权威高效的监察体系" 的目的，与纪检机关合署办公的监察机关要依法对所有行使公权力的公职人员进行监察，调查职务违法和职务犯罪，既要收集证据、查清事实，又要开展廉政教育、做被调查人的思想政治工作。监察调查与刑事侦查的突出区别体现在两个方面：一是封闭性。为了排除干扰因素，律师在调查阶段不能介入案件，因为职务犯罪多数是行贿受贿并且主要依赖于言词证据，如果发生串供和隐匿、伪造证

---

〔1〕 2024 年 12 月 25 日，第十四届全国人民代表大会常务委员会第十三次会议通过《全国人民代表大会常务委员会关于修改〈中华人民共和国监察法〉的决定》，新版监察法自 2025 年 6 月 1日起施行。2024 年《监察法》一共修改 24 条，此次修改将加强对监察权的监督制约、保障公民权利作为重点。一方面，坚持授权与控权相结合，确保严格依法适用监察强制措施。例如，确立了监察权向下延伸的 "再派出" 制度；增加强制到案、责令候查和管护 3 项强制措施，并配套完善其时限、审批程序和工作要求；增加规定留置期限再延长 2 个月、重新计算留置时间以 1 次为限；明确公安机关负责省级以下监察机关留置场所的看护勤务；加强国家监委在反腐败方面的国际合作，进一步丰富追逃追赃法律手段；等等。另一方面，加强对监察权的监督和约束。例如，增加特约监察员监督相关内容；增加规定对涉嫌严重职务违法或者职务犯罪的监察人员采取禁闭措施；完善对监察机关及其工作人员违法办案的申诉制度和责任追究制度。

据，会给调查工作带来困难。[1]二是政治性。依照《监察法》第22条的规定，为了实现权威高效反腐，留置的批准权与执行权都集中在监察机关，没有检察机关或者其他司法机关进行审查的空间。此后，2018年《刑事诉讼法》第19条第2款规定："人民检察院在对诉讼活动实行法律监督中发现的司法工作人员利用职权实施的非法拘禁、刑讯逼供、非法搜查等侵犯公民权利、损害司法公正的犯罪，可以由人民检察院立案侦查。"[2]可见，由于监察人员不属于司法工作人员，检察机关对于监察人员利用职权侵犯公民权利、损害司法公正的犯罪也无管辖权。然而，为了党和国家自我监督而整合设置的监察机关本身也需要监督，尤其是在调查取证和采取强制性措施等活动中。监察调查活动的防错机制除了有外部监督，还有事先科层控制、同步程序约束以及事后权利救济等多种渠道，都带有一定的内部监督色彩。当然，监察调查办案的制度设计本身还体现了一定的程序理性原则，而这几种控权方式本质上是对自我监督进行层级控制的再监督机制，这种设计既需要警惕科层制度理性下的机械执法，又要防范特定社会环境下人情因素导致的随意执法。

一、问题的提出

监察调查活动是一项具有高效反腐、法治教育和道德教育、发现真实和保障人权等复合目的的活动，既追求打防并举、标本兼治的实体目的，又注重保障人权、宽严相济的程序目标。在推进廉政建设和反腐败工作中，监察调查作为强化监督问责、严厉惩治腐败的重要手段，必须严格遵循法治原则和程序规范，不能为达目的而不择手段。同时，我们也应当认识到，监察调查活动本身也存在出现错误的可能性。因此，监察机关在开展调查时，不能仅片面强调被调查人的义务，要求被调查人如实供述等。更为重要的是，必须建立健全对监察权本身的监督制约机制，切实解决"监督者由谁监督"这一根本性问题，确保监察权力在法治轨道上规范运行。由于审判结果无法预

---

〔1〕 第十三届全国人大会议期间，浙江省监察委员会主任刘建超接受"政知见"新闻网采访时谈到留置期间不允许律师介入的理由。《刘建超详谈留置细节》，凤凰网，https://news.ifeng.com/a/20180315/56750031_0.shtml，最后访问日期：2018年12月15日。

〔2〕 具体有14个罪名，参见2018年11月24日最高人民检察院印发的《关于人民检察院立案侦查司法工作人员相关职务犯罪案件若干问题的规定》。

知，刑事诉讼公正审判的两项原则"让无辜者获得自由"和"对有罪者科以刑罚"之间存在一种根本性的、不可调和的张力，[1]由此，监察调查活动也要兼顾"高效反腐与人权保障"，"监察委员会作为反腐败监督机关，其权力行使当然要受到明文以及非明文的正当程序的约束，尤其是对于监察留置措施这种直接限制人身自由的强制措施，若不通过正当程序予以规范，就很有可能被滥用"[2]。学者童之伟认为，处理好监察者与被监察者这对关系的要义有二："一是强调无论何人，其合法的权利都应该受到有效保障；二是监察者必须严格依照法定的权限和程序办事。"[3]监察调查活动虽然与刑事诉讼活动不同，但是对职务犯罪的处置最终还是要回到刑事诉讼之中。刑事诉讼是一种国家发动的追诉活动，其制度设计始终面临着官方权力配置与运行的双重考量：一方面需要赋予司法机关必要的追诉权限，另一方面又必须建立相应的权力制约机制。正当程序，换言之，就是"强调了出错的可能性，尤其是在不太正规的环境下形成决策出错的可能性"[4]。英国律师萨达卡特·卡德里（Sadakat Kadri）在其著作《审判的历史——从苏格拉底到辛普森》中阐述的核心命题就是，刑事程序蕴含的对惩罚的渴望和对误判的担心之间的紧张关系。[5]美国学者帕克（Herbert L. Packer）提出来的犯罪控制与正当程序两种模式各有不同的刑事诉讼价值追求，这反映出刑事司法内部的确存在着效率与个人权利之间的博弈，由此，个人权利保障的程度取决于国家对程序价值的权衡。其实，尽管犯罪控制模式和正当程序模式受不同的刑事诉讼目的支配，然而，任何一个具体的刑事诉讼制度必然兼具多重目的，甚至包容了相互存在紧张关系的目的。正当程序为错误定罪设置了一定的障碍，但同时也可能降低惩罚犯罪的效率。要想实现罪有应得、罚当其罪，就必须以查清犯罪事实和准确认定犯罪主体为前提，并且这个过程不能不择手段。

---

〔1〕　［英］亚历克斯·麦克布赖德：《律师为什么替"坏人"辩护?：刑事审判中的真相与谎言》，何远、汪雪译，北京大学出版社2017年版，序言第16页。
〔2〕　刘艳红：《程序自然法作为规则自治的必要条件——〈监察法〉留置权运作的法治化路径》，《华东政法大学学报》2018年第3期。
〔3〕　童之伟：《对监察委员会自身的监督制约何以强化》，《法学评论》2017年第1期。
〔4〕　［瑞士］萨拉·J. 萨默斯：《公正审判：欧洲刑事诉讼传统与欧洲人权法院》，朱奎彬、谢进杰译，中国政法大学出版社2012年版，第19页。
〔5〕　［英］萨达卡特·卡德里：《审判的历史——从苏格拉底到辛普森》，杨雄译，当代中国出版社2009年版，导言第6页。

（一）监察调查的非诉讼化展开

目前，我国有学者呼吁将监察调查诉讼化，主要是建议在监察调查权行使者和被调查人之间引入第三方司法官（尤其是检察官），对证据收集进行保全和对强制措施的适用进行审查。然而，法治化进程并不必然遵循单一模式，目前我国监察调查的法治化路径就并未简单照搬诉讼化或者司法化的传统模式。与司法化理念强调通过权力制约防止权力扩张和滥用不同，调查或侦查程序更加注重事实真相的查明和惩罚目的的实现，因而在制度设计上对国家权力采取了相对信任的立场。又与司法更注重公开性不同，监察调查活动涉及公职人员履职、用权，且可能存在窝案、串案的情况，或者涉及一些机密事项，因此具有更强的封闭性和秘密性。监察调查活动更依赖于被调查人的如实供述，也具有更高的强制性。富勒（Lon L. Fuller）认为："将设计和管理我们的制度的问题看成好像只是一个权衡不同的实体性目标的问题是一项严重的错误。因为各种制度有其自身的特定完整性，如果这种完整性得不到尊重，它们就不会有效。"[1]他引述了哈特（Henry M. Hart）的观点："有一套复杂的机构目标需要得到满足，同时还有一套复杂的实体性社会目标需要得到实现。不证自明的是，每一个决策机构都应当作出由它在制度结构中的位置决定最适合由它来作出的决策。"[2]当然，监察工作本身就是意图"把权力关进制度的笼子里"[3]，有效制约和监督权力，促进依法行政，推进国家治理体系和治理能力现代化。

必须注意到，根据《监察法》第11、33、45、46、47、48条等的规定，尽管"监察机关在收集、固定、审查、运用证据时，应当与刑事审判关于证据的要求和标准相一致"，并且也遵循非法证据排除规则，但是，对涉嫌职务犯罪的，监察机关应当"将调查结果移送人民检察院依法审查、提起公诉"。这种"调查—审判"分段式的构造最终将调查结果置于控辩平等对抗、法官独立中立的司法环境中，以确保审判的公正性。[4]我国监察委员会是

---

[1] Lon L. Fuller, *The Morality of Law*, Yale University Press, 1964, p. 180.

[2] Henry M. Hart, "The Aims of Criminal Law", *Law and Contemporary Problems*, 1958 (23).

[3] 习近平总书记在十八届中央纪委二次全会上指出："要加强对权力运行的制约和监督，把权力关进制度的笼子里，形成不敢腐的惩戒机制、不能腐的防范机制、不易腐的保障机制。"

[4] ［瑞士］萨拉·J. 萨默斯：《公正审判：欧洲刑事诉讼传统与欧洲人权法院》，朱奎彬、谢进杰译，中国政法大学出版社2012年版，第108—109页。

"对所有行使公权力的公职人员监察全覆盖"的"反腐败机构"，通过对公职人员违法犯罪的调查与检举，促使公职人员遵守权力行使规则，从而推动权力运行正常化，减少腐败行为的发生。与此同时，监察委员会并未将信访纳入其职能范围，也未削弱其作为替代性纠纷解决机制的作用，而是通过处理申诉来实现对人民权益的救济和对政府行为的监督，体现了"对事监督"的功能定位。我国监察机关的职权配置呈现出"监审分离"的特点：一方面，监察机关对公职人员具有调查权，并可对职务违法行为直接作出政务处分；另一方面，对于涉嫌职务犯罪的案件，则需通过刑事诉讼程序予以最终处置，形成"监察调查—司法审判"的递进制约机制。值得注意的是，现行制度下监察调查活动具有独立于刑事诉讼程序的特殊属性，其调查阶段不适用刑事诉讼法规范，仅在案件移送检察机关后才进入司法审查轨道。这种制度设计既体现了对职务违法犯罪行为的综合监督效能，又通过司法终局审查保障了案件处理的程序正当性。[1]对比而言，国外司法替代式的监察专员制度也不是通过诉讼化来增强其正当性。与我国监察调查活动这种"司法后盾式"保障不同，国外监察专员有权调查申诉、提出纠正政府行为的建议和向立法机关发布报告施加政治压力，但无权向其他部门强加其决定，这种监察专员制度也采取非司法方式解决行政机关与普通公民之间的行政争端，有独立、便捷的"软司法"特征。[2]例如，英国议会监察专员的权威性恰恰源于其报告的探究性，以及公开其所进行的公正调查而产生的道德说服力。[3]如果说我国的"司法后盾式"监察调查还存在"调查—审判"分段式构造，那么国外司法替代式的监察专员制度则是对正式司法制度的"变形"，因此主要都不是通过诉讼化来增强其正当性。

（二）监察调查活动排除律师介入

就监察体制改革而言，检察机关的反贪、反渎等职务犯罪侦查部门转隶到国家监察委员会后实现了职务犯罪侦查权力的转移，但是，职务犯罪被调

---

〔1〕 周乐军：《"对人监察"抑或"对事监察"——论我国监察委员会监察权的边界》，《时代法学》2018年第4期。

〔2〕 袁新华、徐继强：《西方监察专员制度对我国监察体制改革的启示》，《昆明理工大学学报（社会科学版）》2017年第6期。

〔3〕 ［英］彼得·莱兰、戈登·安东尼：《英国行政法教科书》（第5版），杨伟东译，北京大学出版社2007年版，第147页。

查人与刑事诉讼犯罪嫌疑人相比，也受到更多的法律限制。比如，被调查人员获得律师帮助的权利就没有转过来。虽然程序制度因为律师作用的强化而发展成控辩对抗式诉讼，[1]但调查活动之律师参与并非必然要求。当然，在条件允许且确有必要的情形下，完善律师参与监察调查活动的制度仍值得进一步探索。《监察法》实施后，监察委承接了检察机关转移的调查权，延续了此前纪委办案的惯例，在调查阶段不允许律师介入，这一规定比被取代的刑事诉讼自侦案件程序更为严格。其中的法理或许与19世纪欧洲大陆普遍反对对侦查程序进行控辩化理解如出一辙。例如，贝斯特（Best J.）在"考克斯诉科尔里奇案"（Cox v. Coleridge）的裁判中认为，如果存在律师帮助权，就不可能进行不公开的侦查了。不公开侦查可以将提交审判的证据记录下来，而且还可以找到进一步的证据查获同案犯。如果任何人有权在场，就会走漏消息，这些目标就会落空；虽然无辜之人在专业人员的帮助与见证下可以证明自己的清白，免遭起诉，但是更有可能会导致穷凶极恶的罪犯逃脱惩罚，恣意犯罪。[2]

笔者以为，参照19世纪欧洲大陆对侦查程序公开的利弊权衡，我国的监察调查取证不公开也有其有利的一面，一方面，把被调查人看作证据的重要来源，讯问被调查人所获取的案件信息可以作为提交审判的证据记录下来。因为被调查人属于"依法履行公职的人员"，往往与集体利益紧密相关，有毁灭、伪造证据和串供、作假证等的便利和动机，需要切断这些联系，才能使调查工作有效进行下去。另一方面，还可以促使被调查人对余罪自首，揭发同案犯或者其他犯罪嫌疑人。腐败很容易导致窝案、串案，查办一案，带出一串，不公开的调查对有效惩治腐败和净化政治环境具有重要作用。被调查人在位履行公职时，通常掌握较多的社会资源，反调查能力可能很强，相应地在查办程序中就有正反两股力量博弈，反腐办案力量并不一定占据优势，监察人员需利用监察对象在缺乏外力支持时心理防线较弱的特点来突破案件、深挖余罪。

然而，防止误判除了权力自身的谦抑以及相互制约，还要突出被追诉方的积极参与。布莱克斯通（Blackstone）曾夸赞英国法："宁可放过十个有罪

〔1〕［美］兰博约：《对抗式刑事审判的起源》，王志强译，复旦大学出版社2010年版。
〔2〕转引自［瑞士］萨拉·J.萨默斯：《公正审判：欧洲刑事诉讼传统与欧洲人权法院》，朱奎彬、谢进杰译，中国政法大学出版社2012年版，第103页。

的人，也不让一个无辜的人获罪。"[1]美国学术界指出，冤案产生的主要原因包括错误的辨认、虚假供述、不可靠的线人或告密者、不可靠的鉴定科学、律师的失职和政府（警察、检察官）的不当行为等。[2]例如，布兰登·加勒特（Brandon L. Garrett）通过对 250 例错案进行分析，得出的结论是：76% 涉及目击证人的错误辨认，61% 涉及无效的法庭鉴定，21% 涉及线人或告密者等的伪证，16% 涉及被告的虚假供述。[3]美国俄亥俄州前检察总长吉姆·佩特罗（Jim Petro）从其职业经历和独特视角，揭示出在司法体制运行中导致刑事冤案的八大司法迷信。[4]这些原因大都可以归结为缺乏反向视角而对制度轻信。正如日本学者指出，在刑事案件中，犯罪嫌疑人、被告人接受律师援助的权利是受宪法保护的基本权利之一，面对国家刑罚权，犯罪嫌疑人、被告人不得不对自己进行保护，这是一项不可缺少的权利。同时，刑事辩护制度是从逆向的角度审视侦查和审判，从而实现程序公正。国家为那些自己不能选择辩护人的犯罪嫌疑人、被告人选任律师的制度，不仅仅是出于保护犯罪嫌疑人、被告人个体利益的考虑，还是从律师的存在对实现公正具有程序必要性这样一个公益角度进行的考虑。[5]

因此，在我国监察调查中，即使没有引入中立的第三方或持反向视角的律师介入，也仍存在 3 种防错控权机制：事先科层控制、同步程序约束和事后权利救济。这些机制本质上是一种内部的层级监督，旨在防止国家权力运行中可能出现的错误。经过检索《监察法》，发现其中多次出现"审批"（4处）、"批准"（13 处）和"领导人员"（8 处）等表述。这些规定表明，监察调查活动旨在通过内部层级控制来确保办案质量，防止权力滥用。调查取证活动本身必须具备客观性和公正性，例如在证据获取过程中禁止使用非法

〔1〕 在其他较早文献中，这个比例是 5∶1（黑尔）、20∶1（福蒂斯丘）、100∶1（边沁）、1000∶1（斯塔福德）。See Paul Roberts, *Adrian Zuckerman Criminal Evidence*, Oxford University Press, 2010, p. 20.

〔2〕 李奋飞：《美国死刑冤案证据剖析及其启示》，《中国人民大学学报》2013 年第 6 期。

〔3〕 Brandon L. Garrett, *Convicting the Innocent: Where Criminal Prosecutions Go Wrong*, Harvard University Press, 2012, pp. 8 - 11.

〔4〕 1. 监狱里的每个囚犯都会声称自己无罪。2. 我们的司法体制很少冤枉好人。3. 有罪的人才会认罪。4. 发生冤案是由于合理的人为过失。5. 目击证人是最好的证据。6. 错误的有罪判决会在上诉程序中得到纠正。7. 质疑一个有罪判决将会伤害受害者。8. 如果司法体制存在问题，体制内的职业人士将会改善它们。参见［美］吉姆·佩特罗、南希·佩特罗：《冤案何以发生：导致冤假错案的八大司法迷信》，苑宁宁、陈效等译，北京大学出版社 2012 年版。

〔5〕 ［日］森际康友编：《司法伦理》，于晓琪、沈军译，商务印书馆 2010 年版，第 137 页。

手段。如果无法确保律师有效参与监察调查程序，那么通过赋予被调查人"不被强迫自证其罪"的自主权，同样也可以维护制度的正当性。此外，全程录音录像作为还原调查过程的重要手段，也为调查活动的规范性提供了最终保障。即使不从内部属性上寻求正当性依据，"无救济则无权利"这一原则也表明，建立一套全面系统的权利保障和救济措施是程序正当性的必要前提。例如，复议复核制度、非法证据排除制度等，都是保障调查对象权利的重要体现。下文，笔者将对我国监察调查中的防错控权机制进行论述。

二、科层控制之一：对监察办案流程的审批机制

监察机关在线索处置、初步核实和立案调查的各个环节，都要严格履行审批程序，并且在办案过程中，初核方案主要由承办部门主要负责人和监察机关分管负责人审批，而调查方案甚至要由专题会议集体研究决定。初核阶段的保密要求和防止扩大影响的要求进一步推动了对立案调查的审慎决策，强调统筹安排和周密谋划。这种机制既能产生有效的震慑，又能确保社会监督的落实。

（一）线索处置的审批与初步核实的审批

就办案流程的审批而言，《监察法》第 37 条和第 38 条分别对线索处置和初步核实的审批作出规定。监察机关对问题线索应当按照有关规定提出处置意见，履行审批程序。线索处置方式主要有谈话函询、初步核实、暂存待查、予以了结，线索处置情况应当定期汇总、通报，定期检查、抽查。其中的初步核实是监察机关调查工作的重要环节，初步核实过程中查明的事实情况及收集到的证据材料，是决定是否立案调查的重要依据，同时也为后续案件调查工作奠定了重要基础。《监察法》第 38 条规定了初步核实在入口和出口的两层审批：在入口环节，对于需要采取初步核实方式处置的问题线索，监察机关应当依法履行审批程序并成立核查组；在出口环节，核查组撰写的初步核实情况报告以及承办部门提出的分类处理意见，需报监察机关主要负责人审批。根据中共中央纪律检查委员会、中华人民共和国国家监察委员会法规室编写的《〈中华人民共和国监察法〉释义》（以下简称《释义》）一书的解释，"初步核实方案应当报承办部门主要负责人和监察机关分管负责人审

批"[1]。此外，初核工作应该严格保密，防止出现偏差，避免给调查工作带来困难或者造成不良的政治、社会影响。

（二）立案调查的审批

《监察法》第39条对监察机关立案的条件和程序以及立案后的处理措施作出规定。立案应当符合3个条件：一是监察对象涉嫌职务违法犯罪；二是需要追究法律责任；三是按照规定的权限和程序办理立案手续。这里讲的"规定的权限和程序"主要是指《中国共产党纪律检查机关监督执纪工作规则（试行）》第26条的规定，即"对符合立案条件的，承办部门应当起草立案审查呈批报告，经纪检机关主要负责人审批，报同级党委（党组）主要负责人批准，予以立案审查"。

（三）专题会议集体研究决定调查方案

《监察法》第39条第2款规定："监察机关主要负责人依法批准立案后，应当主持召开专题会议，研究确定调查方案，决定需要采取的调查措施。"当然，如遇到重大突发情况需要更改调查方案的，也应当提交专题会议研究批准或者报批准该方案的监察机关主要负责人批准。该条第3款还规定："立案调查决定应当向被调查人宣布，并通报相关组织。涉嫌严重职务违法或者职务犯罪的，应当通知被调查人家属，并向社会公开发布。"这要求保障被调查人及其家属的知情权，同时，向社会公开发布可能为监察机关的社会监督提供知情渠道，也宣传了反腐败斗争的阶段性成果，形成持续震慑效应。

由于《监察法》作为一部新法还有很多程序细节需要在实践中完善，山西省纪委监委推行"四会"模式，即监督检查专题会、初步核实专题会、审查调查专题会、案件审理协调会，对线索处置、初步核实、审查调查、案件审理等重要环节都实行集体决策、民主决策。[2]《监察法》第45条规定了监

---

〔1〕 中共中央纪律检查委员会、中华人民共和国国家监察委员会法规室编写：《〈中华人民共和国监察法〉释义》，中国方正出版社2018年版，第183页。

〔2〕 《努力让每一起案件经得起检验——透视山西审查调查"四会"模式》，中央纪委国家监委网站，http：//www.ccdi.gov.cn/yaowen/201807/t20180714_175629.html，最后访问日期：2018年12月21日。

察机关根据监督、调查结果，依法履行处置职责的几种方式，虽然法律没有明确规定每种方式的审批决策程序，但是根据国家监察委员会 2021 年 9 月 20 日公布的《监察法实施条例》第 193 条和第 197 条规定，审理意见"经集体审议形成"，审理工作结束后形成的审理报告要"提请监察机关集体审议"。

三、科层控制之二：留置等调查处理行为的双重审批

就调查手段的行使而言，"审批"一词首先出现在《监察法》第 22 条关于监察机关采取留置措施的对象、适用情形等的规定之中。《监察法》用"留置"取代"双规"[1]措施，是运用法治思维和法治方式反腐败的体现。"留置"是指监察机关调查涉嫌贪污贿赂、失职渎职等严重职务违法或者职务犯罪时，已经掌握被调查人部分违法犯罪事实及证据，但仍有重要问题需要进一步调查，并且具备法定情形，经依法审批，将被调查人带至并留在特定场所，使其就案件所涉及的问题配合调查而采取的一项调查措施。也就是说，留置要具备涉案要件、证据要件和法定情形[2]这 3 个实体要件以及经过审批才可以实施。

（一）集体把关和上级把关的双层控制方式

具体来看，《监察法》第 43 条规定了关于留置措施的审批、期限、执行和解除。其中的审批主要为两种把关：一是集体把关，并且是领导人员集体把关，"监察机关采取留置措施，应当由监察机关领导人员集体研究决定"。二是上级把关，主要是上一级把关，"设区的市级以下监察机关采取留置措施，应当报上一级监察机关批准。省级监察机关采取留置措施，应当报国家监察委员会备案"。《监察法》中的"上级"更多是相对于"下级"而言，在明确规定监察机关上下级之间的领导关系（第 10 条）以及确定不同层级的管辖范围（第 16 条、第 17 条）方面使用较多，相对而言，"上一级"更多的是被用于个案办理程序之中。在期限延长方面也同样遵循上述规定。此

---

[1] 1994 年颁布的《中国共产党纪律检查机关案件检查工作条例》第 28 条第 3 款规定了"要求有关人员在规定的时间、地点就案件所涉及的问题作出说明"的措施。

[2] （1）涉及案情重大、复杂的；（2）可能逃跑、自杀的；（3）可能串供或者伪造、隐匿、毁灭证据的；（4）可能有其他妨碍调查行为的。

外，该条还规定了"监察机关发现采取留置措施不当的，应当及时解除"。

《监察法》第 43 条规定的留置措施的双层控制方式，同样也出现在涉嫌职务犯罪的被调查人主动认罪认罚从宽处罚建议（第 31 条）、立功从宽处罚建议（第 32 条）等法条之中。

（二）技术调查措施的严格批准

《监察法》第 28 条明确规定，采取技术调查措施需经过严格的审批程序，且每次延长技术调查措施期限 3 个月时，仍需遵循原有的审批流程。《监察法》第 30 条规定："经省级以上监察机关批准，可以对被调查人及相关人员采取限制出境措施。"《释义》认为这体现了"宽打窄用"原则，防止限制出境措施的随意使用，切实保护公民合法权利。[1]

在《监察法》中，"领导人员"这一术语具有双重含义。首先，作为监察主体，领导人员通过集体研究方式在从宽处罚建议、立案调查等关键环节发挥着决定性作用（第 31 条、第 32 条、第 43 条），这体现了其在监察过程中的权威性和决策力。其次，监察机关内部设有审批机制，尽管多数决策由专题会议集体研究决定，但领导人员（及直接责任人员）仍需对其决策和行为承担相应的责任（第 61 条、第 65 条）。此外，《监察法》还规定领导人员若有"履行职责不力、失职失责"或"对不履行或不正确履行职责负有责任"等情况，将面临问责（第 11 条、第 45 条、第 62 条）。这些规定共同构成了对领导人员职责与责任的全面规范。

四、程序约束：职务犯罪调查权的依法运行

学者陈瑞华指出，随着《监察法》的出台，我国监察体制从双轨制转向了单轨制，也就是说，《监察法》把纪委对职务犯罪的调查法律化。监察委调查职务犯罪案件结束后，不需要经过检察院重复侦查、转化固定证据，可以直接依据监察机构收集的证据将案件送检察院审查起诉。[2]《监察法》第

---

〔1〕　中共中央纪律检查委员会、中华人民共和国国家监察委员会法规室编写：《〈中华人民共和国监察法〉释义》，中国方正出版社 2018 年版，第 158 页。

〔2〕　陈瑞华：《当监察法与刑诉法关系遭遇困境》，中国政法大学法治政府研究院网站，http：// fzzfyjy. cupl. edu. cn/info/1038/7810. htm，最后访问日期：2024 年 6 月 28 日。

33 条第 1 款规定："监察机关依照本法规定收集的物证、书证、证人证言、被调查人供述和辩解、视听资料、电子数据等证据材料，在刑事诉讼中可以作为证据使用。"《监察法》第 45 条第 1 款第 4 项规定："对涉嫌职务犯罪的，监察机关经调查认为犯罪事实清楚，证据确实、充分的，制作起诉意见书，连同案卷材料、证据一并移送人民检察院依法审查、提起公诉。"由此可见，就涉嫌职务犯罪案件，调查和侦查的目的都是查明起诉的证据是否充分。

瑞士学者萨默斯（Sarah J. Summers）引述了埃列（Hélie）、休姆（Hume）、瓦嘎（Vargha）等关于侦查目的的有关论述。埃列论述道，一般认为，侦查的目的是查明起诉的证据是否充分。在法国，侦查结果是起诉的唯一基础，同时通过向被告人提供所有证据副本而帮助其准备辩护。休姆则认为，侦查的双重目的在于：如果没有充分理由拘押囚犯，应还其公道；反之，是为将整个案件的事实告知检察官而做准备，确保案件事实全面且准确。瓦嘎认为，侦查目的在于一方面确保被控告人知道其嫌疑，另一方面促使检察官相信这些嫌疑。因此，很清楚的是，侦查程序被设定为刑事诉讼的次要部分。一般的规则是审查（检验和判定意义上的）证据并不在此阶段进行。这意味着此阶段无须控辩化。除了瓦嘎和撒迦利亚（Zachariä），欧洲大陆的立法者与法官看来都反对对侦查程序做控辩化理解，这会影响侦查的有效性。[1]尽管这个观点已经过时，但是，其在学界一度十分具有生命力，更主要的是在我国当下的实践之中甚至也颇为正常。目前，我国有学者呼吁将监察调查诉讼化，主要是建议在监察调查权行使者和被调查人之间引入第三方司法官（尤其是检察官），对证据收集进行保全和对强制措施的适用进行审查，但是，从监察调查的有效性来看，我国监察调查程序比侦查程序更呈秘密性具有重要的现实意义。当然，这并不意味着我国的监察调查程序完全不受任何限制。

（一）监察机关客观全面收集证据的义务

《监察法》第四章第 18—34 条对"监察权限"作出了规定，其中，第 18 条规定了监察机关收集证据的一般原则。在我国的监察调查取证活动中，

---

〔1〕　［瑞士］萨拉·J. 萨默斯：《公正审判：欧洲刑事诉讼传统与欧洲人权法院》，朱奎彬、谢进杰译，中国政法大学出版社 2012 年版，第 101—103 页。

监察机关负有客观全面收集证据的义务，这是积极正面的要求。如《监察法》第 40 条第 1 款规定："监察机关对职务违法和职务犯罪案件，应当进行调查，收集被调查人有无违法犯罪以及情节轻重的证据，查明违法犯罪事实，形成相互印证、完整稳定的证据链。"监察调查要注重客观的证据外在形式之间的相互印证。《监察法》第 33 条第 2 款还对法定的证据要求和证明标准作出规定："监察机关在收集、固定、审查、运用证据时，应当与刑事审判关于证据的要求和标准相一致。"这与当下的以审判为中心的刑事诉讼制度改革理念相一致。

（二）监察机关合法规范调查取证的义务

该义务更侧重于从反面作出禁止性要求，主要体现在证据取得禁止和证据使用禁止两个方面。例如，《监察法》第 40 条第 2 款规定："严禁以威胁、引诱、欺骗及其他非法方式收集证据，严禁侮辱、打骂、虐待、体罚或者变相体罚被调查人和涉案人员。"这一款相当于《刑事诉讼法》规定的证据取得禁止规则。又如《监察法》第 33 条第 3 款是关于监察机关排除非法证据义务的规定。以非法方法收集证据，主要是指以刑讯逼供或者威胁、引诱、欺骗等非法方法获取证据。虽然《监察法》并未单独规定非法证据排除程序，但在监察调查活动中，监察机关可以依职权或者依申请来审查、判断是否进行非法证据排除。《释义》解释道："以刑讯逼供、威胁、引诱、欺骗等方式取得的证据，是当事人在迫于压力或被欺骗情况下提供的，虚假的可能性非常大，不能凭此就作为案件处置的根据，否则极易造成错案。"[1]这里的表述可能内含了笔者一直坚持的非法证据排除以虚伪排除说为理论基础。

（三）监察调查重要取证工作录音录像制度

《监察法》第 41 条总体规定 8 种调查措施应当依法进行。第 1 款规定："调查人员采取讯问、询问、留置、搜查、调取、查封、扣押、勘验检查等调查措施，均应当依照规定出示证件，出具书面通知，由二人以上进行，形成笔录、报告等书面材料，并由相关人员签名、盖章。"第 2 款特别明确：

---

[1] 中共中央纪律检查委员会、中华人民共和国国家监察委员会法规室编写：《〈中华人民共和国监察法〉释义》，中国方正出版社 2018 年版，第 169—170 页。

"调查人员进行讯问以及搜查、查封、扣押等重要取证工作，应当对全过程进行录音录像，留存备查。"这种全程录音录像的规定在适用范围上较《刑事诉讼法》对侦查活动的相关规定更为宽泛。

（四）见证人在场制度

为了保障监察调查活动的客观性，《监察法》还重申了搜查（第 24 条）、调取、查封、扣押（第 25 条）以及勘验检查（第 26 条）的见证人在场制度。可以说，见证人参与监察调查程序既是一种通过引入中立第三方来监督监察权力行使的制度设计，也是取证过程中的重要辅助程序。这一制度不仅有助于防止监察调查权的滥用，保护被调查人及相关人员的合法权益，还能确保所获证据的合法性（证据能力），并提升证据的可信度（证明力）。因此，见证人并非监察调查程序的陪衬或附庸，而是具有独立价值的主体。与证人在案件实体事实中发挥证明作用类似，见证人主要在程序性事项中发挥作用，例如证明证据是否来源于现场、笔录内容是否与实际情况一致等，从而充当程序证人的角色，确保调查程序的正当性和透明度。[1]以搜查为例，《监察法》第 24 条规定搜查时"有被搜查人或者其家属等见证人在场"，这里将家属归为见证人，并且只是一种选择性的参与，而《刑事诉讼法》第139 条规定："在搜查的时候，应当有被搜查人或者他的家属，邻居或者其他见证人在场。"可见，《刑事诉讼法》中的家属不属于见证人，而邻居属于见证人。对于见证人身份资格的限制条件，可以参考 2021 年《最高人民法院关于适用〈中华人民共和国刑事诉讼法〉的解释》第 80 条的规定，见证人应当具有相应的行为能力，并在调查主体和调查对象之间保持中立。当然，见证人要在搜查笔录上"签名或者盖章"，如果物证、书证的收集程序、方式存在瑕疵，即"勘验、检查、搜查、提取笔录或者扣押清单上没有调查人员或者侦查人员、物品持有人、见证人签名，或者对物品的名称、特征、数量、质量等注明不详的"，经补正或者作出合理解释的，可以采用，否则该物证、书证不得作为定案的根据。

---

[1] 2012 年 10 月 16 日修订的《人民检察院刑事诉讼规则（试行）》第 449 条规定："对于搜查、查封、扣押、冻结、勘验、检查、辨认、侦查实验等侦查活动中形成的笔录存在争议，需要负责侦查的人员以及搜查、查封、扣押、冻结、勘验、检查、辨认、侦查实验等活动的见证人出庭陈述有关情况的，公诉人可以建议合议庭通知其出庭。"

（五）依据比例原则对执法行为进行裁量

由于监察调查手段涉及对人民基本权利的干预，《监察法》还规定了监察机关可以根据比例原则对执法行为进行裁量。一是对象相关性的规定，《监察法》规定了退还"经查明与案件无关的"被冻结的财产（第23条）及被查封、扣押的财物、文件（第25条第3款），这体现了比例原则的合目的性要求。二是手段必要性的规定，办案机关裁量认为不必要时，要及时解除技术调查措施（第28条第2款）、限制出境措施（第30条），这体现了比例原则的均衡性要求。

综上所述，对监察调查活动的程序控制不仅包括事先审批，还强调权力行使要严格依法律和有关规定进行。尽管我国监察调查取证程序在一定程度上体现了以审判为中心的刑事诉讼制度改革要求，但在证据制度上，仍主要侧重于将静态的实体证据作为监察工作成果，并可以直接在刑事诉讼中作为证据使用。当然，监察机关不仅要行使职权，还要求有关单位和个人应当如实提供证据（第18条），有关单位和个人应当配合（第23条），公安机关或者有关机关应当依法予以协助（第24条、第4条），等等。

五、相对封闭环境下职务犯罪被调查人的权利保障与救济

监察委的调查，尤其是在采取留置措施的情况下，通常处于一个相对封闭的环境中，因此保障被调查人的权利有其特殊的内容和方式。

（一）被留置人员合法权益保障

留置必然会对监察对象的人身自由造成限制，《监察法》第44条规定了留置期间监察机关的工作要求以及对被留置人员合法权益的保障。根据《释义》一书的解释，《监察法》与《刑事诉讼法》相比，在权利保障方面有三大明显进步：一是留置期限大幅缩短。相较于侦查羁押，留置的期限更为严格。二是留置条件极大改善。被留置人员一般被安排单独居住，不使用戒具，同时享有标准化的留置环境，包括医疗、饮食、休息和安全等方面的保障。三是办案监督措施更加完善。《监察法》明确规定，调查人员进行讯问以及搜查、查封、扣押等重要取证工作，应当对全过程录音录像，留存备

查。而《刑事诉讼法》只是对可能判处无期徒刑、死刑的重大案件或者其他重大犯罪案件才规定"应当"录音或者录像。[1]

（二）知情权

从前述内容可以看出，《监察法》在某些环节对被调查人及其家属甚至相关组织和社会的知情权提供了一定程度的保障。知情权保障主要体现在：立案调查决定应当向被调查人宣布，并通报相关组织；涉嫌严重职务违法或者职务犯罪的，应当通知被调查人家属，并向社会公开发布；监察机关可以要求被调查人就涉嫌的违法行为作出陈述，必要时向被调查人出具书面通知；调查人员采取讯问、询问、留置、搜查、调取、查封、扣押、勘验检查等调查措施，均应当依照规定出示证件，出具书面通知；对被调查人采取留置措施后，应当在 24 小时以内通知被留置人员所在单位和家属；撤销案件后，通知被调查人所在单位；等等。

《监察法》第 44 条第 1 款规定："对被调查人采取留置措施后，应当在二十四小时以内，通知被留置人员所在单位和家属，但有可能毁灭、伪造证据，干扰证人作证或者串供等有碍调查情形的除外。有碍调查的情形消失后，应当立即通知被留置人员所在单位和家属。"除了保障被留置人员的饮食、休息和安全以及提供医疗服务，被留置人员的权利保障常常与讯问联系在一起，"讯问被留置人员应当合理安排讯问时间和时长"，《释义》解释认为，一般情况下，讯问应当尽量安排在白天或者夜晚 12 点之前，讯问持续的时间也不得过长。调查人员讯问被留置人员时，应当制作讯问笔录，必要时也可以让被留置人员亲笔书写供词，"讯问笔录由被讯问人阅看后签名"，以保证笔录的真实性。[2]

（三）对实体处理决定的复审、复核等救济权

《监察法》第 49 条规定了复审复核："监察对象对监察机关作出的涉及本人的处理决定不服的，可以在收到处理决定之日起一个月内，向作出决定

〔1〕 中共中央纪律检查委员会、中华人民共和国国家监察委员会法规室编写:《〈中华人民共和国监察法〉释义》，中国方正出版社 2018 年版，第 200—201 页。

〔2〕 中共中央纪律检查委员会、中华人民共和国国家监察委员会法规室编写:《〈中华人民共和国监察法〉释义》，中国方正出版社 2018 年版，第 202 页。

的监察机关申请复审，复审机关应当在一个月内作出复审决定；监察对象对复审决定仍不服的，可以在收到复审决定之日起一个月内，向上一级监察机关申请复核，复核机关应当在二个月内作出复核决定。复审、复核期间，不停止原处理决定的执行。复核机关经审查，认定处理决定有错误的，原处理机关应当及时予以纠正。"该条规定意图保障监察对象的合法权益，促使监察机关依法履职、秉公用权。

（四）对程序违法侵权问题的申诉、申请复查权

《监察法》第60条规定，监察机关及其工作人员有违反法律法规侵害被调查人合法权益的几种行为[1]，被调查人及其近亲属有权向该机关申诉。而受理申诉的监察机关应当在受理申诉之日起1个月内作出处理决定。申诉人对处理决定不服的，可以在收到处理决定之日起1个月内向上一级监察机关申请复查，上一级监察机关应当在收到复查申请之日起2个月内作出处理决定，情况属实的，及时予以纠正。但是，留置必然会对监察对象的人身自由造成限制，《监察法》第44条规定了留置期间监察机关的工作要求以及对被留置人员合法权益的保障。与《刑事诉讼法》相比，《监察法》规定了调查人员进行讯问以及搜查、查封、扣押等重要取证工作时，应当全程录音录像，留存备查，这被认为使办案监督措施更加完善。[2]但是，通常被留置的被调查人还是很难有平等的机会寻求救济，由此可见律师帮助好像变得必不可少。富勒认为，当实施惩罚或剥夺权益时，要以设计精细巧妙的正当程序来约束决策，而且决策者应当对公众承担说明责任。而当授予奖励和荣誉时，采用非正式的、缺乏监督审查措施的决策方法已足。[3]进而言之，对监察调查过程中侵权行为的救济程序，如何设计才能符合正当程序的要求，仍需由监察机关在实践中探索。其中，《监察法》第67条规定的监察机关国家赔偿责任就可能要求对《国家赔偿法》进行相应的修改，以通过正当程序为被侵权人提供切实有效的救济途径。

---

[1] (1) 留置法定期限届满，不予以解除的；(2) 查封、扣押、冻结与案件无关的财物的；(3) 应当解除查封、扣押、冻结措施而不解除的；(4) 贪污、挪用、私分、调换以及违反规定使用查封、扣押、冻结的财物的；(5) 其他违反法律法规、侵害被调查人合法权益的行为。

[2] 中共中央纪律检查委员会、中华人民共和国国家监察委员会法规室编写：《〈中华人民共和国监察法〉释义》，中国方正出版社2018年版，第200—201页。

[3] [美] 富勒：《法律的道德性》，郑戈译，商务印书馆2005年版，第38页。

在《监察法》实施前，2012 年《刑事诉讼法》第 37 条规定，对于特别重大贿赂犯罪案件，在侦查期间辩护律师会见在押的犯罪嫌疑人，应当经侦查机关许可。《监察法》或许并未使律师的处境恶化，也未完全剥夺律师参与案件的权利，总体上，律师在接受委托后至案件侦查终结前，主要承担的是"外围工作"，如为犯罪嫌疑人亲属提供法律咨询等服务。

六、结语：经得住历史检验

我国查处职务犯罪采取的是封闭式监察调查与公开式刑事审判相结合的模式。具体到监察调查活动，监察机关在监督方向上实行层级控制，在追诉方向上则注重横向协作，形成了两种程序的有机结合。监察调查活动的防错控权机制旨在追求程序公正，但腐败案件往往具有窝案串案多发、制度性腐败以及"带病提拔"等特征。对此，有观点认为，有效的监察调查不应过度限制律师的参与，而应着重防范外部权威力量的干预；同时，也有人担忧监察机关及其工作人员可能借反腐之名谋取私利，甚至滋生新的腐败问题。"打铁必须自身硬"，《监察法》第 55 条规定，监察机关通过设立内部专门的监督机构等方式进行自我净化，第 56 条规定了对监察人员在守法义务和业务能力等方面的要求，第 65 条明确了监察机关及其工作人员违法行使职权的责任追究。与强化自我监督这种"左手监督右手"方式相对应的是，监察机关作为国家监察的专责机关还必然受制于国家权力架构体系，《监察法》明确了监察机关应当接受人大及其常委会监督，监察机关还应当与审判机关、检察机关、执法部门互相配合、互相制约。此外，监察机关应当依法公开监察工作信息，接受民主监督、社会监督、舆论监督。

《监察法》明确了党对国家监察工作的集中统一领导，明确了各级监察委员会的产生和职责，在组织形式、职能定位、决策程序等方面基本形成了科学完备的反腐败工作体系。监察机关在整体上承担着追诉职能，其上下级之间的领导关系确保了决策指挥、资源力量、措施手段的集中统一，但这种上命下从的权力运作模式可能隐含科层制的弊端。倘若最初的目标被忽略，手段转变为目标，可能导致监察调查活动的法治化有形无实。"如果被施以一个第一推动力（也就是面临着一个目标），只要施加第一推动力的人还控制着他们所引发的进程，官僚体系——就像魔法师徒弟的扫帚一样——仍然可以在推动力已经停止了的任何一个地方轻易地运行下去"[1]，这在刑事诉讼错案上的典型表征就是起点错、跟着错和错到底，会给被调查人造成无法弥补的损失。然而因为"对象的非人化与积极的道德自我评价两者互相强化"，监察调查人员反而"可以在忠实地履行职责的同时保持他们自己的道德良知不受到任何的损害"。[2]

　　总体而言，前文提及的科层控制、程序约束和权利救济本质上都还是依赖于监察机关的自我控权，这种自我控权既照顾到事前预防、事中同步监督，还提供了事后救济手段。此外，对于外来干预和人情干扰，《监察法》设计了一个"报告"和"备案"制度。其中第57条规定："对于监察人员打听案情、过问案件、说情干预的，办理监察事项的监察人员应当及时报告。有关情况应当登记备案。发现办理监察事项的监察人员未经批准接触被调查人、涉案人员及其特定关系人，或者存在交往情形的，知情人应当及时报告。有关情况应当登记备案。"这种登记备案制度和调查工作同步录音录像都试图让监察调查活动"全程留痕，有据可查"，经得住历史的检验。

---

〔1〕 ［英国］齐格蒙·鲍曼：《现代性与大屠杀》，杨渝东、史建华译，译林出版社2002年版，第139页。

〔2〕 ［英国］齐格蒙·鲍曼：《现代性与大屠杀》，杨渝东、史建华译，译林出版社2002年版，第138页。

第九章　论监察法的比例原则

　　2018 年出台的《监察法》采用一步到位的综合立法模式，包含了组织法、官员法和行为程序法的内容。[1]正是因为法律具有综合性，如何跳出具体的法条来把握这部法律的精神实质就显得很重要，而通过原则来理解可能是一个比较恰当的方式，因为原则既整合了具体法条，又衔接了基本原理。

　　2018 年 3 月 13 日，第十二届全国人大常委会副委员长李建国在第十三届全国人民代表大会第一次会议上作关于《中华人民共和国监察法（草案）》的说明，介绍了监察法草案的主要内容之一是明确监察工作的原则和方针。[2] 笔者认为，这些原则大体上参照了组织法和诉讼法甚至是刑法中的相关内容，没有体现其独特性，而且这些原则并不能统合组织、官员和行为程序 3 个层面的内在联系，也难以深化我们对具体法律条文的理解。

　　作为行使国家监察职能的专责机关（《监察法》第 3 条），监察机关开展廉政建设和反腐败工作也要遵循法治化原则，是"推进国家治理体系和治理能力现代化"（《监察法》第 1 条）的重要内容。"法治的核心是限权和保民"[3]，《监察法》作为一种与宪法相关的公法，必然涉及公权力和私权利的边界划分和相互制衡。监察机关除了可能对违法人员直接作出政务处分，将涉嫌职务犯罪案件移送人民检察院审查起诉，其采取的多种调查措施还涉

---

〔1〕《〈监察法理解和适用的若干重要问题〉讲座记录》，搜狐网，https：//www.sohu.com/a/347706139_197413，最后访问日期：2018 年 11 月 25 日。

〔2〕这些原则主要有：监察委员会依照法律规定独立行使监察权，不受行政机关、社会团体和个人的干涉；监察机关办理职务违法和职务犯罪案件，应当与审判机关、检察机关、执法部门互相配合，互相制约；监察机关在工作中需要协助的，有关机关和单位应当根据监察机关的要求依法予以协助。国家监察工作严格遵照宪法和法律，以事实为根据，以法律为准绳，在适用法律上一律平等；权责对等，从严监督；惩戒与教育相结合，宽严相济。学者姜明安将监察工作的基本原则概括为十项，参见姜明安：《监察工作理论与实务》，中国法制出版社 2018 年版，第 1 页以下。

〔3〕田成有：《法官的改革》，中国法制出版社 2014 年版，第 16 页。

及强制干预被调查人的人身权利和财产权利等，所以监察调查活动也有限权和保民的双重要求。比例原则是公权力对基本权利进行干预的"皇冠原则"，其对基本权利的保护首先会借助分权的方式，权力的行使必须以法律授权为前提。由此，比例原则的应用就可能从权力行使层面上升到权力分配层面。这种分配可能涉及国家、社会和个人之间的分权，例如权力与权利的划分、权力（权利）与责任的对等、行为与责任的匹配等，还可能涉及国家机构内部的横向分权以及中央和地方的纵向分权。[1]比例原则在监察权与其他权力分配以及监察权行使上要体现出合目的性、必要性和均衡性。尽管从《监察法》中找不到"比例原则"的字眼，但是所谓的集中统一、互相配合、互相制约、一律平等、权责对等、宽严相济、标本兼治等有关基本原则的说法本身就内含了一种比例精神，更主要的是在监察案件的分级管辖、分类处理、调查措施运用、认罪认罚建议从宽、责任划分等方面都可见比例原则贯穿其中，因此在监察调查办案时遵循比例原则本身就是法律的要求。不过，正是由于《监察法》具有综合性、引领性，在监察调查与处置过程中，当具体案件的性质和情节、特定手段的必要性和适当性等还需要进一步明确的时候，比例原则可以作为监察机关及其工作人员在履行监察职责时以及在援引党规党纪的指引规范时予以考量的依据。由此可见，比例原则还可以弥补法律漏洞，衔接法律的客观规范和监察人员的主观裁量。

一、引言：限制之限制

出于惩罚犯罪的目的，源于战争的刑事诉讼活动可能天然地带有一种强制性。[2]就收集和发现证据的侦查活动而言，其会对人身自由、财产等产生一定的限制，因而带有强制性，这与监察活动的调查措施极为相似。从历史发展的角度审视，"双规"等纪检监察措施随着 2018 年《监察法》的出台实现了制度性转化，监察调查在党纪的基础上有了法律依据，这体现出法律保

---

〔1〕 丁汪洋：《分权视域下比例原则应用刍议》，《黑河学院学报》2015 年第 4 期。

〔2〕 法国法制史学家阿德玛·艾斯梅因（Adhémar Esmein）认为，弹劾式诉讼是一场两个争斗者之间的模拟战争，其中法官对当事人一方或另一方作出决定而终结战争。See A. Esmein, *History of Continental Criminalwith Special Reference to France*, Boston Little, Brown, and Company, 1913, p. 1. 另外，美国学者赫伯特·L. 帕克（Herbert L. Packer）更是直言，刑事诉讼自始至终是一场国家与涉嫌犯罪之人的争斗。See Herbert L. Packer, "Two Models of the Criminal Process", *University of Pennsylvania Law Review*, Vol. 113, 1964, p. 2.

留原则之形式要件要求。但很显然，立法规范化后，"双规"改为"留置"仍然不能改变其限制人身自由的强制性调查措施的本质。那么，类比来看，留置到底相当于刑事诉讼法中的何种强制措施呢？有学者指出，当适用于职务犯罪案件时，留置的作用与逮捕、羁押相似。[1]又有学者认为，刑事拘留是与监察留置最具本源性的法律概念。[2]当然，留置对"双规"的取代在执行方式上又相当于指定居所监视居住，由此可见大家对留置众说纷纭。正是因为留置以及其他多种监察调查措施通常都具有职权追诉性和强制性，难免会干预人民的基本权利，因此在具体实施监察调查措施时应遵循比例原则之实质要件要求。所有的基本权干预或限制本身又应受比例原则之拘束，学说上将其称为"限制之限制"（Schranken – Schranken）。[3]比例原则是国家干预人民基本权利时所必须遵循的基础原则，据此，国家机关干预人民基本权利的"手段"与其所欲达成的"目的"之间必须合乎比例，亦即具备相当性，其具体内涵包括适当性原则、必要性原则与狭义比例原则（又称相称性、均衡性原则）。[4]

适当性原则要求国家机关所采取的手段必须适合或有助于某一特定公法目的的达成。必要性原则是指国家机关为达某一公法目的，当不能选择其他同样有效且对基本权利限制更少的方法时，采取该项手段才可被视为必要的。狭义比例原则要求不应超过达成目的所需的范围，同时国家机关因其限制所造成之不利益，不得超过其所欲维护之利益。[5]这3个原则分别体现着"目的与手段"之间的正当关系、"手段与手段"之间的择优关系，以及"目的与目的"之间的权衡关系。[6]我国台湾地区学者陈新民先生分别用两个俗语来说明其中的子原则：一是用"杀鸡焉用牛刀"来说明必要性原则，当实现同一目的有多种手段时，应选择对公民基本权利损害最小的手段；二是用"杀鸡取卵"形象地论证狭义比例原则，认为任何职权行为对公民个人

〔1〕　刘艳红：《程序自然法作为规则自洽的必要条件——〈监察法〉留置权运作的法治化路径》，《华东政法大学学报》2018 年第 3 期。

〔2〕　赵伟：《权力的新生：论监察留置权的制度面相与规范化运行——基于法治国家与基本人权理念的思考》，《广西政法管理干部学院学报》2018 年第 3 期。

〔3〕　林钰雄：《干预处分与刑事证据》，北京大学出版社 2010 年版，第 25 页。

〔4〕　林钰雄：《刑事诉讼法》（上册），中国人民大学出版社 2005 年版，第 233 页。

〔5〕　林钰雄：《刑事诉讼法》（上册），中国人民大学出版社 2005 年版，第 233 页。

〔6〕　邵明：《论民事诉讼的比例性》，《贵州民族大学学报（哲学社会科学版）》2016 年第 5 期。

权利造成的损害都不得大于其所能保护的国家和社会利益。[1]笔者以为，还可以用俗语"杀鸡骇猴"来表达适当性原则，杀鸡有可能冤死了鸡，[2]与骇猴目的没有直接联系，达不到这个目的，甚至让猴子也学会杀鸡，[3]因此适当性要求手段能达到目的。由此可见，陈新民认为这3个子原则各有不同，适当性和必要性以达成目的为着眼点，而均衡性可能思考目的正当与否，可能有推翻该目的的追求。[4]

　　林钰雄指出，比例原则约束包括行政、立法及司法在内的所有国家机关，不但支配立法层次关于强制处分的立法行为，还支配司法层次决定、执行强制处分的行为。[5]学者秦策考察了滥觞于18世纪的德国行政法向刑事诉讼法领域扩展的经验[6]，德国学者约阿希姆·赫尔曼（Joachim Herrmann）对此原则进行了表述："比例原则是指刑事追究措施，特别是侵犯基本权利的措施在其种类、轻重上，必须要与所追究的行为大小相适应。"[7]然而，秦策认为，从本质而言，比例原则所规范的是国家权力与公民权利之间的关系，它要求国家权力被有节制地行使，以最大限度地实现个人的自由权利。[8]监察机关的监察调查活动[9]，尤其是留置措施[10]，虽然是国家惩治腐败的重要力量，但是常常会发生国家公权力与当事人私权利之间的强烈碰撞，故而其适用应当符合比例原则的要求。

　　与此同时，我们还应当清醒地认识到比例原则在监察调查活动中具有基

---

〔1〕　陈新民：《德国公法学基础理论》（下册），山东人民出版社2001年版，第370页。

〔2〕　梁贵：《努力做一个精神富有的人》，中共浙江省委宣传部编：《微型党课》，浙江人民出版社2013年版，第46页。

〔3〕　易延友：《刑事诉讼十大问题研讨》，高鸿钧主编：《清华法治论衡（第5辑）：法治与法学何处去》（上册），清华大学出版社2005年版，第150页。

〔4〕　陈新民：《德国公法学基础理论》（下册），山东人民出版社2001年版，第370页。

〔5〕　林钰雄：《刑事诉讼法》（上册），中国人民大学出版社2005年版，第234页。

〔6〕　秦策：《比例原则在刑事诉讼法中的功能定位——兼评2012年〈刑事诉讼法〉的比例性特色》，《金陵法律评论》2015年第2期。

〔7〕　[德]约阿希姆·赫尔曼：《德国刑事诉讼法典》，李昌珂译，中国政法大学出版社1995年版，第13页。

〔8〕　秦策：《比例原则在刑事诉讼法中的功能定位——兼评2012年〈刑事诉讼法〉的比例性特色》，《金陵法律评论》2015年第2期。

〔9〕　秦策认为，监察机关监察调查活动的法治化要遵循成熟的法治原则。首先要考虑的是目的合理性原则，在此基础上要考虑与监察调查程序目的具有重要关联的法律保留原则、比例原则和正当程序原则。参见秦策：《监察调查程序的法治化构建》，《理论视野》2018年第2期。

〔10〕　梁三利：《留置取代"两规"措施的法治化路径》，《天津行政学院学报》2018年第1期。

本原则的功能定位。在德国宪法理论中，比例原则也被称为"限制之限制"[1] 前一个限制是指，立法机构授权对个人基本权利进行限制；后一个限制是指，宪法中对干预基本权利的公权力行使的限制性规定。这种基本原则的具体表现主要有：《监察法》根据涉案人员身份、情节严重程度等分级管辖、分类处理；根据情形设置相应的处理程序和处置方式，宽严适度；在适用监察调查措施时注意目的相关性、对象相关性和手段必要性；宽严相济，既严厉惩治腐败，又运用最小危害手段；针对不同违法情形提供合适的救济渠道和方式，设置合理的调查和处置期限。进而言之，在法律规定不甚明确的情形下，由监察机关及其工作人员按照比例原则进行细节上的把握。比例原则既体现在有关级别管辖、地域管辖和关联案件管辖等权力分配层面，还体现在分类处置等程序基本权干预方面；既体现在监察主体的职权行使和职责承担上，还体现在相关机关、被调查对象等的制约、协作或者配合上；既要防止过度干预，又要防止保护不足。

二、监察案件管辖：门槛之比例性

根据《监察法》之规定，各级监察委员会是行使国家监察职能的专责机关（第3条），由各级人民代表大会产生（第8条、第9条），监察委员会依照法律规定独立行使监察权，不受行政机关、社会团体和个人的干涉。监察机关办理职务违法和职务犯罪案件，应当与审判机关、检察机关、执法部门互相配合，互相制约（第4条）。这种新的监察权定位冲击了原有的国家权力横向和纵向配置格局，监察机关充分发挥职能作用，对严厉惩治腐败，有效制约和监督权力，构建不敢腐、不能腐、不想腐的长效机制具有重要作用。概而言之，监察机关的职能管辖对公职人员全面覆盖（第15条），但是，其监督、调查、处置职责不甚明确（第11条）。《监察法》规定的并案管辖以国家监察为重，可能有特别法扩展的嫌疑。

（一）多元职能对事与对人的全覆盖

监察体制改革前，原检察机关职务犯罪侦查部门仅主要侦查国家工作人

---

[1]　转引自付瑶：《契约自由的宪法保护：以美国宪法史上的"洛克纳时代"（1897～1937年）为中心》，中国政法大学出版社2012年版，第246页。

员涉及《刑法》第八章及第九章的职务犯罪行为（也可能兼及其他犯罪），全国检察机关反贪、反渎和预防部门职能、机构和人员转隶[1]后，《监察法》规定监察机关既调查公职人员的职务违法行为，又调查职务犯罪行为，加之监察委员会与党的纪律检查委员会合署办公，则监察委员会兼有党纪检查、行政监察和犯罪调查3种职能。尽管中央纪委国家监委一再强调要分设"执纪监督室"和"审查调查室"，并各司其职，然而"合署办公"之体制不可避免地使现阶段纪委、监委及其工作人员均具有上述3种职能。根据《监察法》第1条，该法的目的之一是加强对所有行使公权力的公职人员的监督，实现国家监察全面覆盖。而根据《监察法》第3条的规定，监察委员会具有3项职能：对所有行使公权力的公职人员进行监察；调查职务违法和职务犯罪；开展廉政建设和反腐败工作，维护宪法和法律的尊严。

中共中央纪律检查委员会、中华人民共和国国家监察委员会法规室编写的《〈中华人民共和国监察法〉释义》指出，《监察法》第11条明确规定了监察委员会具有监督、调查、处置3项职责。这与党章规定的纪委职责（监督、执纪、问责）相一致，确保与纪委合署办公的监委在职责上与纪委相匹配，避免实际工作中的混乱和职责分散等问题。[2]

一是对公职人员的全面监督职责。《监察法》第15条明确规定了监察机关的六类监察对象，从而使监察对象全覆盖有法可依。2016年10月，党的十八届六中全会通过了《中国共产党党内监督条例》，明确规定了党内监督的原则、任务、主要内容和重点对象，针对不同主体，明确监督职责，规定具体监督措施，实现党内监督全覆盖。而制定《监察法》，就是要通过制度设计实现对所有行使公权力的公职人员监察全覆盖。党内监督有多种方式[3]，

---

[1] 《全国检察机关反贪、反渎和预防部门职能、机构和人员转隶》，最高人民检察院网站，https：//www. spp. gov. cn/spp/zhuanlan/202112/t20211209_ 538469. shtml，最后访问日期：2025年4月29日。

[2] 中共中央纪律检查委员会、中华人民共和国国家监察委员会法规室编写：《〈中华人民共和国监察法〉释义》，中国方正出版社2018年版，第87页。

[3] 党内监督的方式包括党委（党组）的日常管理监督、巡视监督、组织生活制度、党内谈话制度、干部考察考核制度、述责述廉制度、报告制度、插手干预重大事项记录制度，以及纪委的执纪监督、派驻监督、信访监督、党风廉政意见回复、谈话提醒和约谈函询制度、审查监督制度、通报曝光制度等。参见中共中央纪律检查委员会、中华人民共和国国家监察委员会法规室编写：《〈中华人民共和国监察法〉释义》，中国方正出版社2018年版，第90页。

要求把纪律挺在前面，运用监督执纪"四种形态"〔1〕，而监察机关履行监督职责的方式包括教育和检查，党内监督的内容、方式和要求，也都适用于国家监察的监督。

二是对事的"党、政、法"三位一体调查职责。《监察法》第 11 条第 2 项列举了公职人员主要的职务违法和职务犯罪行为，包括涉嫌贪污贿赂、滥用职权、玩忽职守、权力寻租、利益输送、徇私舞弊及浪费国家资财等，这些行为都是党的十八大以来通过执纪审查、巡视等发现的比较突出的职务违法和职务犯罪行为。但是，该条既包含法律术语如贪污贿赂、滥用职权、玩忽职守、徇私舞弊，还包括政治话语如权力寻租、利益输送、浪费国家资财，存在交叉重叠、界限不明等问题。〔2〕不难发现，其中的职务犯罪主要是在刑法规范的基础上界定的。2018 年 10 月 26 日第三次修正的《刑事诉讼法》第 19 条规定："人民检察院在对诉讼活动实行法律监督中发现的司法工作人员利用职权实施的非法拘禁、刑讯逼供、非法搜查等侵犯公民权利、损害司法公正的犯罪，可以由人民检察院立案侦查。对于公安机关管辖的国家机关工作人员利用职权实施的重大犯罪案件，需要由人民检察院直接受理的时候，经省级以上人民检察院决定，可以由人民检察院立案侦查。"针对该

---

〔1〕 "2015 年 9 月，王岐山同志在福建调研时强调，要用好监督执纪'四种形态'，改变要么是'好同志'、要么是'阶下囚'的状况，真正体现对党员的严格要求和关心爱护。2016 年，十八届中央纪委六次全会工作报告将监督执纪'四种形态'正式概括为：让咬耳朵、扯袖子，红红脸、出出汗成为常态，党纪轻处分、组织调整成为大多数，重处分、重大职务调整的是少数，而严重违纪涉嫌违法立案审查的只能是极极少数。"参见孙志勇：《"五类处置标准"与"四种形态"有何关系》，《中国纪检监察报》2016 年 8 月 24 日，第 8 版。"2018 年，全国纪检监察机关共运用监督执纪'四种形态'处理 173.7 万人次。第一、第二、第三、第四种形态分别占比 63.6%、28.5%、4.7% 和 3.2%。"参见王卓、程威：《肩负使命再出发——写在国家监察委员会成立一周年之际》，《中国纪检监察报》2019 年 3 月 23 日，第 1 版。"全国纪检监察机关运用'四种形态'批评教育帮助和处理 184.9 万人次。用好用足第一种形态，约谈函询、批评教育 124.6 万人次，占总人次的 67.4%，其中中管干部 457 人次；运用第二种形态，给予轻处分、组织调整 46.3 万人次，占 25%，其中中管干部 16 人；运用第三种形态，给予重处分、重大职务调整 7.2 万人次，占 3.9%，其中中管干部 9 人；运用第四种形态，处理严重违纪违法涉嫌职务犯罪以及给予因其他犯罪被判刑人员开除党籍、开除公职共计 6.8 万人次，占 3.7%，其中中管干部 20 人。"赵乐际：《坚持和完善党和国家监督体系 为全面建成小康社会提供坚强保障》，《中国纪检监察报》2020 年 2 月 25 日，第 1 版。

〔2〕 2018 年 4 月 17 日，中央纪律检查委员会、国家监察委员会印发了《国家监察委员会管辖规定（试行）》，详细列举了监察委员会管辖的六大类 88 个职务犯罪案件罪名。2021 年 9 月 20 日，国家监察委员会发布《监察法实施条例》，除了滥用职权和玩忽职守 2 个罪名重合，根据第 52 条，监察机关必要时可以依法调查人民检察院直接管辖的其余 12 个罪名，以及 2020 年《刑法修正案（十一）》增设的第 134 条之一的危险作业罪，这样监察委管辖的案件罪名达 101 个。

条，2018 年 11 月 24 日最高人民检察院发布了《关于人民检察院立案侦查司法工作人员相关职务犯罪案件若干问题的规定》（以下简称《检察立案规定》），列举了人民检察院可以立案侦查的 14 类犯罪。这样检察机关的职务犯罪侦查就主要聚焦于"诉讼监督"领域。当然，《刑事诉讼法》中的"可以"一词也不排斥监察机关的管辖，尤其是在管辖竞合的时候，监察机关有优先管辖权。

三是处置职责。这里的处置职责可能是在对人和对事进行监督和调查后，作出阶段性结论和决定。根据《监察法》第 11 条第 3 项，该项职责包括 4 个方面：对违法的公职人员依法作出政务处分决定；对履行职责不力、失职失责的领导人员进行问责；对涉嫌职务犯罪的，将调查结果移送人民检察院依法审查、提起公诉；向监察对象所在单位提出监察建议。当然，这里的"政务处分"是代替"政纪处分"的新名词，在全面依法治国背景下，党纪与法律之间没有中间地带，所有"政纪"均已由《公务员法》《公职人员政务处分法》等法律法规加以规定，而政府不仅仅指行政机关，也不仅仅指《公务员法》规定的七大类机关，而是涵盖一切行使公权力的机构，但是《监察法》未规定明确的处分程序，有地方对此进行了探索。[1]

（二）级别管辖和地域管辖

被调查人作为公职人员和有关人员，依然是享有受宪法和法律保障的基本权利的公民。如果不能明确监察机关的法定管辖权限，则被调查人可能会被随意调查、留置、处置，而无法提出所谓的管辖权异议。另外，职务犯罪调查所获得的证据随案移送作为刑事案件证据，是否也应该以监察机关具有管辖权限为前提呢？《刑事诉讼法》规定，可以用于证明案件事实的材料，都是证据，目前也并无法律法规明确收集证据以具有管辖权限为前提。从职能管辖的角度而言，无管辖权的机关应将案件移送有管辖权的机关办理，但为防止错过取证时机，对需要立即固定证据的案件，无管辖权的机关应当先受理，这里就存在不具有管辖权而合法收集证据的情形。就地域管辖、级别管辖而言，因为监察委上下级是领导关系，对外属一整体，实践中也常有各级、各地域以非办案组形式协同调查的情况，而法检机关对此类情形下获取

---

〔1〕 张晃榕：《如何作出政务处分决定初探》，《中国纪检监察》2018 年第 6 期。

的证据均予以认可。甚至可以从普通刑事案件的公检法流程看出，检察机关和公安机关各自在侦查过程中依法收集的证据具有程序之间的流通性。需要注意的是，证据收集往往带有一定的强制性，一般情形下还是需要以具有管辖权为前提，但也存在一些法定的例外情形。这些证据是否真实、可采需要根据取证手段是否侵权或者侵权程度进行个案裁量。

《监察法》第 16 条规定："各级监察机关按照管理权限管辖本辖区内本法第十五条规定的人员所涉监察事项。上级监察机关可以办理下一级监察机关管辖范围内的监察事项，必要时也可以办理所辖各级监察机关管辖范围内的监察事项。监察机关之间对监察事项的管辖有争议的，由其共同的上级监察机关确定。"该条体现了级别管辖与地域管辖相结合的原则。其中，"按照管理权限"指的是按照干部管理权限。一方面，由于某一级别干部通常由其上一级党委组织部门备案，因此，相应级别干部的案件由上级监察委员会办理，由于职务犯罪案件大多数需要移送审查起诉和审判，根据中级人民法院级别管辖范围的相关规定，也为了考虑被告人的审级利益，一般而言，较高级别官员的案件或较为重大的案件也由中级人民法院（含同级）以下的法院受理，调查终结后首先确定哪些案件应该由下级监察委员会移送给相应级别的检察机关。比较而言，《检察立案规定》基本上确立了由设区的市级人民检察院立案侦查的主体原则。

另一方面，从屡见报端的"大老虎"异地审判案例可知，为了排除高级别官员带来的干扰，尽管多数职务犯罪案件仍在犯罪地审查起诉、审判，但对指定在异地进行审查起诉和审判的情形，仍需法律上的整体或者个案授权，以符合管辖权法定原则。然而，基于灵活性考虑，《监察法》第 16 条第 2 款规定："上级监察机关可以办理下一级监察机关管辖范围内的监察事项，必要时也可以办理所辖各级监察机关管辖范围内的监察事项。"这也是一种典型的排除地方性干扰或者包庇纵容的变通方法。但是从调查与审查起诉和审判的衔接来看，对于异地审判的案件，调查终结后通过何种程序移送给某一特定的检察机关，可能需要进一步明确。

（三）监察优先的关联案件管辖

《监察法》第 34 条第 1 款规定了职务违法犯罪问题线索移送制度："人民法院、人民检察院、公安机关、审计机关等国家机关在工作中发现公职人员涉嫌贪污贿赂、失职渎职等职务违法或者职务犯罪的问题线索，应当移送监察机关，由监察机关依法调查处置。"《释义》认为第 1 款规定的"公职人员"是指《监察法》第 15 条规定的六大类人员，"职务违法或者职务犯罪的问题线索"，除了《监察法》第 11 条第 2 项规定的七类职务违法或者职务犯罪的问题线索，还包括其他职务违法或者职务犯罪的问题线索。《监察法》第 34 条第 2 款规定："被调查人既涉嫌严重职务违法或者职务犯罪，又涉嫌其他违法犯罪的，一般应当由监察机关为主调查，其他机关予以协助。"这是"监察为主"或者"监察优先"的合并管辖制度，改变了处理交叉案件以主罪和主犯为主的管辖原则，《检察立案规定》在此基础上有所发展，在"及时与同级监察委员会沟通"的基础上，在更为适宜的情形下由监察委员会和人民检察院分别管辖，避免了机械执法。由于监察机关调查的职务犯罪案件主体身份特殊，犯罪手段隐蔽，案件内容可能涉及国家秘密、国家安全和国家利益，因此对犯罪嫌疑人的权利也限制更多。鉴于监察委员会部分工作人员缺乏法学、刑侦等相关专业背景，在犯罪嫌疑人还实施其他多项普通刑事犯罪的情形下，现阶段以监察机关为主调查可能与其职能不符，且监察机关难以主导侦查活动。另外，还有一个潜在的问题，《监察法》规定了监察委具有对职务违法和职务犯罪的调查权，但未规定其对一般刑事犯罪具有侦查权，如果"调查"一定不同于"侦查"，那么一般的刑事犯罪未经立案、侦查而仅仅经过调查，也脱离了《刑事诉讼法》的原有规定，使得相关权利保障和权力制约机制失效，后续的审查起诉、审判也没有良好的根基。为了保证调查和侦查有同等的程序效果，或许应当允许律师参与调查程序或引入第三方制约机制。

三、分类处置和处理

随着监察活动的推进，从入口的线索管理到初核后是否立案调查，再到调查终结后的处置，整个过程都需要根据案件的具体情形进行分类处置或者分类处理。这些分类处理有两个方向：一是将案件分流出去，也可能大事化小，小事化了；二是将案件逐步推进到审查起诉和审判阶段。这些前后相继的处理方式，除了在分类情形方面有一定的连贯性、一致性，前面的程序还可能为后面的程序提供了事实和证据依据。分类处置和处理本身体现了根据不同的情形提供形式多样且合理的处置标准，比例原则贯穿其中。

（一）问题线索分类处置

《监察法》第 11 条规定的监察委员会处置职责包括 4 个方面，其中有 2 个方面是针对涉及职务违法和职务犯罪的个体。《监察法》第 37 条规定了问题线索的处置程序和要求："监察机关对监察对象的问题线索，应当按照有关规定提出处置意见，履行审批手续，进行分类办理。线索处置情况应当定期汇总、通报，定期检查、抽查。"《释义》介绍的处置方式主要有谈话函询、初步核实、暂存待查、予以了结。暂存待查是指线索反映的问题虽具有一定的可查性，但由于时机、现有条件、涉案人一时难以找到等种种原因，暂不具备核查的条件而存放备查。予以了结是指线索反映的问题失实或没有可能开展核查工作而采取的线索处置方式。2014 年 1 月 13 日，王岐山在十八届中央纪委三次全会上指出，中央纪委研究制定拟立案、初核、暂存、留存和了结五类处置标准，并下发加强和规范反映领导干部问题线索管理工作的通知，要求各级纪检监察机关对问题线索全面清理，执行分类处置标准。[1] 2014 年 7 月，中央纪委对反映领导干部问题线索的五类处置标准进行调整，将原来的"留存"去掉，增加了"谈话函询"，对线索反映的带有苗头性、倾向性、一般性的问题，及时通过谈话函询方式进行处置。[2]"五类处置标准"要在入口环节防止线索失管、失控，有案不查，甚至以线索谋私等问题，切实体现了党中央有案必查、有腐必惩的政治要求。

（二）初核后分类处理

《监察法》第 38 条对监察机关开展初步核实工作作出了规定，第 39 条对监察机关立案的条件和程序及立案后处理作出了规定。初步核实之后，承办部门应当综合分析初步核实情况，提出分类处理建议。"五类处置标准"并不是并行的处置措施，初步核实之后还可能分流到予以了结、谈话函询、暂存待查，又或者初核和立案相互衔接，从而进一步对监察对象涉嫌的职务

---

〔1〕《王岐山在十八届中央纪委三次全会上的工作报告》，中央纪委国家监委网站，https：// www. ccdi. gov. cn/special/schy/zxxx＿schy/201401/t20140129＿18012. html，最后访问日期：2025 年 2 月 20 日。

〔2〕孙志勇：《"五类处置标准"与"四种形态"有何关系》，《中国纪检监察报》2016 年 8 月 24 日，第 8 版。

违法、职务犯罪进行调查。

《监察法》第 37 条规定了问题线索处置："监察机关对监察对象的问题线索，应当按照有关规定提出处置意见，履行审批手续，进行分类办理。线索处置情况应当定期汇总、通报，定期检查、抽查。"综上可见，《监察法》第 37 条和第 38 条的共同点是在有案必查的基础上根据实际情况作出均衡处理；其差异是线索处置带有一种初步判断的性质，而初核处理可能建立在必要的证据收集基础上。第 39 条在初核基础上明确了监察立案的 3 个条件：一是监察对象涉嫌职务违法犯罪；二是需要追究法律责任；三是按照规定的权限和程序办理立案手续。但是值得注意的是，《监察法》对职务违法和职务犯罪的立案并没有区分，因此，一些强制性较高的调查措施就可能同样适用于职务违法和职务犯罪，这不符合比例原则的要求。

（三）调查终结的处置

《监察法》第 45 条规定了监察机关根据监督、调查结果，依法履行处置职责的几种方式。虽然这里对职务违法和职务犯罪如何处置在结果上作出区分，但是，前端的监察调查程序并未严格区分职务违法和职务犯罪。进一步考察可知，《监察法》第 22 条所设定的留置措施涉案要件是，被调查人涉嫌贪污贿赂、失职渎职等严重职务违法或者职务犯罪，区别于其他职务犯罪行为或者违法犯罪行为。这里又回归到"处置"一词，其必然是建立在监察调查的证据之上，并且也必然会根据案件情形进行分类处置。

部分处置方式将监督执纪"四种形态"进行了法律化，《监察法》第 45 条第 1 款第 1 项规定了"红红脸、出出汗"："对有职务违法行为但情节较轻的公职人员，按照管理权限，直接或者委托有关机关、人员，进行谈话提醒、批评教育、责令检查，或者予以诫勉。"[1]这 4 种方式具体如何适用，由监察机关结合公职人员的一贯表现、职务违法行为的性质和情节轻重，综合判断后作出决定。

对被调查对象个人责任而言，《监察法》第 45 条第 1 款第 2 项针对职务违法情形规定了政务处分，第 4 项针对涉嫌职务犯罪情形规定了移送起诉。这两项在事实认定上稍有区别。政务处分的事实前提是监察机关有权对职务

---

[1] 中共中央纪律检查委员会、中华人民共和国国家监察委员会法规室编写：《〈中华人民共和国监察法〉释义》，中国方正出版社 2018 年版，第 205 页。

违法进行认定，并作出与公职人员职务违法行为的性质、情节、危害程度相适应的政务处分决定。而移送起诉的前提虽然是监察机关经调查认为犯罪事实清楚，证据确实、充分，但是还要体现"无罪推定"原则以及以审判为中心的理念，故用"涉嫌"一词。《释义》认为："对监察机关移送的案件，应由检察机关作为公诉机关直接依法审查、提起公诉，具体工作由现有公诉部门负责，不需要检察机关再进行立案。"[1]

职务行为一般遵循上命下从的行政原则，公职人员的职务资格多由所在单位授予，由此职务犯罪的产生除了有个人原因，可能还有系统原因。《监察法》第45条第1款第3项规定了对领导人员的问责，第5项规定了对监察对象所在单位提出监察建议，这在某种程度上是一种责任自负原则的延伸，既反映了首长负责制的要求，又体现了监察对象所在单位的连带责任。

《监察法》第45条第2款规定了撤销案件。撤销案件，及时终止错误或者不当的调查行为，有利于保护公职人员的合法权利。

四、监察调查措施的比例性

《监察法》第40条规定了监察机关调查取证的工作要求，主要是依法全面收集证据，严禁以非法方式收集证据。如果将《监察法》的调查措施和《刑事诉讼法》联系起来，可能讯问、询问、查询、冻结、搜查、调取、查封、扣押、勘验检查、鉴定、通缉等调查措施与《刑事诉讼法》规定的侦查措施无本质区别，并且在立法时进行了参照。其中，有些措施规定得比《刑事诉讼法》更为严格，目的是规范取证工作，防止权力滥用，保护被调查人的合法权益，以及保护调查人员。有些措施与《刑事诉讼法》的要求相当，通常也更为简略，如询问、查询、冻结、勘验检查、鉴定、技术调查和通缉等。有些措施是《监察法》特有的，如谈话、留置等。留置本质上属于一种复合型强制措施，其契合职务违法和职务犯罪的特殊属性。就《刑事诉讼法》规定的尸体和人身检查、侦查实验、复验复查、鉴定意见告知当事人、补充鉴定或重新鉴定、精神病鉴定不计入办案期限等，虽然《监察法》未作

---

〔1〕 中共中央纪律检查委员会、中华人民共和国国家监察委员会法规室编写：《〈中华人民共和国监察法〉释义》，中国方正出版社2018年版，第207页。

出规定，但是在监察实践中可能遇到。[1]在法无明定的情况下依赖调查人员的自由发挥则更容易导致侵权。总体而言，调查活动还是应当尽力取得当事人的同意和配合，《监察法》第18条第1款规定了监察机关收集证据的权力，以及有关单位和个人配合取证的义务。然而，很多监察调查措施都带有一定的强制性，所以《监察法》第42条第1款规定了调查人员应当严格执行调查方案，"不得随意扩大调查范围、变更调查对象和事项"；第2款规定，"对调查过程中的重要事项，应当集体研究后按程序请示报告"。《释义》认为，对于案件调查重要进展情况，调查人员要及时向监察机关领导人员口头报告，之后再正式行文请示，不能先斩后奏，更不能造成既成事实，搞倒逼、"反管理"。[2]同时，《释义》认为，如果情况十分紧急，不及时处理可能会造成严重不利后果，来不及按程序请示的，调查人员在集体研究后也可以临机作出处置，但事后应当立即按程序向监察机关领导人员请示报告。[3]具体的调查措施主要规定在《监察法》第四章"监察权限"之中，下面从三方面对其比例性要求进行论述。

（一）目的相关性：涉案性质与情节严重程度

可以说，监察调查手段的力度因案件性质不同而有所差异。首先，典型的差别表现在，《监察法》第19条规定的"谈话"措施与第20条规定的要求被调查人陈述和讯问被调查人不同，谈话措施适用于可能发生职务违法的监察对象，具有预防性质。实践中对于"可能发生职务违法"的理解是"可能会发生职务违法"和"可能已经发生了职务违法"，针对第二种理解，"谈话"在实践中主要还是作为初步核实、审查调查过程中的一种调查措施。而"要求被调查人陈述"针对的是已经发生职务违法但尚不构成职务犯罪的公职人员；讯问对象是涉嫌贪污贿赂、失职渎职等职务犯罪的被调查人。谈话应当由纪检监察机关相关负责人或者承办部门负责人进行，可以由被谈话人

---

〔1〕　龙宗智教授就《监察法（草案）》做过相关的讨论。参见龙宗智：《监察与司法协调衔接的法规范分析》，《政治与法律》2018年第1期。2021年《监察法实施条例》和2024年《监察法》对某些内容进行了补充。

〔2〕　中共中央纪律检查委员会、中华人民共和国国家监察委员会法规室编写：《〈中华人民共和国监察法〉释义》，中国方正出版社2018年版，第195页。

〔3〕　中共中央纪律检查委员会、中华人民共和国国家监察委员会法规室编写：《〈中华人民共和国监察法〉释义》，中国方正出版社2018年版，第196页。

所在党委（党组）、纪委监委有关负责人陪同；经批准也可以委托被谈话人所在党委（党组）主要负责人进行。[1]而"要求陈述""讯问"的主体只能是监察机关工作人员，不能委托其他机关、个人。

其次，《监察法》第22条第1款规定的留置涉案要件和该法第23条第1款规定的查询、冻结涉案要件，都是"涉嫌贪污贿赂、失职渎职等严重职务违法或者职务犯罪"。此外，对于其他的职务违法或者职务犯罪行为，一般不采取留置措施。对于何为"严重职务违法或者职务犯罪"之中的"严重"，《监察法》无明确规定，实践中也存在分歧，此处的"严重"到底是指贪污贿赂罪、渎职罪及与此类罪名法益侵害性相当的罪名本身，还是指在罪名之外还要有严重的犯罪事实，如金额较大、后果严重等。依比例原则来看，如果罪名之外没有情节严重的限制，则可能导致涉罪即可留置，不符合比例原则。

再次，搜查必然涉及对当事人基本权利的干预，可能是人身权、财产权等，而搜查又是收集犯罪证据、抓获犯罪嫌疑人的重要措施，西方国家的非法证据排除主要针对非法搜查情形。《监察法》第24条规定的搜查措施以涉嫌职务犯罪为前提，而《监察法》第25条规定的调取、查封、扣押措施则是一种更宽泛的措施，以涉嫌违法犯罪为前提，不仅没有与职务有关的限定，还扩展到违法行为。

最后，随着时代的发展，与犯罪作斗争的手段也跟着升级，而技术调查措施涉及对通信技术手段的应用，通常包括电话监听、电子监控等。《监察法》第28条第1款具体规定了监察机关采取技术调查措施的案件范围，即"涉嫌重大贪污贿赂等职务犯罪"，在罪名和情节上作出双重限制。此外，立法中的"等"字为其他重大职务犯罪案件采取技术调查措施提供了可能。

（二）对象相关性：涉案单位和个人以及"与案件无关"

《监察法》第19条规定了"谈话"措施，使监察工作与党内监督执纪"四种形态"中的第一种形态相匹配，让"红红脸、出出汗"成为常态。这条规定的谈话措施具有预防性质，实践中兼有"提醒"和"调查"双重属性：对于可能会发生职务违法行为的，起到"提醒"作用；对于已经发生职

---

[1] 中共中央纪律检查委员会、中华人民共和国国家监察委员会法规室编写：《〈中华人民共和国监察法〉释义》，中国方正出版社2018年版，第127页。

务违法行为的，则主要作为调查手段。第 19 条规定的"谈话"结束后，要根据不同情况作出相应处置：（1）反映不实，或者没有证据证明可能发生职务违法行为的，予以了结澄清；（2）有证据证明可能发生职务违法行为但情节较轻的，按照管理权限，由监察机关直接或者委托有关机关、人员进行批评教育、责令检查或予以诫勉；（3）反映问题比较具体，但被反映人予以否认，或者其说明存在明显问题的，应当再次谈话或者进行初步核实。[1]由此可见，这里的谈话将取证和处置合并处理，甚至通过谈话还可能了解到涉嫌违法犯罪的案件。

《监察法》第 22 条第 2 款规定："对涉嫌行贿犯罪或者共同职务犯罪的涉案人员，监察机关可以依照前款规定采取留置措施。"可见，留置措施的适用对象不仅限于公职人员。《监察法》第 22 条第 3 款规定："留置场所的设置、管理和监督依照国家有关规定执行。"该款规定所蕴含的扩张性不仅仅在于对留置场所设置、管理和监督进行抽象授权，还在于所依据的"国家有关规定"尚付阙如，为将来可能的进一步立法预留了空间。留置的羁押本质在 2018 年《刑事诉讼法》第 76 条指定居所监视居住折抵刑期和 2018 年《监察法》第 44 条留置折抵刑期同等规定上得到确认。但是，从留置场所来看，我国的监察留置措施相当于公安的继续盘问等"法外羁押措施"或者指定居所监视居住等"变相羁押措施"，被调查人完全处于调查机关的控制之下，容易造成权力滥用。某些地区的地级市为避免权力滥用，已取消各区、县留置场所，而由市监察委员会设立留置场所，统一管理、监督使用。

《监察法》第 23 条第 1 款规定了查询、冻结措施，查询、冻结的对象要特定化，必须是涉案单位和个人。第 2 款规定了解冻退还的情形："冻结的财产经查明与案件无关的，应当在查明后三日内解除冻结，予以退还。"这里的"与案件无关"是指冻结的财产并非违法犯罪所得，也不具有证明被调查人是否违法犯罪、罪轻罪重的作用，不能作为证据使用，与违法犯罪行为没有任何关系。[2]

根据《监察法》第 24 条规定，搜查的范围要与案件有关，主要包括：涉嫌职务犯罪的被调查人的身体、物品和住处；可能隐藏被调查人或者犯罪

---

〔1〕　中共中央纪律检查委员会、中华人民共和国国家监察委员会法规室编写：《〈中华人民共和国监察法〉释义》，中国方正出版社 2018 年版，第 127 页。

〔2〕　中共中央纪律检查委员会、中华人民共和国国家监察委员会法规室编写：《〈中华人民共和国监察法〉释义》，中国方正出版社 2018 年版，第 138 页。

证据的人的身体、物品、住处；其他被调查人可能藏身或者隐匿犯罪证据的地方。而根据《监察法》第 25 条规定，调取、查封、扣押要同时具备以下两个条件：第一，需要调取、查封、扣押的财物、文件、电子数据必须是监察机关在调查过程中发现的；第二，上述这些财物、文件、电子数据必须与监察机关调查的职务违法犯罪行为有关联，能够或者有可能证明该违法犯罪行为的真实情况。其中，"用以证明被调查人涉嫌违法犯罪的财物、文件和电子数据"是指，能够证明被调查人有无违法犯罪行为、违法犯罪行为轻重的物证、书证、视听资料及电子数据等证据。"财物"是指可作为证据使用的财产和物品，包括动产和不动产，如房屋、汽车、人民币、金银首饰、古玩字画等。[1]还要注意，"任何单位和个人都不得以任何借口将被调取、查封、扣押的财物、文件用于调查违法犯罪行为以外的目的，也不得将其损毁或者自行处理，要保证其完好无损"[2]。当然，经查明，查封、扣押的财物、文件与案件无关的，应当在查明后 3 日内解除查封、扣押，予以退还。

《监察法》第 28 条规定了技术调查措施，为防止权力滥用，"批准决定应当明确采取技术调查措施的种类和适用对象"，并且设定了有效期，"自签发之日起三个月以内有效"。

《监察法》第 29 条规定的"通缉"以依法应当留置的被调查人在逃为前提，因此，通缉的对象就不仅仅包括涉嫌职务犯罪的被调查人，还可能涉及职务违法之人。由此，与《刑事诉讼法》相比，通缉的范围有所扩张。

《监察法》第 30 条规定："经省级以上监察机关批准，可以对被调查人及相关人员采取限制出境措施，由公安机关依法执行。"《释义》将相关人员解释为"涉嫌行贿犯罪或者共同职务犯罪的涉案人员"（《监察法》第 22 条第 2 款），以及与案件有关的其他人员。[3]限制出境的具体内容要在限制出境决定中进行明确，防止随意扩大范围和延长期限。

---

[1] 中共中央纪律检查委员会、中华人民共和国国家监察委员会法规室编写：《〈中华人民共和国监察法〉释义》，中国方正出版社 2018 年版，第 144 页。

[2] 中共中央纪律检查委员会、中华人民共和国国家监察委员会法规室编写：《〈中华人民共和国监察法〉释义》，中国方正出版社 2018 年版，第 146 页。

[3] 中共中央纪律检查委员会、中华人民共和国国家监察委员会法规室编写：《〈中华人民共和国监察法〉释义》，中国方正出版社 2018 年版，第 158 页。

（三）手段必要性：根据需要和"不需要"

由于谈话、陈述和讯问在强制性上存在差异，尽管谈话方式相对宽松，但仍可能收集到被调查人的供述。甚至，由于谈话双方地位不平等以及谈话者可能存在先入为主的心态，谈话过程实际暗含了不可忽视的强制因素。因此，在身心受到一定强制的情况下，通过谈话方式获取的证据，同样可能被用作定案的依据。然而，这种方式可能规避了《监察法》第33条规定的非法证据排除规则。

监察委员会的留置措施通过限制人身自由来实现对职务违法犯罪的调查目的，尽管其未被定性为刑事强制措施，但针对涉嫌职务违法犯罪的留置措施实质上具有与拘留、逮捕相似的侦查羁押属性，是作为调查措施而适用的。《监察法》第22条第1款规定了留置的要件：

一是涉案要件，被调查人涉嫌贪污贿赂、失职渎职等严重职务违法或者职务犯罪，前已述及。

二是证据要件，监察机关已经掌握部分违法犯罪事实及证据。关于证据要件，除了监察机关已经掌握部分违法犯罪事实及证据，还需"仍有重要问题需要进一步调查"，这虽然带有一定的除恶务尽、有腐必反的意味，但是，其中也暗含着有罪推定、以留置代调查的问题。也就是说，为了调查而将不符合留置要件的被调查人先行留置再补充证据，在一定程度上偏离了留置的目的。此外，刑事诉讼中的强制措施本质上是一种法定的侦查手段[1]，羁押本身也蕴含着减少取证干扰、促进查证的功能[2]。同样，留置措施也带有调查属性。然而，这种防患于未然的措施可能异化的关键，并不在于其隔离性、封闭性，甚至也不在于事后补足事实和证据要件，而在于通过羁押提供的便利条件来获取被调查人的供述。这种做法使得讯问取证不可避免地带有一定的强迫性，并通过口供补强其他证据。这种"先供后证"的模式可能导致证据合法性受到影响，甚至降低证据的真实性和可靠性。

---

〔1〕 2018年《刑事诉讼法》第108条对"侦查"的含义作出了修改，其中第1项规定，"侦查"是指公安机关、人民检察院对于刑事案件，依照法律进行的收集证据、查明案情的工作和有关的强制性措施。该项用"收集证据、查明案情"替代了"专门调查"，意图将"调查"作为监察活动专属用语。

〔2〕 孙长永主编：《侦查程序与人权保障——中国侦查程序的改革和完善》，中国法制出版社2009年版，第41页。

三是履行审批手续。《监察法》第 43 条对留置措施的审批、期限、执行和解除进行了细化规定。其中，留置时间不得超过 3 个月。在特殊情况下，可以延长 1 次，延长时间不得超过 3 个月。"时间过长，会增加社会对留置措施的疑虑和担心，安全风险责任也加大。"[1]这同样要求监察人员积极勤勉调查证据，而不能以长期留置代替调查，或者以长期留置作为惩罚手段。

四是符合 4 种情形之一：涉及案情重大、复杂的；可能逃跑、自杀的；可能串供或者伪造、隐匿、毁灭证据的；可能有其他妨碍调查行为的。

需要注意的是，监察留置的 4 种情形与《刑事诉讼法》第 82 条规定的刑事拘留相比存在显著差异。拘留一般以情况急迫为前提，而留置一般不具有紧迫性，但是为防止被调查人动用其相对广泛的社会关系对证据收集和诉讼造成阻碍，留置措施更侧重于切断其与外界的联系。当然，"涉及案情重大、复杂的"这个条件是对案情严重性的再加码，可能在一定程度上与保全证据和保全人身乃至保证监察调查顺利进行的目的并不直接相关，但可能暗含了被调查人逃避调查和干扰取证的可能性更大，不过，在这种情况下，被调查人基本上不太可能再变本加厉地实施新的犯罪。为促进留置措施的规范化、法治化，《监察法》第 44 条还对留置期间监察机关的取证讯问工作、被留置人的合法权益保障等作出规定。这要求在采取留置措施的时候尽量不给涉案对象带来额外的伤害。

《监察法》第 23 条第 1 款规定了查询、冻结的两个要件，分别是涉案要件和必要性要件："监察机关调查涉嫌贪污贿赂、失职渎职等严重职务违法或者职务犯罪，根据工作需要，可以依照规定查询、冻结涉案单位和个人的存款、汇款、债券、股票、基金份额等财产。有关单位和个人应当配合。""根据工作需要"主要是指涉案单位和个人为达到伪造、隐匿、毁灭证据的目的，有可能转移其存款、汇款、债券、股票、基金份额等财产，不采取查询、冻结措施不足以防止这些情形的发生。[2]

《监察法》第 28 条第 1 款具体规定了监察机关采取技术调查措施的案件范围、程序、执行主体："监察机关调查涉嫌重大贪污贿赂等职务犯罪，根据需要，经过严格的批准手续，可以采取技术调查措施，按照规定交有关机

〔1〕 中共中央纪律检查委员会、中华人民共和国国家监察委员会法规室编写：《〈中华人民共和国监察法〉释义》，中国方正出版社 2018 年版，第 199 页。

〔2〕 中共中央纪律检查委员会、中华人民共和国国家监察委员会法规室编写：《〈中华人民共和国监察法〉释义》，中国方正出版社 2018 年版，第 138 页。

关执行。""根据需要"是指在使用常规的调查手段无法达到调查目的时，迫不得已采取技术调查措施。该条第 2 款对技术调查措施批准决定的内容、延长及解除作出规定。技术调查措施的延长虽然限于"复杂、疑难案件"和"仍有必要继续采取技术调查措施"，但是，"经过批准"就是再走原来的审批程序，即可每次延长 3 个月，并未规定最长期限。当然，"对于不需要继续采取技术调查措施的，应当及时解除"。

根据《监察法》第 30 条，采取限制出境措施以必要性为前提，"经省级以上监察机关批准"是为了防止随意使用限制出境措施，具体决定的期限届满仍需经省级以上监察机关批准才可以延长，在执行过程中对于不需要继续采取限制出境措施的，应当及时解除。

当然，所有这些监察调查手段都有收集和保全证据以及反腐败的功能，针对不同情形而适用或者不适用，但这些调查手段的强制性不同，所以在具体适用时，也可以选择"低投入、高回报"的最佳手段以达到相同的目的。

五、宽严相济与认罪认罚

《中共中央关于全面推进依法治国若干重大问题的决定》提出，要完善刑事诉讼中的认罪认罚从宽制度。2016 年，最高人民法院、最高人民检察院、公安部、国家安全部、司法部印发了《关于在部分地区开展刑事案件认罪认罚从宽制度试点工作的办法》。为了与改革试点相互衔接以及对试点成果进行总结借鉴，《监察法》第 31 条和第 32 条也规定了认罪认罚从宽处罚的内容。在刑事诉讼活动中，侦查阶段通常不适用认罪认罚从宽制度。类似地，在监察调查阶段，由于证据尚未完全收集，案件事实尚未完全确定，因此认罪认罚的适用空间相对较小。然而，基于监察调查与审查起诉的前后衔接以及对"坦白从宽"政策的广泛适用，监察调查活动可以为认罪认罚从宽制度的适用提供一定的事实基础。

（一）表现：改过自新与将功折罪

《监察法》第 31 条针对的是涉嫌职务犯罪的被调查人，"主动认罪认罚"与下列"改过自新"和"将功折罪"的具体表现有所重叠：（1）自动投案，真诚悔罪悔过的；（2）积极配合调查工作，如实供述监察机关还未掌握的违法犯罪行为的;(3)积极退赃,减少损失的;(4)具有重大立功表现或者案件涉及国家重大利益等情形的。《监察法》第 32 条针对的是职务违法犯罪的涉案人员。该条规定的揭发职务违法犯罪行为查证属实和提供重要线索有助于调查其他案件,与第 31 条第 4 项规定的"具有重大立功表现或者案件涉及国家重大利益等情形的"内涵相似。认罪认罚通常体现了被追诉人真诚悔罪的态度,在惩罚实施之前已经达到了一定的预防犯罪效果,一方面体现了刑罚的谦抑性,另一方面体现了罪责刑相适应原则。尽管笔者一直主张刑事诉讼法中的认罪认罚主要是通过立法设置了一种与程序相关的从宽量刑情节,但是如《监察法》第 31 条规定的第 2 种情形"如实供述监察机关还未掌握的违法犯罪行为的",被调查人的供述可能超出监察机关已掌握的范围。在这种情况下,其供述不仅可能影响量刑,还可能涉及罪名、罪数的认定问题。

(二)后果:宽严相济与意见合致

在具体程序上,《监察法》第 31 条和第 32 条都要求"经领导人员集体研究,并报上一级监察机关批准",但是"领导人员"所指并未明确。所谓从宽处罚的建议,本质上是政策术语的法律化,包括从轻处罚、减轻处罚和免除处罚。当然,监察机关的认定或许与检察机关的意见不一致。监察机关遵循惩戒和教育相结合的原则,既要防止处理过于宽松,也要避免处理过于严苛,要符合罪刑法定、罪责刑相适应原则。

这里有一个问题,监察机关可能"抓大放小",降格处理,数罪择一罪处理,检察院在审查起诉中或者法院在审判中对罪名、罪数的认定可能与监察机关不一致,此时需要进一步协调。

六、法律责任的比例性

有学者认为,法律责任设定应当遵循一些基本原则,包括:(1)社会合理性原则。这是一个总括性、根本性的原则,它具体化为社会自我防卫与个体权利之间的张力和协调问题。(2)节制性原则。它要求在整个社会的体系安排中,尽量少设定法律责任,而在设定法律责任时,要在可能和允许的范围内贯彻最节约、最不严厉、最人道原则。(3)比例原则。它要求责任应当与行为的损害程度相适应。(4)统一性原则。它要求法律责任体系具有内在一致性和形式协调性。[1]

　　其实，这些原则的核心内涵与广义的比例原则相似。从《监察法》法律责任条款来看，所谓的合理性大体上反映了一种保障反腐败顺利进行的目的与调查手段之间的适当关系，也包含了反腐败和人权保障之不同目的的冲突协调。监察法律责任的节制性原则体现了必要性要求，而比例原则则根据行为方式、主观态度、客观后果等具体因素设定相应的责任。不过，值得注意的是，监察法律责任的承担方式主要有两种：一是追究各相关责任人员的责任，二是对错误程序行为进行补救，例如纠正错误和排除非法证据等。此外，监察人员的民事责任也是一个有待被发掘的重要话题。《监察法》虽已原则性地规定了国家赔偿责任，但在实际操作层面仍需通过立法完善配套程序。

（一）责任主体：监察关系双方和相关主体

　　《监察法》基于权责对等、责任自负等原则，规定了相关单位和个人应承担的责任。《监察法》第 56 条规定了对监察人员在守法义务和业务能力等方面的要求，主要目的是规范监察人员的行为，促使监察人员更好地履行职责。《监察法》第 61 条规定了"一案双查"原则，即对负有责任的领导人员和直接责任人员追究责任，主要针对 3 种情形：调查工作结束后发现立案依据不充分或者失实；案件处置出现重大失误；监察人员严重违法。《监察法》第 61 条有关"监察人员严重违法"的情形在第 65 条关于对监察机关及其工作人员违法行使职权进行责任追究的规定中得以具体化。

　　《监察法》第八章"法律责任"中的第 62—65 条分别规定了拒不执行监察机关作出的处理决定或者无正当理由拒不采纳监察建议的有关单位，负有责任的领导人员和直接责任人员，阻碍、干扰监察工作的有关人员，进行报复陷害的监察对象和进行诬告陷害的控告人、检举人、证人应各自承担的责任。基于一种责任上的连带关系，被调查人有时并不是通过单兵作战方式，而是通过有组织的"攻守同盟"方式来对抗审查，因此，在实践中有些涉案单位以保护干部之名把案件"压下来"，这种"法外开恩"其实是逃避责任。

　　《监察法》第 66 条是关于构成犯罪追究刑事责任的规定。《监察法》第

---

〔1〕　叶传星：《论设定法律责任的一般原则》，《法律科学（西北政法学院学报）》1999 年第 2 期。

67 条是关于国家赔偿的规定："监察机关及其工作人员行使职权，侵犯公民、法人和其他组织的合法权益造成损害的，依法给予国家赔偿。"

（二）责任形式：实体责任和程序责任

《监察法》第 60 条规定了被调查人及其近亲属对监察机关及其工作人员违法行为的申诉权，这里主要是指程序性违法行为，相应的解决方式主要是"情况属实的，及时予以纠正"。这些违法行为主要有：（1）留置法定期限届满，不予以解除的；（2）查封、扣押、冻结与案件无关的财物的；（3）应当解除查封、扣押、冻结措施而不解除的；（4）贪污、挪用、私分、调换以及违反规定使用查封、扣押、冻结的财物的；（5）其他违反法律法规、侵害被调查人合法权益的行为。

《监察法》第 65 条列举了 9 项监察机关及其工作人员违法行使职权的行为：（1）未经批准、授权处置问题线索，发现重大案情隐瞒不报，或者私自留存、处理涉案材料的；（2）利用职权或者职务上的影响干预调查工作、以案谋私的；（3）违法窃取、泄露调查工作信息，或者泄露举报事项、举报受理情况以及举报人信息的；（4）对被调查人或者涉案人员逼供、诱供，或者侮辱、打骂、虐待、体罚或者变相体罚的；（5）违反规定处置查封、扣押、冻结的财物的；（6）违反规定发生办案安全事故，或者发生安全事故后隐瞒不报、报告失实、处置不当的；（7）违反规定采取留置措施的；（8）违反规定限制他人出境，或者不按规定解除出境限制的；（9）其他滥用职权、玩忽职守、徇私舞弊的行为。对于这些行为，既要依法处理直接责任人员，也要对负有责任的领导人员追究法律责任。

《监察法》第 40 条第 2 款可以被视为对第 65 条第 4 项规定的违法取证行为的"制裁"："严禁以威胁、引诱、欺骗及其他非法方式收集证据，严禁侮辱、打骂、虐待、体罚或者变相体罚被调查人和涉案人员。"还有一种保障被调查人利益的方式，即《监察法》第 33 条第 3 款："以非法方法收集的证据应当依法予以排除，不得作为案件处置的依据。"

七、结语：比例原则作为裁量根据

前文所述的比例原则在分级管辖和分类处理、监察调查措施的运用、责任承担等方面有一些明确具体的情形，但是对更多的细节问题和具体实践中遇到的问题未明确。当然，法无巨细，监察机关及其工作人员不可避免地享有一定的裁量权。在此背景下，比例原则就可能用以填补法律空白。

第一，《监察法》对监察对象、监察主体、监察权限的某些规定蕴含了监察权扩展的可能，比例原则要求监察调查权谦抑行使。就监察对象而言，《监察法》涉及"公职人员"（第3条、第11条、第15条），"有关人员""从事公务的人员""从事管理的人员"（第15条），等等。尽管立法无法列举所有情形，但是在具体实践中，"涉案人员"（第22条第2款）、"涉案单位和个人"（第23条）和"相关人员"（第30条）等概念的范围可能从被调查人扩展到共同犯罪人、亲属、证人、单位同事和员工等，几乎涵盖任何人。由此，带有强制性的监察调查措施尽可能不适用于被调查人以外的人员，只有在迫不得已的情形下才可适用。例如，留置手段的适用应以被调查人涉嫌犯罪为前提。对于在未立案或没有管辖权情形下所收集的证据是否可采，可以参照刑事诉讼法的有关原理，结合证据收集手段是否侵权及其侵权程度作出恰当判断。

第二，在具体实践中，比例原则可以对《监察法》所规定的概括情形进行细节补充。例如，必要时提级管辖（第16条），留置时间在特殊情况下可以延长1次（第43条第2款），对于"复杂、疑难案件"，"仍有必要"时，可以延长技术调查措施的有效期（无次数限制），"不需要"时，应当及时解除技术调查措施（第28条），"不需要"时，应当及时解除限制出境措施（第30条），其中的"必要""不需要""特殊"等有待监察工作人员结合案件具体情形进行裁量。又如，为防止自留自查可能导致滥权情形，留置场所由相对中立的机构来设置、管理和监督更为恰当。再如，《监察法》规定了留置、技术调查措施的期限，而对冻结、调取、查封、扣押、限制出境等措施没有规定明确的期限，在具体实践中，可以参照留置等的期限规定进行裁量。

第三，比例原则可以对监察调查的决策程序进行完善。例如，《监察法》第34条通过合并管辖扩张管辖权，如果监察机关行使侦查权，也就意味着律师参与调查等制度有被引入的可能。《监察法》所规定的"经过严格的批准手续"采取技术调查措施（第28条），"经省级以上监察机关批准"采取限制出境措施（第30条），"经领导人员集体研究，并报上一级监察机关批准"建议从宽处罚（第31、32条），"履行审批手续"对问题线索进行分类办理（第37条），依法履行审批程序成立核查组以及初步核实情况报告和分类处理意见报监察机关主要负责人审批（第 38 条），监察机关主要负责人批准立案（第 39 条）等程序，有的仅属于手续性要件，而有的则涉及相关人员的重要权利义务。尽管这些程序带有一定的行政命令色彩，但在具体设计上，不排除探索对席听证等机制的可能。

此外，可以根据比例原则对执法行为进行审查以及考察相关法规法纪的适当性。当然，监察调查人员的裁量一定要建立在事实、证据和理由之上，这种裁量并不是一种权力独断，最恰当的做法是通过合适的程序在听取各方意见的基础上作出决定。由此，比例原则是一种在对抗性目的之间进行最大化平衡与协调的理性沟通准则。

第十章　非法证据排除的程序性规范

可以说对证据进行审查判断是一个经久不衰的话题,[1]刑事诉讼中的证据审查主要由公检法不同主体进行，当事人及其诉讼代理人也必然参与其中。这种审查活动不限于对证据本身的评判，还延伸至对取证手段和方式的合法性审查。2010 年 6 月 13 日，最高人民法院、最高人民检察院、公安部、国家安全部、司法部联合发布《关于办理刑事案件排除非法证据若干问题的规定》（以下简称《排除非法证据规定》）和《关于办理死刑案件审查判断证据若干问题的规定》，使非法证据排除实体性规则得到细化，并增加了程序性规则，明确规定了审查逮捕阶段、审查起诉阶段和审判阶段依法排除非法证据的职权，要求法庭"先行当庭调查"，并且规定了法庭调查方式，使其真正具有了可操作性，而对证据资格的独立审查已然成形，先行裁决这个新问题也呼之欲出。其后，2012 年《刑事诉讼法》吸收了上述证据规定中的内容，明确了侦、诉、审阶段排除非法证据的职责和排除非法证据的效果，配套的 2012 年《高法解释》确立了庭前会议证据合法性的审查程序（第 99 条），证据可采性的先行裁决机制雏形初显。2017 年《严格排除非法证据规定》更多的是规定在刑事诉讼各阶段证据合法性的审查程序，尤其明确了庭审排除非法证据的标准，以及"对依法予以排除的证据，不得宣读、质证，不得作为判决的根据"（第 34 条）。至此，非法证据排除先行审查和先行裁决制度得到明确规范。[2]这些规定及后来的相关司法解释所确立的非法证据排除程序机制对我国司法实践活动必然产生越来越重要的影响。

---

〔1〕 戴泽军：《审查判断证据》，中国人民公安大学出版社 2010 年版；潘美玉、高慧、戴奎：《刑事证据审查手册》，法律出版社 2021 年版。

〔2〕 吴洪淇：《刑事证据审查的基本制度结构》，《中国法学》2017 年第 6 期，第 167—186 页；刘静坤：《证据审查规则与分析方法：原理·规范·实例》，法律出版社 2018 年版，第 79 页以下；陈俊涛、刘昊、李研编著：《排非手册：非法证据排除的应用与实践》，广东人民出版社 2019 年版，第 263 页以下。

一、非法证据排除先行审查和先行裁决的规范

在我国刑事诉讼程序中，侦查机关、检察机关和审判机关均依法享有证据收集权。同时，非法证据排除规则的适用贯穿于侦查、起诉和审判 3 个阶段，各专门机关在其职权范围内都负有排除非法证据的法定职责。2010 年《排除非法证据规定》规定，被排除的证据"不能作为定案的根据"（第 2 条），被告人审判前供述可能经历是否非法取得和能否作为定案根据的"双重"质证（第 7 条、第 10 条）。在《刑事诉讼法》中，证据被排除的效果被具体化为"不得作为起诉意见、起诉决定和判决的依据"（第 56 条）。2017 年《严格排除非法证据规定》明确，证据在庭审阶段被依法排除具有程序上"不得宣读、质证"和实体上"不得作为判决的根据"的双重效果。由此可见，为实现证据排除决定对事实调查程序的实质约束效力，有必要将证据排除的决定方式从依附于起诉意见、起诉决定和裁判结果的综合性判断中独立出来，构建专门的程序性制裁机制。

（一）我国非法证据排除的先行审查和先行裁决

近年来，"以审判为中心"的刑事诉讼制度改革强调证人出庭制度、直接言词原则、传闻证据排除规则，但仍然未能对以侦查为中心的"卷宗确认程序"造成冲击。2017 年，最高人民法院印发《人民法院办理刑事案件庭前会议规程（试行）》《人民法院办理刑事案件排除非法证据规程（试行）》和《人民法院办理刑事案件第一审普通程序法庭调查规程（试行）》，意图让中央改革精神落地见效，构建更加规范化、精密化、实质化的刑事审判制度。然而，上述 3 项规程的试行并未在 2018 年《刑事诉讼法》修正之中及时转化为法律。这 3 项规程设计，使我国非法证据排除规则"更上一层楼"，有助于使非法证据排除规则真正地落地生根。2024 年，最高人民法院、最高人民检察院、公安部、国家安全部、司法部在原先由法院系统单独推行的《人民法院办理刑事案件庭前会议规程（试行）》和《人民法院办理刑事案件排除非法证据规程（试行）》基础上印发了《办理刑事案件庭前会议规程》和《办理刑事案件排除非法证据规程》。在这些规程之中，非法证据排除的先行审查和先行裁决更具可操作性。总体而言，我国非法证据排除的先

行审查附属于非法证据排除规则，主要有 3 种形式：一是侦查、起诉阶段的自我审查；二是庭前的证据合法性审查；三是庭审的先行调查程序。其启动有依职权和依申请 2 种方式，并且依职权启动主要是在侦查、起诉阶段。

1. 依职权启动对证据收集合法性的审查，常常是办案机关的自我审查和决策

依申请启动非法证据排除程序的具体情形主要有：第一，侦查、调查阶段的主动排除。2017 年《严格排除非法证据规定》第 15 条规定："对侦查终结的案件，侦查机关应当全面审查证明证据收集合法性的证据材料，依法排除非法证据。排除非法证据后，证据不足的，不得移送审查起诉。侦查机关发现办案人员非法取证的，应当依法作出处理，并可另行指派侦查人员重新调查取证。"《监察法》第 33 条规定："监察机关在收集、固定、审查、运用证据时，应当与刑事审判关于证据的要求和标准相一致。以非法方法收集的证据应当依法予以排除，不得作为案件处置的依据。"

第二，侦查阶段重大案件检察机关主动介入调查核实。2017 年《严格排除非法证据规定》第 14 条第 3 款规定："对重大案件，人民检察院驻看守所检察人员应当在侦查终结前询问犯罪嫌疑人，核查是否存在刑讯逼供、非法取证情形，并同步录音录像。经核查，确有刑讯逼供、非法取证情形的，侦查机关应当及时排除非法证据，不得作为提请批准逮捕、移送审查起诉的根据。"

第三，捕诉阶段检察机关依职权主动调查核实。2017 年《严格排除非法证据规定》第 17 条第 2 款规定："人民检察院在审查起诉期间发现侦查人员以刑讯逼供等非法方法收集证据的，应当依法排除相关证据并提出纠正意见，必要时人民检察院可以自行调查取证。"由于"书面中心主义"的办案习惯，第 3 款则规定："人民检察院对审查认定的非法证据，应当予以排除，不得作为批准或者决定逮捕、提起公诉的根据。被排除的非法证据应当随案移送，并写明为依法排除的非法证据。"

2. 依申请启动对证据收集合法性的审查和审判阶段的先行裁决

虽然侦诉审各阶段都存在依申请启动非法证据排除程序的情形，但是基于"法院不取证"原则，法院不需要主动自我担保证据的合法性，由被告人及其辩护人申请排除非法证据更突出体现在法院审理阶段，并且由于法院在审前并不会作出排除非法证据的决定，因此，审前申请和庭审中申请存在着衔接关系,[1]最终由法院在庭审过程中对非法证据排除问题作出实质性裁判。

第一,侦、诉阶段对排除非法证据申请的审查。2017年《严格排除非法证据规定》第14条第1款、第2款规定了在侦查阶段检察机关依申请调查核实证据收集的合法性。第17条第1款规定:"审查逮捕、审查起诉期间,犯罪嫌疑人及其辩护人申请排除非法证据,并提供相关线索或者材料的,人民检察院应当调查核实。调查结论应当书面告知犯罪嫌疑人及其辩护人。"

第二,庭前证据合法性调查。2024年《办理刑事案件排除非法证据规程》第11条规定:"被告人及其辩护人申请排除非法证据,且提供相关线索或者材料的,人民法院应当召开庭前会议,并在召开庭前会议三日前将申请书和相关线索或者材料的复制件送交人民检察院。被告人及其辩护人申请排除非法证据,未提供相关线索或者材料的,人民法院应当告知其补充提交。被告人及其辩护人未补充的,人民法院对申请不予受理,并在开庭审理前告知被告人及其辩护人。上述情况应当记录在案。"

第三,庭审阶段证据合法性调查。2012年《刑事诉讼法》第56条第1款规定:"法庭审理过程中,审判人员认为可能存在本法第五十四条规定的以非法方法收集证据情形的,应当对证据收集的合法性进行法庭调查。"2017年《严格排除非法证据规定》第30条规定:"庭审期间,法庭决定对证据收集的合法性进行调查的,应当先行当庭调查。但为防止庭审过分迟延,也可以在法庭调查结束前进行调查。"

2017年《严格排除非法证据规定》第33条第1款是对"先行裁决"最明确的规定:"法庭对证据收集的合法性进行调查后,应当当庭作出是否排除有关证据的决定。必要时,可以宣布休庭,由合议庭评议或者提交审判委员会讨论,再次开庭时宣布决定。"第2款相应地明确其程序效果:"在法庭作出是否排除有关证据的决定前,不得对有关证据宣读、质证。"第34条第2款规定:"对依法予以排除的证据,不得宣读、质证,不得作为判决的

---

[1]　可见于如下法条,2024年《办理刑事案件排除非法证据规程》第10条第1款:"被告人及其辩护人申请排除非法证据,应当在开庭审理前提出,但在庭审期间发现相关线索或者材料等情形除外。"第19条规定:"被告人及其辩护人在开庭审理前未申请排除非法证据,在庭审过程中提出申请的,应当说明理由。人民法院经审查,对证据收集的合法性有疑问的,应当进行调查;没有疑问的,应当驳回申请。人民法院驳回排除非法证据的申请后,被告人及其辩护人没有新的线索或者材料,以相同理由再次提出申请的,人民法院不再审查。"

根据。"

第四，法院审理阶段庭前启动排非程序和庭审启动排非程序的相互衔接。其实，在刑事诉讼各环节将非法证据排除在外或许并不是一个合适的做法，更为妥当的是将其留存于卷宗材料之内"随案移送"，在各个阶段反复确认非法取证情形，直到最终决定将非法证据排除在外。我国现行的非法证据排除规则主要表现为在裁判文书中对非法证据的不可采性进行阐释。由于法官已在判决书中对特定证据的非法性作出明确认定，其定罪裁判的说理部分只能依据其他合法证据展开，这在一定程度上阻断了非法证据对法官心证的形成产生影响。从本质上看，这种排除方式实际上是将证据能力问题转化为证明力问题加以处理。值得注意的是，当前在庭审阶段对非法证据进行前置性审查的做法，正在逐步改变我国"重实体、轻程序"的法律传统。

（二）英美法系非法证据排除的裁定程序

在英美法系国家，尽管证据排除规则是对官员不当行为最常见的补救措施，但法官很少排除证据。证据排除要让实体裁决建立在"清白"的证据之上，而其途径是首先对证据是否有资格作出裁决。几乎每篇涉及警察工作的案例摘录都呈现出希望将证据排除在法庭之外的被告人和希望将证据纳入其中的检察官之间的对抗。这种对抗的根源在于排除规则的存在。排除规则是否适用是在审前听证会（pretrial hearing）上决定的，该听证会由辩方动议触发，以排除执法人员通过搜查、扣押、讯问等途径获得的证据。证据的可采性认定属于法律问题，这意味着由法官而不是陪审团决定是否排除证据。[1]

证据的可采性是指，证据具备在法律程序中作为认定案件事实依据的资格和条件，这种资格和条件使其能够在听审、庭审或其他法定程序中作为有效证据被采纳和使用。证据是否具有可采性部分取决于有关法律规则或诉讼规则的规定，部分取决于证据本身与待证事实是否具有相关性。同一证据可能为此目的具有可采性，而为另一目的则不具有可采性。错误地采信或排除证据可构成上诉的理由。[2]

在英美法系的陪审团制度下，陪审团和法官分别承担事实认定（定罪）和法律适用（量刑）的职责，可采性是一个法律问题，而确定可采性所依据

---

〔1〕 Joel Samaha, *Criminal Procedure*, Tenth Edition, Cengage, 2018, p. 519.
〔2〕 薛波主编：《元照英美法词典》，法律出版社 2003 年版，第 37 页。

的事实问题也被视为法律问题的一部分，交由法官决定。因此，法官必须决定讯问录音是否显示警方向犯罪嫌疑人承诺优待以换取供述（主要事实），如果是，那么该承诺是否可能使犯罪嫌疑人的供述不可靠（推断事实）。如果可信度所依据的事实存在争议，那么法官必须通过专门的"预先审查程序"（voir dire）进行认定。该程序实质上构成"审判中的审判"。律师可就争议问题向法官陈述意见，然后由法官对有争议证据的可采性作出裁决。当涉及可能对被告不利的争议证据（如供述或前科记录）时，相关审理程序将在陪审团不在场的情况下进行。[1]

根据《美国联邦证据规则》第 103 条（a）"保有关于（裁决）错误的主张"，不得认为采纳或者排除证据的裁定是错误的，除非当事人的重大权利受到了影响，并且已经提请法官注意该错误的性质，以便他采取适当的行动，以及促使对方律师采取适当的纠正措施。其行动主要是提出异议和提出证明：（1）提出异议。对于采纳证据的裁决，依在案记录，当事人适时提出异议或者要求删除证据，并且阐明具体理由，除非该理由在相关情境中显而易见。（2）提出证明。对于排除证据的裁决，当事人通过提出证明使法庭了解该证据的要旨，除非该要旨在相关情境中显而易见。不需要重新提出异议或者提出证明。不论当庭或在审前，一旦法庭作出明确裁决并记录在案，当事人无须重新提出异议或提出证明，即保有在上诉中关于裁决错误的主张。这一做法显然有利于避免耗费时间和精力，避免了对法官的干扰。如果当事人认为法官的先前行为并非"明确裁定"，则重新提出异议显然是明智的。修正案给律师设定了这样的义务，即在存疑时，弄清楚审前动议裁定或者其他证据裁定的明确性。法院可以就证据性质、异议内容和裁决结果进行任何陈述，并可指示以问答形式提出证明。在陪审团审判中，法庭必须防止以任何方式将不可采的证据暗示给陪审团。值得注意的是，法院可以对影响重大权利的显见错误进行司法认知，即使当事人未适当地保有关于裁决错误的主张。[2]

上述关于证据裁决的规定，当然是建立在法官（指示、司法认知）和陪审团（回避）分权的基础上，并且要突出当事人及其诉讼代理人在其中发挥

〔1〕　I. H. Dennis, *Law of Evidence*, Fifth Edition, Sweet & Maxwell, 2013, pp. 116 - 117.

〔2〕　王进喜：《美国〈联邦证据规则〉（2011 年重塑版）条解》，中国法制出版社 2012 年版，第 9 页以下。

更重要的作用（提出异议、提出证明）。这体现了对证据的"程序审查优先原则"[1]"程序性裁判前置原则"[2]等。首先，作为"审判中的审判"，刑事证据法将侦查行为合法性审查置于优先地位，这要求暂时中止实体性裁判程序，待就侦查行为合法性及非法证据排除问题作出裁决后，方可恢复对被告人刑事责任的实体审理。这样非法证据排除规则才具有实际效果。其次，侦查行为合法性审查应当被纳入专门的裁判程序之中。该程序的启动可依职权或依申请进行，并且要初步审查和实质审查。依申请启动要符合一定的条件：被告人及其辩护人须提出相关证据或线索，并且让法官对取证合法性产生怀疑。在证据合法性的程序性裁判中，采用两造对抗、法官居中裁判的基本诉讼构造。[3]在具体的诉讼过程中，由公诉机关承担证明侦查行为合法性的责任，并且这种证明还需要达到确实、充分的程度。法院优先审查被告方的程序性裁判申请，本质上是对被告人诉权的一种尊重。

近年来，我国刑事诉讼法中非法证据排除规则的功能定位发生显著转变：从最初侧重于发现真相、防止错案的功能，逐步转向以人权保障和正当程序为理论支撑的价值取向，这要求事实认定必须建立在合法证据之上。虽然程序性裁判的启动本身可能使诉讼程序变得更加烦琐，但是，在正式庭审之前设置专门的程序性裁判环节，能够有效避免庭审程序冗长、焦点分散等问题，扫除可能影响庭审效率的程序障碍，使审判人员能集中精力处理定罪量刑等核心问题。同时，刑事诉讼法确立程序性裁判机制，充分体现了程序独立价值，改变了中国轻程序、轻裁判过程、轻个人的法律传统，有助于实现程序工具主义向程序本位主义的转变，进而完善程序立法。

二、证据可采性先行裁决的诉讼模式基础

刑事诉讼中对证据能力的先行审查和先行裁决与对抗式诉讼模式、诉讼分段和法庭组织二元分化有着深刻的相关性，职权主义诉讼模式有着强烈的非法取证动机以及采取排除证据之外的措施来治理非法取证。其更直接的关联性主要体现在：（1）非法证据排除的理论基础从注重真相查明的虚伪排除

---

[1]　陈瑞华：《刑事证据法的理论问题》（第2版），法律出版社2018年版，第117页以下。
[2]　陈瑞华：《刑事证据法的理论问题》（第2版），法律出版社2018年版，第169页以下。
[3]　陈瑞华：《刑事证据法的理论问题》（第2版），法律出版社2018年版，第122页。

说转向注重程序正义的人权保障说。现代刑事诉讼法的发展和司法文明的进步不允许以非法侵犯被告人人权的方式解决被告人刑事责任问题。拥有强制权力的国家机关非常容易侵犯犯罪嫌疑人、被告人的权利。侦查人员以刑讯逼供等非法手段从犯罪嫌疑人口中获得其自身有罪的供述，这不只是侦查人员严重违反法律程序的问题，也严重侵犯了犯罪嫌疑人的人权。法官不做违法的帮凶，其通过非法证据排除机制来遏制警察的不法行为。（2）对证据的证据能力和证明力双重属性进行分层审查。要先确定证据是否具有法庭准入资格，才能进一步判断其证明力强弱。（3）在对抗式诉讼模式下，法官和陪审团对法律和事实分权决策。在被告方对证据合法性提出异议时，若法官先行对证据证明力进行实体审查，极易形成先入为主的预判，进而基于该证据产生被告人有罪的内心确信。即便法官首先审查证据可采性，由于其已接触证据内容，在后续庭审中仍可能影响心证形成。因此，唯有将证据可采性审查与事实认定职能分配给不同的裁判主体，特别是通过陪审团制度实现事实认定的独立性，才能有效避免心证被污染，确保裁判的客观公正。

（一）非法证据排除理论基础转向对其审查和决定的影响

非法证据排除的理论基础一开始主要是虚伪排除说，这在我国现行的相关法律条文中仍有体现，例如《刑事诉讼法》第253条列举了人民法院应当重新审判的当事人及其法定代理人、近亲属申诉理由，其中第2项是："据以定罪量刑的证据不确实、不充分、依法应当予以排除，或者证明案件事实的主要证据之间存在矛盾的。"所谓"存在矛盾"当然是一种证明力评价，而"不确实、不充分、依法应当予以排除"三者并列，大体上表明，证据排除还是要看其是否真实可靠，而非单纯关注取证手段是否违法。换句话说，即便取证手段违法，只要所获证据"确实、充分"，就可以说是一种"无害错误"，可能不需要提起再审，或许这暗含了取证违法是发现证据材料虚假不实的有效线索。在司法实践中，违法取证行为并非必然导致证据被排除，只有当其影响事实真相认定时，才具有排除的必要。这一制度设计的理论基础在于：违反证据收集规范所获的证据往往具有较高的虚假性，而根据我国证据法原理，证据真实性属于证明力范畴。因此，基于"虚伪排除说"的证据排除规则无须设置专门的优先审查程序，而是通过"不得作为定案根据"等条款形式予以体现，具体包括真实性存疑排除规则、裁量性排除规则以及瑕疵证据排除规则等。其中，真实性存疑排除规则适用于司法人员严重违反法定程序所获取的证据，法官对此类证据必须绝对排除，不享有裁量空间。但需要注意的是，这种排除决定是在正式庭审程序后，由法官在裁判中作出。我国的裁量性排除规则是指，对于侦查人员采用非法方式获取的物证、书证，可能严重影响司法公正的，应当予以补正或作出合理解释，对于不能补正或作出合理解释的，对该证据予以排除。法官在是否排除某一非法证据方面享有较大的自由裁量权，法官在考虑违法取证的情形以及其所造成的法律后果的同时，还要给予公诉方进行程序补正的机会，并将该方能否补正以及补正的效果作为是否排除非法证据的重要依据。[1]"裁量性排除规则"本身带有"可补正的排除规则"的性质，当然补正规则适用于侦查人员通过轻微违法行为所获取的证据，这些瑕疵证据的种类比较广泛，例如，笔录记录有错误，笔录遗漏了重要内容，笔录缺乏相关人员的签名，侦查活动存在"技术性手续上的违规"，等等。[2]

针对非法取证行为，我国刑事诉讼法确立了多元化的救济机制，如《刑事诉讼法》第57条规定，人民检察院针对确有以非法方法收集证据的情形，可以"提出纠正意见"或者"追究刑事责任"。有学者注意到，我国司法实践中存在通过降格指控或者减轻罪责的方式来解决非法取证问题的做法。[3]这也是虚伪排除说的一种表现：其"重实体"着眼于非法取证本身是否导致证据虚假，而"轻程序"体现在对取证非法性的相对忽视。非法证据仍可用于查明案件事实，但是通过责任减等的方式让被告人获得实质利益，也在一定程度上能促使侦查机关遵循正当程序。学者万毅也指出，在美国二元司法体系下，非法证据可能被排除于陪审团的定罪程序，但是还有可能在法官的量刑程序中被采用，[4]这同样体现了非法证据减等适用理念。

就自白证据而言，排除非法自白的初衷确实与其真实性密切相关，由于人在遭受极度痛苦的情况下会为了减轻痛苦而作出不实陈述，因此，通过此类手段获得的供述往往缺乏真实性。"刑讯必然造成这样一种奇怪的后果：无辜者处于比罪犯更坏的境地。尽管二者都受到折磨，前者却是进退维谷；他或者承认犯罪，接受惩罚，或者在屈受刑讯后，被宣告无罪。但罪犯的情

---

〔1〕 陈瑞华：《刑事证据法》（第3版），北京大学出版社2018年版，第189页。

〔2〕 陈瑞华：《刑事证据法》（第3版），北京大学出版社2018年版，第192页以下。

〔3〕 李训虎：《证明力规则检讨》，《法学研究》2010年第2期。

〔4〕 万毅：《论无证据能力的证据——兼评我国的证据能力规则》，《现代法学》2014年第4期。

况则对自己有利，当他强忍痛苦而最终被宣告无罪时，他就把较重的刑罚改变为较轻的刑罚。所以无辜者只有倒霉，罪犯则能占便宜。"[1]

　　然而，若待甄别真伪后再决定是否采纳，实质上已演变为非法自白不排除规则，即将证据能力问题转化为证明力问题。基于此，现代自白法则已将排除标准聚焦于取证程序本身。鉴于国家公权力在刑事追诉中的强势地位——其不仅主导程序推进，还可依法使用强制措施，这种权力本身即带有惩罚属性。因此，唯有严格遵循法定条件和程序规范进行取证，方能有效保障犯罪嫌疑人、被告人的合法权益。尽管权利救济存在多种途径，但排除非法证据从根本上降低了侦查机关从违法行为中获利的可能性。正因如此，对于通过刑讯逼供等非法手段获取的被告人供述，多数国家均确立了绝对排除规则。当然，排除此种供述"并不只是因为此种供述可能是不真实的；基本的公正理念也要求法院不得使用通过此种强迫的手段所获取的证据"[2]。"第一，除非供述是自由和自愿地作出，否则，将此种供述作为不利于被告人的诉讼证据，这种做法将导致刑事诉讼的基本公正性受到怀疑。第二，除非供述是自由和自愿地作出，否则，就可能侵犯了被告人所享有的免于自证其罪的权利。"[3]

　　可见，尽管非法证据排除还是可能具有防止办错案的功能，但是其更主要体现了无罪推定原则，以及对公民自由意识、自主决策权利的尊重，当然，程序的公平性也要求控辩双方"平起平坐"。当非法证据排除的理论基础由虚伪排除说转向人权保障说时，独立的程序性制裁机制显得更有必要。

（二）职权取证下程序权利和权力的二元博弈

　　取证必然涉及权利和权力的划界及其二元博弈，因此，所谓非法证据则是一种侵犯公民权利或者权力滥用的自然而然的结果，对此进行排除有一种遏制违法的追求，当然也蕴含了保障人权的价值追求。刑事诉讼典型地表现为一种对抗模式，诚如美国学者帕克指出，表现为"权利—权力"斗争的刑事诉讼有不同的模式，例如不同的权力机关到底是相互配合更高效地发现事

---

[1]　[意] 贝卡里亚：《论犯罪与刑罚》，黄风译，中国大百科全书出版社 2005 年版，第 89 页。
[2]　[美] 诺曼·M. 嘉兰、[美] 吉尔伯特·B. 斯达克：《执法人员刑事证据教程》，但彦铮等译，中国检察出版社 2007 年版，第 229 页。
[3]　[美] 诺曼·M. 嘉兰、[美] 吉尔伯特·B. 斯达克：《执法人员刑事证据教程》，但彦铮等译，中国检察出版社 2007 年版，第 225 页。

实以惩罚犯罪（接力赛），还是相互制约通过正当程序给事实发现设定障碍（障碍赛）。帕克认为，刑事诉讼包含3个主要阶段：（1）从逮捕到决定指控该犯罪嫌疑人的阶段；（2）从决定指控到有罪判决阶段；（3）再审及纠正早期发生的错误的阶段。在第一个阶段，两种模式的冲突性主要体现在以下方面，即为调查而实施的逮捕，电子窃听，合法逮捕后的羁押与讯问，对非法获取证据的制裁，以及在第一个阶段或者说预备阶段具有特殊重要性的获取辩护律师帮助的问题。[1]从非法取证的动机和后果来看，犯罪控制模式受求真动机支配，并且通过内部行政手段追责。而正当程序模式严格限制非法取证，并且法官排除非法证据以防止陪审团心证受到污染。

1. 犯罪控制模式下非法取证的求真动机

帕克认为，所谓的非法取证情形主要发生于第一个阶段。在该阶段，一旦犯罪嫌疑人被拘留，接下来的一个普遍问题就是，该怎么处置他。[2]为了实现"刑事诉讼程序应成为社会自由的积极保护者"的崇高使命，"犯罪控制模式"要求首先重视效率，因为刑事诉讼程序是凭借效率来运作，从而对犯罪嫌疑人进行审判、定罪以及确保对有罪的人进行适当处置。[3]在犯罪控制模式下，由于"最佳信息来源通常是嫌疑人本人。没有他的合作很多犯罪根本就不可能查明"[4]。为了取得犯罪嫌疑人的合作，警察需要在犯罪嫌疑人被逮捕之后迅速出击，不容犯罪嫌疑人有机会编造谎言或者重整力量对抗侦查，并且要切断犯罪嫌疑人与外界的联系，不允许其会见家人或朋友和咨询律师，防止犯罪嫌疑人因获得心理支持和法律资源而降低在讯问中的配合意愿。"警察在审讯期间从嫌疑人处得到的任何可信陈述，当然可以作为不利于他的证据。刑事调查就是对真相的探询，任何推动该探询的行为都应该受到鼓励。当然也有这样的危险：有时候警察无法达到职业标准，会利用强制方式从嫌疑人那里取得自述。这种情况不能宽恕，但是同时我们也应该牢记，强制自述的恶果在于它可能会导致对无辜者的有罪裁决。什么样的警察

〔1〕 ［美］赫伯特·L.帕克：《刑事诉讼的两种模式》，梁根林译，［美］虞平、郭志媛编译：《争鸣与思辨：刑事诉讼模式经典论文选译》，北京大学出版社2013年版，第19页。

〔2〕 ［美］赫伯特·L.帕克：《刑事诉讼的两种模式》，梁根林译，［美］虞平、郭志媛编译：《争鸣与思辨：刑事诉讼模式经典论文选译》，北京大学出版社2013年版，第25页。

〔3〕 ［美］弗洛伊德·菲尼、岳礼玲选编：《美国刑事诉讼法经典文选与判例》，中国法制出版社2006年版，第32—33页。

〔4〕 ［美］赫伯特·L.帕克：《刑事诉讼的两种模式》，梁根林译，［美］虞平、郭志媛编译：《争鸣与思辨：刑事诉讼模式经典论文选译》，北京大学出版社2013年版，第25页。

行为属于强制性的，对此无法制定严格明确的规则。被告人的自述是否可靠，这属于个案中的事实问题。如果被告人的自述被用作不利证据，他应该尽力说服陪审团相信他是在强制情况下作出自述的，该自述更有可能是不真实的。在判断这个问题时，事实的审判者当然应该有权考虑该案的其他证据，如果其他证据指向有罪并倾向于与自述内容互相印证，在判断自述是否更有可能不真实时，审判者当然有权考虑其他证据。"[1]

2. 犯罪控制模式下非法证据排除外的追责机制

帕克在犯罪控制模式中对警察违法和查明真相持有不同的态度，虽然自白是否被排除并不仅仅由暴力行为本身所决定，但是，这也不意味着对警察的非法暴力行为放任不管。"正是通过内部行政方法提高专业标准，而不是通过刑事起诉的偶然结果，警察的不当行为正在被消除。比使用武力更不可能具有胁迫性的因素，例如拘留时间过长且没有伴随身体虐待，不应完全否定自白的可采性。"[2]

（三）对抗式中法官和陪审团的二元法庭

1. 正当程序模式下取证的严格规范和自白排除规范

在正当程序中，逮捕犯罪嫌疑人必须有合理根据相信犯罪嫌疑人已经实施了犯罪，因此犯罪嫌疑人的口供并不是逮捕的信息依据，逮捕不是犯罪嫌疑人自己指控自己，而是对指控作出答辩。犯罪嫌疑人有权质疑逮捕的合理根据，有权在对其作出有罪或者无罪的司法判决前不受羁押，以及有权在被逮捕时及时获得律师帮助，而这些都要求其被迅速地带到治安法官面前。犯罪嫌疑人被羁押后至被带到治安法官面前期间接受讯问本身就是非法的，犯罪嫌疑人一被逮捕，就应该被警察告知下列事项：没有义务回答问题，不会因为拒绝回答问题而受到任何伤害，可以回答有利的问题以洗刷嫌疑，但是所说的一切都可能被用作证据，最重要的是，如果愿意的话，有权聘请律师。如果在此期间犯罪嫌疑人确实作出了自证其罪的供述，下列任何一种情况都可以排除这些供述：（1）警察未能告知犯罪嫌疑人所享有的权利，包括

〔1〕［美］赫伯特·L．帕克：《刑事诉讼的两种模式》，梁根林译，［美］虞平、郭志媛编译：《争鸣与思辨：刑事诉讼模式经典论文选译》，北京大学出版社 2013 年版，第 26 页。

〔2〕Herbert L. Packer, "Two Models of the Criminal Process", *University of Pennsylvania Law Review*, 1964, 113 (1), p. 33.

得到辩护律师帮助的权利。（2）犯罪嫌疑人在被告知所享有的法定权利之前接受讯问，除非他明确表示放弃沉默权和会见律师权。（3）犯罪嫌疑人在超期羁押期间作出有罪供述，即超出迅速将其带到治安法官面前所必需的时间作出有罪供述。（4）该有罪供述是通过其他强制手段得到的，如使用暴力。犯罪嫌疑人在上述任一种情况下作出的自述，都应当被视为"非任意性"，从而在审判中被排除，以此避免警察产生获取此类自述的动力。[1]

2. 正当程序模式下自白排除的求善理论基础

进而言之，排除上述自证其罪的供述，其理论基础并非该自白不可信，而是它不符合对抗性刑事司法制度的基本原理，该制度有这样一些要求：（1）政府提出不利于被告人的诉讼，但不能迫使被告人在程序中进行合作，不能利用被告人对法定权利的无知。（2）其他有罪证据是否存在并不影响自白的可采性，以及驳回部分建立在该类自白基础上的有罪判决的必要性。（3）在判断自白可采性的程序中，必须避免对被告人产生偏见。在陪审团审判中，自白可采性问题应该由法官依据向其提供的记录决定，不能由陪审团决定，法官有权力决定陪审团能否听取自白。[2]

在美国联邦最高法院的那些判决中，判断自愿性的标准不是自白可信，而是其符合对抗性刑事司法制度的基本原理，在该制度中，对被告人的指控必须通过"独立及自由地获得的证据"证明，不允许政府通过强制力由被告人自己证明对他提出的指控。[3]然而在我国，职权取证制度当然要求犯罪嫌疑人接受警察的调查并忍受警察的讯问。

3. 正当程序模式下自白排除的程序效果

达马斯卡（Mirjan R. Damaska）概括了英美证据法的3个倾向，最后一个是英美法律对事实认定者的证据分析活动进行控制的明显意图。[4]他论述道："如果作为避免个体认知缺陷的保障措施的话，那么有限可采性规则和证据指示显得没有多大意义；然而，如果把它们理解为致力于影响集体评议

---

〔1〕［美］赫伯特·L．帕克：《刑事诉讼的两种模式》，梁根林译，［美］虞平、郭志媛编译：《争鸣与思辨：刑事诉讼模式经典论文选译》，北京大学出版社2013年版，第27页。

〔2〕［美］赫伯特·L．帕克：《刑事诉讼的两种模式》，梁根林译，［美］虞平、郭志媛编译：《争鸣与思辨：刑事诉讼模式经典论文选译》，北京大学出版社2013年版，第27—28页。

〔3〕［美］赫伯特·L．帕克：《刑事诉讼的两种模式》，梁根林译，［美］虞平、郭志媛编译：《争鸣与思辨：刑事诉讼模式经典论文选译》，北京大学出版社2013年版，第28页。

〔4〕［美］米尔建·R．达马斯卡：《漂移的证据法》，李学军等译，中国政法大学出版社2003年版，第33页。

的工具的话，那么它们可以表现得更好。"[1]从陪审团评议的秘密性来看，"如果支撑其决策过程之'产出'的理性根据可以避开监督，那么支撑该过程之'输入'的理性根据就应该成为可以质疑的对象"[2]。由于无法控制"产出"，转而寻求对"输入"的控制，英美法系陪审团裁决要求集中解决有关向事实认定者提交证据的问题，而大陆法系的法官通过说理解释有关司法证据的惯例如何支持其判决。尽管阐明裁决理由并不一定是法官个体的心理活动描绘，甚至仅仅是公式化语言将调查结论的确定建立在合理可靠的依据之上，但是当事人能有机会对这些判决结论和依据进行质疑，并且上诉法庭监督可以以这种说理为基础。一些英美证据法的规定，与其说是由事实认定者群体的非专业特征所决定的，不如说是由审判法庭一分为二所决定的。[3]可以说普通法偏好证据排除规则有多种原因，但是，使该规则得以有效实施的却是分化的审判法庭。[4]

三、非法证据排除的审查内容——以审判前供述为例

根据 2018 年《刑事诉讼法》第 56 条规定，物证、书证存在收集不符合法定程序的情况，并不一定要被排除，还涉及一个非常重要的考虑，即"可能严重影响司法公正"，也就是说，对非法获取的物证、书证采用相对排除规则，其中蕴含着以证明力来权衡证据能力的理念。2012 年《高法解释》第 95 条第 2 款指出，对于"可能严重影响司法公正"，应当综合考虑收集物证、书证违反法定程序以及所造成后果的严重程度等情况。除了程序不公，更主要的是实体错误等情形。剩下的问题就是如何判断证据真实性。当然，证据收集合法性的问题更多地集中于言词证据，尤其是口供上。2010 年《关于办理死刑案件审查判断证据若干问题的规定》第 18—22 条和 2021 年《高法解释》第 93—96 条对如何审查被告人供述和辩解进行了规定，主要内容如下：

---

[1]　［美］米尔建·R.达马斯卡：《漂移的证据法》，李学军等译，中国政法大学出版社 2003 年版，第 55 页。

[2]　［美］米尔建·R.达马斯卡：《漂移的证据法》，李学军等译，中国政法大学出版社 2003 年版，第 60 页。

[3]　［美］米尔建·R.达马斯卡：《漂移的证据法》，李学军等译，中国政法大学出版社 2003 年版，第 65 页。

[4]　［美］米尔建·R.达马斯卡：《漂移的证据法》，李学军等译，中国政法大学出版社 2003 年版，第 66 页。

（一）被告人供述和辩解审查的重点内容

2021年《高法解释》第93条规定了审查被告人供述和辩解的重点内容，包括：（1）讯问的时间、地点，讯问人的身份、人数以及讯问方式等是否符合法律、有关规定。（2）讯问笔录的制作、修改是否符合法律、有关规定，是否注明讯问的具体起止时间和地点，首次讯问时是否告知被告人有关权利和法律规定，被告人是否核对确认。（3）讯问未成年被告人时，是否通知其法定代理人或者合适成年人到场，有关人员是否到场。（4）讯问女性未成年被告人时，是否有女性工作人员在场。（5）有无以刑讯逼供等非法方法收集被告人供述的情形。（6）被告人的供述是否前后一致，有无反复以及出现反复的原因。（7）被告人的供述和辩解是否全部随案移送。（8）被告人的辩解内容是否符合案情和常理，有无矛盾。（9）被告人的供述和辩解与同案被告人的供述和辩解以及其他证据能否相互印证，有无矛盾；存在矛盾的，能否得到合理解释。

2024年《办理刑事案件排除非法证据规程》第24条明确规定，法院调查证据收集合法性时，应重点审查讯问录音录像是否依法制作、是否完整、是否同步制作，与讯问笔录的内容是否存在差异等内容。

（二）被告人供述和辩解证据的排除规则

对"被告人供述和辩解"，2021年《高法解释》第94条、第95条分别规定了真实性存疑排除规则、瑕疵证据补正及排除规则。第94条规定："被告人供述具有下列情形之一的，不得作为定案的根据：（一）讯问笔录没有经被告人核对确认的；（二）讯问聋、哑人，应当提供通晓聋、哑手势的人员而未提供的；（三）讯问不通晓当地通用语言、文字的被告人，应当提供翻译人员而未提供的；（四）讯问未成年人，其法定代理人或者合适成年人不在场的。"第95条规定："讯问笔录有下列瑕疵，经补正或者作出合理解释的，可以采用；不能补正或者作出合理解释的，不得作为定案的根据：（一）讯问笔录填写的讯问时间、讯问地点、讯问人、记录人、法定代理人等有误或者存在矛盾的；（二）讯问人没有签名的；（三）首次讯问笔录没有记录告知被讯问人有关权利和法律规定的。"此外，2021年《高法解释》第123条、第124条规定了以刑讯逼供、暴力威胁、非法拘禁等非法手段取得的被告人供述以及受刑讯逼供影响的重复性供述等适用绝对排除规则,这显然对证据审查起到重要的指引作用。

比较而言,就讯问笔录的证据形式不合法问题,第 94 条将"没有经被告人核对确认的"讯问笔录视为无证据能力的证据,第 95 条将"讯问人没有签名的"讯问笔录视为瑕疵证据。学者万毅认为,这更多的是对证据可靠性的考量,即被告人不签名的讯问笔录,其真实性、可靠性较低,关键是没有被告人签名,无法在证据和案件事实之间建立起关联性,而不具关联性的证据是不可采的,必须否定其证据能力。至于讯问人没有签名的讯问笔录,因为被告人已经签过名,其真实性、可靠性略高,而且证据的关联性也已经得到保证,虽然讯问人没有签名,但只要能够就此进行补正或作出合理解释,在法政策上还是可以被容忍,该证据也就可以恢复证据能力。[1]然而,一般而言,没有经被告人核对确认的,常常是被告人对讯问有反抗心理,而不愿意认罪,也很难有补正的机会,这主要是一种"自愿性"问题,使笔录本身有不真实的嫌疑,倒不是说笔录所反映的内容就一定与案件事实缺乏关联性。违反告知要求的讯问属于轻微违法行为,可以通过补充告知权利、征得当事人同意等方式补正。

(三) 被告人供述和辩解的采信规则

2021 年《高法解释》第 96 条规定了对被告人供述和辩解的综合审查原则,庭前供述和当庭供述存在矛盾时的采信规则。其中,第 1 款规定:"审查被告人供述和辩解,应当结合控辩双方提供的所有证据以及被告人的全部供述和辩解进行。"第 2 款、第 3 款列举了 3 种情形:(1) 被告人庭审中翻供,但不能合理说明翻供原因或者其辩解与全案证据矛盾,而其庭前供述与其他证据相互印证的,可以采信其庭前供述。(2) 被告人庭前供述和辩解存在反复,但庭审中供认,且与其他证据相互印证的,可以采信其庭审供述。(3) 被告人庭前供述和辩解存在反复,庭审中不供认,且无其他证据与庭前供述印证的,不得采信其庭前供述。由此可见,从可靠性角度而言,被告人供述不能自己证明自己,尤其是在翻供的情形下,需要证据相互印证。

尽管 2018 年《刑事诉讼法》规定了检察官对非法收集证据的监督职责

---

〔1〕 万毅:《论无证据能力的证据——兼评我国的证据能力规则》,《现代法学》2014 年第4 期。

（第 57 条）以及法官主动调查的职责（第 58 条），但这些规定在实践中往往难以对违法的侦查活动形成真正有效的制约。当然，在侦查讯问的合法性受到质疑时，甚至"有关侦查人员或者其他人员"也被要求或者主动要求出席法庭说明情况（第 59 条）。

四、庭前会议中证据合法性的审查程序

对言词证据的审查判断不仅旨在追求真相，还承载着保障人权和维护程序正义的功能。审判前供述合法性审查程序，既可融入整体庭审程序规则体系，亦可集中体现在"非法证据排除"专门程序规范之中。总体来看，为有效解决证据合法性审查问题，需要引入一种更恰当的程序机制，理想情况下，应采用控辩对抗、三方参与的审查模式。非法证据排除等问题在庭前会议中专门处理，能够避免庭审中断，保障庭审顺利进行。非法证据排除程序体现了对被告人主体地位的尊重，能够扫清庭审障碍，提高法庭裁决的可接受度，有利于推动侦查中心主义向审判中心主义的转变，增强司法权威。

（一）庭前会议排除非法证据的审查方式

1. 启动条件

2024 年《办理刑事案件排除非法证据规程》第 10 条第 1 款规定了被告人及其辩护人申请排除非法证据的两个时机：原则上"应当在开庭审理前提出"，但"在庭审期间发现相关线索或者材料等情形除外"。根据第 11 条，被告人及其辩护人申请排除非法证据，且提供相关线索或者材料的，人民法院应当召开庭前会议；未提供相关线索或者材料的，人民法院应当告知其补充提交。被告人及其辩护人未能补充的，人民法院对申请不予受理。该条还对讯问合法性核查的诉审衔接作出规定："被告人在人民检察院对讯问的合法性进行核查询问时，明确表示侦查阶段没有刑讯逼供等非法取证情形，在审判阶段又提出排除非法证据申请的，应当说明理由。人民法院经审查对证据收集的合法性没有疑问的，可以驳回申请。"2024 年《办理刑事案件排除非法证据规程》第 12 条规定："被告人申请排除非法证据的，人民法院应当通知被告人参加庭前会议。"结合第 10 条第 3 款"被告人申请排除非法证据，但没有辩护人的，人民法院应当通知法律援助机构指派律师为其提供辩护"，根

据 2024 年《办理刑事案件庭前会议规程》第 4 条,辩护人应当参加庭前会议。

2. 承办审判员阅卷和法院的审查步骤

2024 年《办理刑事案件排除非法证据规程》第 13 条规定:"召开庭前会议前,承办案件的审判员应当阅卷,并对证据收集的合法性进行审查:(一)被告人在侦查、审查起诉阶段是否提出排除非法证据申请;提出申请的,是否提供相关线索或者材料;(二)侦查机关、人民检察院是否对证据收集的合法性进行调查核实;调查核实的,是否作出调查结论;(三)对于重大案件,人民检察院驻看守所检察人员在侦查终结前是否核查讯问的合法性,是否对核查过程同步录音录像;进行核查的,是否制作重大案件讯问合法性核查意见书;(四)对于人民检察院在审查逮捕、审查起诉阶段排除的非法证据,是否随案移送并写明为依法排除的非法证据。人民法院对证据收集的合法性进行审查后,认为需要补充上述证据材料的,应当通知人民检察院在三日内补送。"第 14 条规定了在庭前会议中,人民法院对证据收集的合法性进行审查的一般步骤:(1)被告人及其辩护人宣读排除非法证据的申请并提供相关线索或者材料;(2)公诉人提供证明证据收集合法性的证据材料;(3)控辩双方对证据收集的合法性发表意见;(4)控辩双方对证据收集的合法性未达成一致意见的,审判人员归纳争议焦点。第 15 条规定:"在庭前会议中,人民检察院应当通过出示有关证据材料等方式,有针对性地对证据收集的合法性作出说明。人民法院可以对有关材料进行核实,经控辩双方申请有针对性地播放讯问录音录像,必要时可以通知侦查人员或者其他人员参加庭前会议说明情况。"2024 年《办理刑事案件庭前会议规程》第 15 条第 1 款也规定了排非程序审查中侦查人员等出席庭前会议的制度:"人民法院可以对有关证据材料进行核实;经控辩双方申请,可以有针对性地播放讯问录音录像。必要时,可以通知侦查人员或者其他人员参加庭前会议,说明情况。"由此可知,在庭前会议中排除非法证据已经成了一个常规动作,也可以说是一种分阶段的质证活动。

(二)控方撤回证据或者辩方撤回申请的处理

2024 年《办理刑事案件排除非法证据规程》第 16 条规定:"在庭前会议中,人民检察院可以撤回有关证据。撤回的证据,没有新的理由,不得在庭审中出示。被告人及其辩护人可以撤回排除非法证据的申请。撤回申请

后，没有新的线索或者材料，不得再次对有关证据提出排除申请。"2024 年
《办理刑事案件庭前会议规程》第 15 条第 2 款也作出大体相同的规定。尽管
这是控辩各方的一种单方处分行为，但是很显然，正是因为这种撤回，使得
证据本身或其合法性争议得以消除。

（三）控辩双方达成一致意见或者未达成一致意见

1. 控辩双方达成一致意见

就控辩双方对证据合法性的意见而言，若在庭前达成一致并经法庭核实
确认，可在庭审中直接予以确认，从而简化审理程序。这种一致意见不仅具
有拘束力，还限制了一方在庭审中反悔的可能性。2024 年《办理刑事案件排
除非法证据规程》第 17 条第 1 款规定："控辩双方在庭前会议中对证据收集
的合法性达成一致意见，但一方在庭审中反悔的，除有正当理由外，法庭一
般不再进行审查。"当然，庭前会议所讨论的事项并不仅仅局限于证据合法
性问题，还可能涉及其他事项。2024 年《办理刑事案件庭前会议规程》第
21 条第 1 款规定："人民法院可以在庭前会议中听取控辩双方的意见，归纳
控辩双方的争议焦点。对控辩双方没有争议或者达成一致意见的事项，可以
在庭审中简化审理。"第 22 条规定："对于被告人在庭前会议前不认罪，在
庭前会议中又认罪的案件，人民法院核实被告人认罪的自愿性和真实性并听
取控辩双方意见，可以在庭审中简化审理。"可见，庭审中的"简化审理"
以控辩双方意见得到听取并且形成合意为前提。同时，庭前会议的成果通过
庭前会议报告与审判程序衔接。2024 年《办理刑事案件庭前会议规程》第
26 条规定："宣布庭前会议报告后，对于控辩双方在庭前会议中达成一致意
见以及人民法院依法作出处理决定的事项，法庭向控辩双方简要核实后当庭
予以确认，除有正当理由外，一般不再进行处理；对于其他事项，法庭依法
作出处理。"

2. 控辩双方未达成一致意见

2017 年《严格排除非法证据规定》第 26 条规定："公诉人、被告人及
其辩护人在庭前会议中对证据收集是否合法未达成一致意见，人民法院对证
据收集的合法性有疑问的，应当在庭审中进行调查；人民法院对证据收集的
合法性没有疑问的，且没有新的线索或材料表明可能存在非法取证的，可以
决定不再进行调查。"2021 年《高法解释》第 132 条、2024 年《办理刑事案

件排除非法证据规程》第 17 条第 2 款以及 2024 年《办理刑事案件庭前会议规程》第 15 条第 3 款作出类似规定，决定不再进行调查的，还要"说明理由"。2024 年《办理刑事案件庭前会议规程》第 26 条规定："宣布庭前会议报告后，对于控辩双方在庭前会议中达成一致意见以及人民法院依法作出处理决定的事项，法庭向控辩双方简要核实后当庭予以确认，除有正当理由外，一般不再进行处理；对于其他事项，法庭依法作出处理。"这可能更突出了程序由当事人推进的制度特征。

2017 年《人民法院办理刑事案件第一审普通程序法庭调查规程（试行）》对庭前会议中有关诉讼权利事项的处理结果以及庭前听取意见的情况与庭审程序的衔接分别作出规定。第 5 条第 2 款规定："对于召开庭前会议的案件，在庭前会议中处理诉讼权利事项的，可以在开庭后告知诉讼权利的环节，一并宣布庭前会议对有关事项的处理结果。"第 6 条规定："公诉人宣读起诉书后，对于召开庭前会议的案件，法庭应当宣布庭前会议报告的主要内容。有多起犯罪事实的案件，法庭可以在有关犯罪事实的法庭调查开始前，分别宣布庭前会议报告的相关内容。对于庭前会议中达成一致意见的事项，法庭可以向控辩双方核实后当庭予以确认；对于未达成一致意见的事项，法庭可以在庭审涉及该事项的环节归纳争议焦点，听取控辩双方意见，依法作出处理。"

笔者认为，取证行为的合法性除了与证据能力有关，还与证明力有关。即使辩护方质疑证据的证据能力未能成功，在庭审中仍可对证据材料的可靠性提出疑问。也就是说，即使取证行为的非法性未达到排除证据的程度，但是，轻微的违法行为仍可能成为质疑证据可靠性的理由。

五、庭审中证据合法性调查程序

2016 年，最高人民法院、最高人民检察院、公安部、国家安全部、司法部联合印发《关于推进以审判为中心的刑事诉讼制度改革的意见》，其中第 13 条、第 14 条要求"完善法庭辩论规则，确保控辩意见发表在法庭""完善当庭宣判制度，确保裁判结果形成在法庭"。2017 年，最高人民法院发布《关于全面推进以审判为中心的刑事诉讼制度改革的实施意见》，其中第 4 条明确规定："坚持程序公正原则，通过法庭审判的程序公正实现案件裁判的实体公正。发挥庭审在查明事实、认定证据、保护诉权、公正裁判中的决定性作用，确保诉讼证据出示在法庭、案件事实查明在法庭、诉辩意见发表在法庭、裁判结果形成在法庭。"这表明，整个刑事审判程序基本围绕庭审展开，因此，人民法院在推进以审判为中心的刑事诉讼制度改革时，必须着力实现庭审实质化。从证据审查模式来看，以审判为中心的刑事诉讼制度改革更强调对质证权的保障，而非法证据排除程序的重心是对证据收集的合法性进行质证、辩论。

（一）庭前会议与庭审的衔接，对当庭提出排非申请的审查及处理

2017 年《严格排除非法证据规定》第 28 条规定："公诉人宣读起诉书后，法庭应当宣布开庭审理前对证据收集合法性的审查及处理情况。"该规定承前启后，有利于庭审的顺利推进。第 29 条规定了在法庭审理过程中可以申请排除非法证据，以保护被告人的诉讼权利："被告人及其辩护人在开庭审理前未申请排除非法证据，在法庭审理过程中提出申请的，应当说明理由。对前述情形，法庭经审查，对证据收集的合法性有疑问的，应当进行调查；没有疑问的，应当驳回申请。法庭驳回排除非法证据申请后，被告人及其辩护人没有新的线索或者材料，以相同理由再次提出申请的，法庭不再审查。"到庭审阶段才提出非法证据排除申请，被施加了"说明理由"的义务。2017 年《人民法院办理刑事案件排除非法证据规程（试行）》第 17 条（2024 年《办理刑事案件排除非法证据规程》第 19 条）、2021 年《高法解释》第 132 条吸收了该规定：一方面，为了避免审判"突袭"，申请应以说理为前提，调查还需要以法院"有疑问"为前提；另一方面，为了避免纠缠，在驳回排除非法证据的申请后，没有新的线索或者材料，以相同理由再次提出申请的，人民法院不再审查。

（二）庭审证据合法性的先行调查原则与例外

2010 年《关于办理刑事案件排除非法证据若干问题的规定》（以下简称《排除非法证据规定》）第 5 条第 1 款规定："被告人及其辩护人在开庭审理前或者庭审中，提出被告人审判前供述是非法取得的，法庭在公诉人宣读起诉书之后，应当先行当庭调查。"这里的"先行调查"是庭审之中的"当庭调查"，还不是上文所述的庭前会议阶段的调查。2012 年《高法解释》在《排除非法证据规定》的基础上，规定了"先行调查与法庭调查结束前一并调查相结合"的庭审调查规则。2017 年《严格排除非法证据规定》第 30 条

规定："庭审期间，法庭决定对证据收集的合法性进行调查的，应当先行当庭调查。但为防止庭审过分迟延，也可以在法庭调查结束前进行调查。"该条再次重申了先行调查原则。2017 年《人民法院办理刑事案件排除非法证据规程（试行）》第 18 条（2024 年《办理刑事案件排除非法证据规程》第 20 条）规定："人民法院决定对证据收集的合法性进行法庭调查的，应当先行当庭调查。对于被申请排除的证据和其他犯罪事实没有关联等情形，为防止庭审过分迟延，可以先调查其他犯罪事实，再对证据收集的合法性进行调查。在对证据收集合法性的法庭调查程序结束前，不得对有关证据宣读、质证。"《人民法院办理刑事案件第一审普通程序法庭调查规程（试行）》第 31 条第 1 款规定了法院对非法证据排除的职权调查："法庭应当重视对证据收集合法性的审查，对证据收集的合法性有疑问的，应当调查核实证明取证合法性的证据材料。"第 2 款规定了对依申请排除非法证据的调查："对于被告人及其辩护人申请排除非法证据，依法提供有关线索或者材料。法庭对证据收集的合法性有疑问，决定进行调查的，应当先行当庭调查。"当然，结合庭前会议在非法证据排除中的重要作用，法庭"先行调查"通常适用于庭前会议未能就非法证据排除达成一致意见的情形。然而，对于多名被告人及其辩护人申请排除非法证据，或者案件中存在与被申请排除的证据无关联的其他犯罪事实等情形，为防止庭审过分迟延，可以在法庭调查结束前对相关证据进行调查。[1]

（三）控辩双方围绕证据收集合法性的质证、辩论

2024 年《办理刑事案件排除非法证据规程》第 21 条对非法证据排除这种"审判中的审判"作出了规定："法庭决定对证据收集的合法性进行调查的，一般按照以下步骤进行：（一）召开庭前会议的案件，法庭应当在宣读起诉书后，宣布庭前会议中对证据收集合法性的审查情况，以及控辩双方的争议焦点；（二）被告人及其辩护人说明排除非法证据的申请及相关线索或者材料；（三）公诉人出示证明证据收集合法性的证据材料，被告人及其辩护人可以对相关证据进行质证，经审判长准许，公诉人、辩护人可以向出庭的侦查人员或者其他人员发问；（四）控辩双方对证据收集的合法性进行辩论。"

---

[1] 戴长林、刘静坤、朱晶晶：《〈关于办理刑事案件严格排除非法证据若干问题的规定〉的理解与适用》，《人民司法（应用）》2017 年第 22 期。

1. 控方举证的内容和方式

"控辩对抗"模式下，证据收集合法性的证明责任由公诉人承担。对于其证明方式，2017 年《严格排除非法证据规定》第 31 条第 1 款规定："公诉人对证据收集的合法性加以证明，可以出示讯问笔录、提讯登记、体检记录、采取强制措施或者侦查措施的法律文书、侦查终结前对讯问合法性的核查材料等证据材料，有针对性地播放讯问录音录像，提请法庭通知侦查人员或者其他人员出庭说明情况。"该款较 2012 年《高法解释》第 101 条第 1 款明确了"讯问笔录"以外的"其他证据"，规定了"播放讯问录音录像"和"提请出庭"两种方式。其中的"出示讯问笔录"在 2012 年《高法解释》第 101 条表述为"出示、宣读讯问笔录"，在 2021 年《高法解释》第 135 条表述为"宣读调查、侦查讯问笔录"。然而，笔者认为，"出示"应指基于讯问笔录中记载的时间、地点、提问内容等事项，用于审查讯问过程的合法性及供述的证据能力问题，而不能"宣读"讯问笔录的具体内容。2024 年《办理刑事案件排除非法证据规程》第 22 条第 2 款与前述规定相一致，其中将有针对性地播放讯问录音录像明确为"针对被告人及其辩护人提出异议的讯问时段播放讯问录音录像"。

2024 年《办理刑事案件排除非法证据规程》第 23 条规定："不得以签名并加盖公章的说明材料替代侦查人员出庭。"早在 2010 年《排除非法证据规定》第 7 条第 3 款中，虽然允许通过提交这种加盖公章以及"经有关讯问人员签名或者盖章"的说明材料来证明取证合法性，但这种材料不具有对质诘问的基本前提。尽管 2012 年《高法解释》第 101 条（2021 年《高法解释》第 135 条）第 2 款明确"上述说明材料不能单独作为证明取证过程合法的根据"，但在实践中仍然存在讯问人员或者侦查人员不出庭的可能。

"出庭说明情况"是对 2012 年《刑事诉讼法》规定的重申，2017 年《严格排除非法证据规定》第 31 条第 3 款、2024 年《办理刑事案件排除非法证据规程》第 25 条进一步规定：侦查人员或者其他人员出庭，应当向法庭说明证据收集过程，并就相关情况接受发问。对发问方式不当或者内容与证据收集的合法性无关的，法庭应当制止。2024 年《办理刑事案件排除非法证据规程》第 25 条第 2 款还明确规定："经人民法院通知，侦查人员不出庭说明情况，不能排除以非法方法收集证据情形的，对有关证据应当予以排除。"而这个规定早先出现于 2017 年《关于全面推进以审判为中心的刑事诉讼制度改革的实施意见》第 25 条之中，该规定可能让人误以为，只要侦查人员不出庭，证据就应被排除。实际上，排除证据还需满足另一个条件，即"不能排除以非法方法收集证据情形的"。

2018 年 7 月 3 日印发的《人民检察院公诉人出庭举证质证工作指引》第 18 条又列举了包括讯问笔录在内的 10 种相关书面证据材料，并且重新确认了证明手段的先后顺序，公诉人申请侦查人员或者其他人员出庭以"必要"为前提。该条规定："公诉人、被告人及其辩护人对收集被告人供述是否合法未达成一致意见，人民法院在庭审中对证据合法性进行调查的，公诉人可以根据讯问笔录、羁押记录、提讯登记、出入看守所的健康检查记录、医院病历、看守管教人员的谈话记录、采取强制措施或者侦查措施的法律文书、侦查机关对讯问过程合法性的证明材料、侦查机关或者检察机关对证据收集合法性调查核实的结论、驻看守所检察人员在侦查终结前对讯问合法性的核查结论等，对庭前讯问被告人的合法性进行证明，可以要求法庭播放讯问同步录音、录像，必要时可以申请法庭通知侦查人员或者其他人员出庭说明情况。控辩双方对收集证人证言、被害人陈述、收集物证、书证等的合法性以及其他程序事实发生争议的，公诉人可以参照前款规定出示、宣读有关法律文书、侦查或者审查起诉活动笔录等予以证明。必要时，可以建议法庭通知负责侦查的人员以及搜查、查封、扣押、冻结、勘验、检查、辨认、侦查实验等活动的见证人出庭陈述有关情况。"

2. 辩护方申请侦查人员等出庭的举证权利

尽管申请"侦查人员或者其他人员出庭"是控诉证明责任的体现，但是，2017 年《严格排除非法证据规定》第 27 条在 2012 年《刑事诉讼法》第 57 条的基础上，进一步为"被告人及其辩护人"提供了申请的机会："被告人及其辩护人申请人民法院通知侦查人员或者其他人员出庭，人民法院认为现有证据材料不能证明证据收集的合法性，确有必要通知上述人员出庭作证或者说明情况的，可以通知上述人员出庭。"所谓的"其他人员"主要是指侦查人员以外的能够证明证据收集合法性的人员，如在场的看守所监管人员、驻看守所检察人员、值班律师、同监室的在押人员等。当然，这种申请首先出于法院查证的需要，并且法院认为确有必要。2024 年《办理刑事案件排除非法证据规程》第 23 条确认了辩护方的申请权利，但是其实现还是要以法院认为"确有必要"为前提。

2017 年《严格排除非法证据规定》第 31 条第 2 款规定："被告人及其辩护人可以出示相关线索或者材料，并申请法庭播放特定时段的讯问录音录像。"2024 年《办理刑事案件排除非法证据规程》第 23 条第 1 款作出相同的规定。第 2 款还规定："被告人及其辩护人向人民法院申请调取侦查机关、人民检察院收集但未提交的讯问录音录像、体检记录等证据材料，人民法院经审查认为该证据材料与证据收集的合法性有关的，应当予以调取；认为与证据收集的合法性无关的，应当决定不予调取，并向被告人及其辩护人说明理由。"然而，这些权利需要以"出示相关线索或者材料"为前提，经过法院的关联性审查，或者法院认为确有必要，才能得以实现。2021 年《高法解释》第 136 条第 1 款规定："控辩双方申请法庭通知调查人员、侦查人员或者其他人员出庭说明情况，法庭认为有必要的，应当通知有关人员出庭。"

3. 法院依职权调查

2021 年《高法解释》第 136 条第 2 款规定："根据案件情况，法庭可以依职权通知调查人员、侦查人员或者其他人员出庭说明情况。"至于出庭后，2021 年《高法解释》第 136 条第 3 款规定："调查人员、侦查人员或者其他人员出庭的，应当向法庭说明证据收集过程，并就相关情况接受控辩双方和法庭的询问。"2024 年《办理刑事案件排除非法证据规程》第 26 条还规定：人民法院对控辩双方提供的证据来源、内容等有疑问的，可以告知控辩双方补充证据或者作出说明；必要时，可以宣布休庭，对证据进行调查核实。这也是对 2017 年《严格排除非法证据规定》第 32 条相关规定的重申。当然，调查核实还要求"通知控辩双方到场"，2024 年《办理刑事案件排除非法证据规程》第 26 条第 2 款还规定，对于控辩双方补充的和法庭庭外调查核实取得的证据，未经当庭出示、质证等法庭调查程序查证属实，不得作为证明证据收集合法性的根据。但经庭外征求意见，控辩双方没有异议的除外。

（四）法庭对证据收集合法性争议的裁判方式

《严格排除非法证据规定》第 33 条规定："法庭对证据收集的合法性进行调查后，应当当庭作出是否排除有关证据的决定。必要时，可以宣布休庭，由合议庭评议或者提交审判委员会讨论，再次开庭时宣布决定。在法庭作出是否排除有关证据的决定前，不得对有关证据宣读、质证。"可见，该条明确了对证据收集合法性争议的当庭认证原则与例外相结合的处理方式。"当庭决定"的方式早在 2017 年《关于全面推进以审判为中心的刑事诉讼制度改革的实施意见》第 26 条第 2 款中就已作出明确规定，2024 年《办理刑事案件排除非法证据规程》第 28 条再次重申了该方式。

我国并没有单独的证据可采性裁判文书,实践中往往是当庭口头作出决定,并将相关情况记入笔录。当事人对法庭有关该问题的处理决定不服,可以在案件裁判之后的上诉程序中一并提出。当然,不论是否排除,对于证据合法性的审查和调查结果还是应当在裁判文书中写明。《严格排除非法证据规定》第 36 条规定:"人民法院对证据收集合法性的审查、调查结论,应当在裁判文书中写明,并说明理由。"控辩双方也可能以裁判文书作为提起上诉的根据。

(五) 证据收集合法性的证明标准以及排除非法证据后的效果

2017 年《人民法院办理刑事案件第一审普通程序法庭调查规程(试行)》第 1 条规定:"法庭应当坚持证据裁判原则,认定案件事实,必须以证据为根据。法庭调查应当以证据调查为中心,证据未经当庭出示、辩认、质证等法庭调查程序查证属实,不得作为定案的根据。"其中蕴含了法庭对证据的证据能力和证明力进行双层审查的程序机制。[1]

1. 排除非法证据前的程序效果

2017 年《严格排除非法证据规定》第 34 条规定:"经法庭审理,确认存在本规定所规定的以非法方法收集证据情形的,对有关证据应当予以排除。法庭根据相关线索或者材料对证据收集的合法性有疑问,而人民检察院未提供证据或者提供的证据不能证明证据收集的合法性,不能排除存在本规定所规定的以非法方法收集证据情形的,对有关证据应当予以排除。对依法予以排除的证据,不得宣读、质证,不得作为判决的根据。"该条所明确规定的两种情形下的证明标准与 2012 年《刑事诉讼法》第 58 条的规定一致。一是从辩护方角度确认以非法方法收集证据的情形。一般来说,被告人和辩护人提出排除非法证据申请时所提供的线索或材料就能够证明办案人员存在刑讯逼供等非法取证行为。二是从人民检察院对证据收集合法性负有举证责任角度确认不能排除以非法方法收集证据的情形。法院经审查发现人民检察院未能对证据收集的合法性提供证据,或者提供的证据未能达到"确实、充分"的证明标准。需要注意的是,不能将"确实、充分"的标准套用到辩护

---

[1] 何时以及是否应该宣读审判前供述,具体参见陆而启:《论宣读审判前讯问笔录》,《东北亚法研究》2015 年第 9 卷。

方的举证责任上。

就具体标准而言，2024 年《办理刑事案件排除非法证据规程》第 27 条明确了被告人供述应予排除的 4 种情形："（一）确认以本规程第一条规定的非法方法收集证据的；（二）应当对讯问过程录音录像的案件没有提供讯问录音录像，或者讯问录音录像存在选择性录制、剪接、删改等情形，综合现有证据不能排除以非法方法收集证据的；（三）侦查机关除紧急情况外没有在规定的办案场所讯问，综合现有证据不能排除以非法方法收集证据的；（四）其他不能排除存在以非法方法收集证据的。"此外，第 25 条第 2 款规定："经人民法院通知，侦查人员不出庭说明情况，不能排除以非法方法收集证据情形的，对有关证据应当予以排除。"当然，从法条逻辑来看，即使侦查人员不出庭，也还要结合"现有证据"来综合判断能否排除非法取证情形。

2. 排除非法证据前的实体效果

2017 年《关于全面推进以审判为中心的刑事诉讼制度改革的实施意见》第 26 条第 2 款规定："在法庭作出是否排除有关证据的决定前，不得对有关证据宣读、质证。"《严格排除非法证据规定》第 33 条重申了该规定。2024 年《办理刑事案件排除非法证据规程》第 20 条第 2 款也规定："在对证据收集合法性的法庭调查程序结束前，不得对有关证据出示、质证。"

3. 排除非法证据后的程序效果和实体效果

2017 年《严格排除非法证据规定》第 34 条进一步明确："对依法予以排除的证据，不得宣读、质证，不得作为判决的根据。"2024 年《办理刑事案件排除非法证据规程》第 28 条第 2 款作出了同样的规定。这意图防止非法证据对事实裁决者的心证产生不当影响。然而，如果我国刑事诉讼法仍以追求案件真相为目标，那么禁止非法证据的"宣读（出示）、质证"可能会掩盖有助于发现案件真相的信息线索。由此可见，不得宣读、质证隐含了控辩平等对抗、不自证其罪、程序至上的观念。当然，排除非法证据并不意味着必然宣告无罪，案件最终如何处理还要取决于其他证据情况。《严格排除非法证据规定》第 35 条规定："人民法院排除非法证据后，案件事实清楚，证据确实、充分，依据法律认定被告人有罪的，应当作出有罪判决；证据不足，不能认定被告人有罪的，应当作出证据不足、指控的犯罪不能成立的无罪判决；案件部分事实清楚，证据确实、充分的，依法认定该部分事实。"

最后，根据 2024 年《办理刑事案件排除非法证据规程》第 35 条，人民法院对证人证言、被害人陈述等证据收集合法性的审查、调查，参照上述规定进行。

六、不服证据收集合法性裁判的救济程序

对于控辩双方对证据收集合法性裁判不服的情形，2012 年《刑事诉讼法》并未规定专门的救济程序，2012 年《高法解释》对此作出了原则性规定，要求二审法院对证据收集的合法性进行审查并依法作出相应处理。2017年《严格排除非法证据规定》第 38—40 条以及 2017 年《人民法院办理刑事案件排除非法证据规程（试行）》第 29—34 条，立足司法实践，对相关问题作出具体规定。

其中，《严格排除非法证据规定》第 38 条第 1 款规定："人民检察院、被告人及其法定代理人提出抗诉、上诉，对第一审人民法院有关证据收集合法性的审查、调查结论提出异议的，第二审人民法院应当审查。"2024 年《办理刑事案件排除非法证据规程》第 30 条作出了相同规定。控辩双方对一审有关证据收集合法性的处理结果不服时，其救济不是采取单独上诉的"零售方式"，而是采取在上诉、抗诉中对一审有关证据收集合法性的审查、调查结论提出异议的"批发方式"。

《严格排除非法证据规定》第 38 条第 2 款规定："被告人及其辩护人在第一审程序中未申请排除非法证据，在第二审程序中提出申请的，应当说明理由。第二审人民法院应当审查。"2024 年《办理刑事案件排除非法证据规程》第 32 条作出了相同规定，并列举了两种第二审人民法院应当审查的情形：（1）第一审人民法院没有依法告知被告人申请排除非法证据的权利的；（2）被告人及其辩护人在第一审庭审后发现涉嫌非法取证的相关线索或者材料的。这种正当理由为被告方提供了一个补救机会。

《严格排除非法证据规定》第 38 条第 3 款规定："人民检察院在第一审程序中未出示证据证明证据收集的合法性，第一审人民法院依法排除有关证据的，人民检察院在第二审程序中不得出示之前未出示的证据，但在第一审程序后发现的除外。"2024 年《办理刑事案件排除非法证据规程》第 31 条第2 款规定了相同内容。该款确认了排除非法证据的效力，明确了人民检察院对证据收集合法性的举证时限，要求人民检察院在一审程序中积极举证证明取证合法性，避免在二审程序中突袭举证。

2017 年《严格排除非法证据规定》第 40 条第 1 款明确规定："第一审人民法院对被告人及其辩护人排除非法证据的申请未予审查，并以有关证据作为定案根据，可能影响公正审判的，第二审人民法院可以裁定撤销原判，发回原审人民法院重新审判。"2024 年《办理刑事案件排除非法证据规程》第 33 条将该款中的"可以"改为"应当"，从而对法官的自由裁量作出一定限制。又根据《严格排除非法证据规定》第 40 条第 2 款、2024 年《办理刑事案件排除非法证据规程》第 34 条可知，第一审人民法院对依法应当排除的非法证据未予排除的，第二审人民法院可以依法排除非法证据。排除非法证据后，根据不同情形对案件依法作出处理。

七、排除非法证据的双重审查

尽管取证程序违法不仅侵犯了当事人的权利，还可能导致错案发生，但由于取证违法的证明难度较高，追责往往面临重重困难，对非法取证行为追究行政责任或刑事责任的实际效果有限，许多违法取证的司法人员得以逃脱制裁。同时，通过非法手段获取的不实证据也可能导致无辜者蒙冤。然而，通过排除非法证据来遏制不法行为，既可能放纵真正的罪犯，也可能使关注点从追责违法人员转移到证据排除本身，而司法人员的抵赖行为又使得非法行为的认定更加困难。由此可见，非法证据排除的制度设计过度依赖司法人员的良知和常识，可能因权力的滥用和扩张而陷入"要求撒谎者说真话"的困境。尽管非法证据排除的人权保障说并非完美无缺，但其蕴含的平等对抗理念以及对个人自主权利的尊重价值，仍然值得通过规则加以弘扬和倡导。将证据能力与证明力问题混为一谈，不仅会导致庭审调查混乱，还可能使法律制度所追求的核心价值落空。因此，明确区分证据能力与证明力，并在制度设计中强化对非法取证行为的制约，是实现程序正义与实体正义平衡的关键。

有法官指出，证据的证据资格和证明力双重审查使辩护方可以从两个层面展开辩护：一是针对证据资格的辩护，二是针对证明力的辩护。如果辩护方未能有效质疑证据收集的合法性，或者控诉方提供确实、充分的证据证明证据收集的合法性，法庭经审查驳回了排除非法证据的申请，依法确认争议证据具有证据资格，这个时候该争议证据就越过了证据能力的门槛成为诉讼证据，可以当庭宣读、质证（2010 年《排除非法证据规定》第 10 条）。然而，辩护方还可以结合其所掌握的相关线索或者材料，质疑该证据的客观真实性。只有通过这种双重审查，证据才能最终成为定案根据。[1]当然，他们也注意到，在采用法官—陪审团二元式庭审结构的国家，律师对证据的辩护同样分为类似的两个层次。例如，在英国，辩护律师既可以在预审程序中质疑证据资格，也可以在陪审团审判过程中直接质疑证据的证明力，通过指出特定证据的获取手段非法来质疑其可靠性，从而促使陪审团形成合理怀疑。[2]当然，在英国，根据任何一方的申请或者法院自行决定，可以在陪审团宣誓前由一名刑事法院法官主持预审程序（1996 年《刑事程序和侦查法》第29 条）。这属于审判程序的一部分（第 30 条），由该法官全程主持审判，可以在不需要陪审团参加时解决各种问题。法官有权对与案件有关联性的法律问题作出裁决，包括证据可采性问题（第 31 条第 3 款）。[3]法官在预审程序中经调查决定采纳有关证据后，辩护律师仍然可以在陪审团审判过程中对该证据的证明力提出疑问。对证据可靠性进行判断是陪审团的职权，并且陪审团裁决时无须说理，因此控辩双方需要尽其所能说服陪审团作出对己方有利的裁决。

这种分层审查对应了分层决策的程序模式，并需要在裁判文书之外规定一种专门针对证据可采性的中间裁决文书。在预审程序中，法官作出的裁决可以上诉至上诉法院，并最终上诉至上议院（1996 年《刑事程序和侦查法》第 35 条和第 36 条）。在上诉期间，预审可以继续进行，只有就该上诉作出了决定或者该上诉被放弃时，陪审团审判才会正式启动。这一上诉体系的设计旨在确保在陪审团审议之前解决证据可采性及其他法律问题，从而避免因程序问题导致复杂且可能漫长的审判失去实质意义。[4]在美国，绝大多数的证据方面的中间裁决不可上诉，避免庭审中断和当事人恶意拖延。当然，证据裁判的重新审查通常只能在案件判决作出后才能被提出，这使得上诉法庭

---

〔1〕 罗国良、刘静坤：《证据收集合法性事实的证明方式和证明标准》，《法律适用》2015 年第3 期。

〔2〕 罗国良、刘静坤：《证据收集合法性事实的证明方式和证明标准》，《法律适用》2015 年第3 期。

〔3〕 熊志海等编译：《英国成文证据法》，中国法制出版社 2007 年版，第 357—358 页。

〔4〕 ［英］约翰·斯普莱克：《英国刑事诉讼程序》，徐美君、杨立涛译，中国人民大学出版社 2006年版，第 352 页。

能够基于完整的庭审记录作出裁决。[1]不过，对非法证据排除动议可以例外地进行中间上诉。笔者认为，我国可以引入这种先行裁决机制，尤其是在庭前会议解决证据可采性问题的时候，在办案机关制作"庭前会议报告"的同时，还可以制作一些有关诉讼权利和证据可采性的决定文书，并送达双方当事人，对此类中间裁决也可以单独提起上诉。在个案中追求程序真相可能会一定程度上牺牲部分实体真相，但是这本身就是法治理念——依法治权的体现。与此同时，我们的制度鼓励并发展出了绝大多数案件通过认罪认罚从宽、刑事和解等合意方式解决的机制。

---

〔1〕　陈卫东、刘中琦：《我国非法证据排除程序分析与建构》，郎胜主编：《刑事辩护与非法证据排除》，北京大学出版社 2008 年版，第 59 页。

第十一章　检察机关的非法证据排除程序

　　1996 年《刑事诉讼法》第 43 条沿袭了 1979 年《刑事诉讼法》第 32 条，宣示了审判人员、检察人员和侦查人员"证据取得禁止"规则，与之配套的 1998 年 6 月 29 日最高人民法院审判委员会第 989 次会议通过的《最高人民法院关于执行〈中华人民共和国刑事诉讼法〉若干问题的解释》第 61 条（"不能作为定案的根据"）和 1998 年 12 月 16 日最高人民检察院第九届检察委员会第 21 次会议修订的《人民检察院刑事诉讼规则》第 265 条（"不能作为指控犯罪的根据"）进而确立了"证据使用禁止"规则，但是该规则无法真正落地。2010 年 6 月 13 日，最高人民法院、最高人民检察院、公安部、国家安全部、司法部联合发布《关于办理刑事案件排除非法证据若干问题的规定》和《关于办理死刑案件审查判断证据若干问题的规定》，使前述非法证据排除规则的宣示条款有了相应的具体审查标准和审查程序，主要涉及法官审查判断证据和排除非法证据。其中，《排除非法证据规定》第 2 条"不能作为定案的根据"暗含了公、检、法三机关可能皆有排非职责，[1]第 11 条、第 12 条"不能作为定案的根据"明确了人民法院的排非职责，第 3 条"不能作为批准逮捕、提起公诉的根据"则明确了检察机关的排非职责。2012 年《刑事诉讼法》吸收了相关内容，第 54 条明确了侦查人员、检察人员和审判人员都是主动排除非法证据的责任主体。2012 年《刑事诉讼法》新增的第 115 条规定，当事人和辩护人、诉讼代理人、利害关系人对于司法机关及其工作人员的违法行为，有权向该机关申诉或控告，这些违法行为可能

---

〔1〕　《关于办理刑事案件排除非法证据若干问题的规定》和《关于办理死刑案件审查判断证据若干问题的规定》侧重于非法证据排除的事后处理机制，而 2012 年修改《刑事诉讼法》更明确了遏制和防范非法取证行为的事前控制机制。2018 年《刑事诉讼法》第 56 条第 2 款规定："在侦查、审查起诉、审判时发现有应当排除的证据的，应当依法予以排除，不得作为起诉意见、起诉决定和判决的依据。"

演变为非法取证行为。[1]第 55 条明确了人民检察院调查核实非法取证行为，主要有接到报案、控告、举报和自行发现两种途径，非法取证的程序责任是"提出纠正意见"，实体责任是对犯罪"依法追究刑事责任"。第 56—58 条主要规定了法院依职权或者依申请排除非法证据的程序，并且主要采取庭中排除模式。但是第 182 条规定，在庭前准备程序中，可以对非法证据排除等与审判相关的问题，了解情况，听取意见，这在 2012 年《高法解释》第 99 条、第 183 条被解释为，开庭审理前，当事人及其辩护人、诉讼代理人申请排除非法证据，人民法院召开庭前会议了解情况，听取意见。根据 2012 年《高法解释》第 184 条，控辩合意可以起到简化庭审举证、质证的作用。这种庭前排除模式逐步在 2017 年《严格排除非法证据规定》和《人民法院办理刑事案件庭前会议规程（试行）》等规范中得以明确。2021 年《高法解释》对相关内容进行修改，明确了先行庭前调查（第 130 条）和先行当庭调查（第 134 条）的原则。

反观我国《刑事诉讼法》，其中关于检察机关排除非法证据的程序是空白的，2012 年《高检规则》对此进行了补充。检察机关排除非法证据必须与侦查、逮捕、起诉、审判等诉讼环节紧密衔接。由于非法证据排除属于程序性争点，且在审判前环节可以采用自由证明方法进行处理，因此需要确保程序衔接的连贯性和有效性。但是，基于我国司法体制的特点和检察机关的法律监督地位，在非法证据排除程序中谨慎采用严格证明方法更加合理，具体方式包括书面审查、口头审查和调取讯问录音录像等。检察机关排除非法证据的办案机制为，以承办人主办、部门讨论和主管领导决定为主，同时辅以上下级和部门之间的协作。在非法证据排除程序中，检察机关的多点参与和多种角色会造成价值选择和诉讼地位上的内在冲突，在监督和控诉的不同方向上可能会激化检警冲突和检法冲突。

在我国刑事诉讼立法之中，有争议或者疑似的"非法证据"能否成为定案根据要经过层层关口，仅审判程序而言，就有六道关口（立法设定—庭前准备争点整理—庭审职权调查—控方客观真实义务—辩方对抗—二审全面审查）。[2]同样，检察机关对刑事诉讼的多点参与（自行侦查、审查逮捕、审

---

[1]　陈卫东主编：《2012 刑事诉讼法修改条文理解与适用》，中国法制出版社 2012 年版，第 101 页。

[2]　陆而启：《从纸上谈兵到水滴石穿——非法口供排除程序的构造反思》，《证据科学》2012 年第 2 期。

查起诉和出庭支持公诉）及其扮演的多种角色，使其在非法证据排除程序中具备了多重职能。尽管通过技术性细节对指令权、职务转移进行合理规制可以在一定程度上实现检察官独立行使职权与检察一体原则之间的平衡，但由于检察机关作为法律监督机关整体参与刑事诉讼的各个环节，并确保各诉讼活动之间的前后衔接，因此，在非法证据排除活动中，检察机关需要建立内设部门之间以及内外机关之间的信息互通与决策互动机制。规则只有通过程序才能最终落到实处，而程序本身既可能是正式规则，也可能是非正式规则。由于非法证据排除中的"非法"既涉及对公权力行使的限制，又关乎基本人权的保障，因此，非法证据排除的程序性规则也是至关重要的。非法证据排除的实体性规则和程序性规则相互配套是一个必然要求。然而，《刑事诉讼法》仅对检察机关排除非法证据提出实体性要求，却未规定相应的程序性规则，这个立法漏洞在 2012 年《高检规则》中得到了部分弥补。作为我国独具特色的制度，司法实践中，检察机关在调查核实非法取证行为时，常常面临线索发现难、调查取证难、核实认定难等问题。本文结合人民检察院的司法实践，细致梳理 2012 年《高检规则》以及 2019 年修改后的相关规定，试图厘清检察机关非法证据排除规则的程序运行机制。

一、检察机关排除非法证据程序的规范依据

（一）立法空白

以 2010 年《关于办理刑事案件排除非法证据若干问题的规定》和《关于办理死刑案件审查判断证据若干问题的规定》的出台为标志，排除非法证据开始从一项笼统的要求转变为一套具体的程序规则。[1] 然而，《关于办理刑事案件排除非法证据若干问题的规定》虽然明确了公、检、法三机关皆有权力排除非法证据，但是其所规定的审查和排除非法证据的程序、证明责任及讯问人员出庭等要求，主要针对人民法院的审判阶段，侦查和审查起诉阶段的非法证据排除程序仍是空白。

2012 年《刑事诉讼法》吸收了 2010 年《排除非法证据规定》的主要内

---

〔1〕　吴宏耀：《非法证据排除的规则与实效——兼论我国非法证据排除规则的完善进路》，《现代法学》2014 年第 4 期。

容，通过五条八款比较完整地确立了"非法证据排除规则"。根据该法第 54 条第 2 款的规定，在我国刑事诉讼的各个阶段均可以排除非法证据。修正后的 2012 年《刑事诉讼法》具体规定了人民法院排除非法证据的程序：首先，程序启动有依职权和依申请两种方式。其中，第 56 条第 2 款规定了申请启动的主体（当事人及其辩护人、诉讼代理人）和条件（应当提供相关线索或者材料），第 182 条还规定了"庭前会议"中，可以对"非法证据排除等与审判相关的问题，了解情况，听取意见"。其次，法庭审理过程中可以进行法庭调查。第 56 条第 1 款规定："法庭审理过程中，审判人员认为可能存在本法第五十四条规定的以非法方法收集证据情形的，应当对证据收集的合法性进行法庭调查。"再次，控方举证和证明的方法。第 57 条规定："在对证据收集的合法性进行法庭调查的过程中，人民检察院应当对证据收集的合法性加以证明。现有证据材料不能证明证据收集的合法性的，人民检察院可以提请人民法院通知有关侦查人员或者其他人员出庭说明情况；人民法院可以通知有关侦查人员或者其他人员出庭说明情况。有关侦查人员或者其他人员也可以要求出庭说明情况。经人民法院通知，有关人员应当出庭。"最后，法庭经过审理的最终处理。第 58 条规定："对于经过法庭审理，确认或者不能排除存在本法第五十四条规定的以非法方法收集证据情形的，对有关证据应当予以排除。"然而，该法并未明确规定侦查阶段和审查起诉阶段非法证据排除程序的具体内容，如启动方式、参与人员、审查程序等。学者樊崇义指出，自《关于办理刑事案件排除非法证据若干问题的规定》和《关于办理死刑案件审查判断证据若干问题的规定》发布以来，不少公安机关和检察机关适用了"听证排除"或"审查排除"的程序和方法。[1]此外，2012 年《高检规则》对人民检察院调查核实非法取证和排除非法证据的程序进行了一定程度的规则填补，进一步完善了非法证据排除的制度框架。

（二）规则填补

2012 年《刑事诉讼法》第 55 条赋予检察机关调查核实侦查人员以非法方法收集证据的职权，明确了检察机关审查证据合法性的义务。对此，2012 年《高检规则》第 68—73 条从发现、调查、确认、纠正违法行为等方面确

---

〔1〕 樊崇义：《"五条八款"确立非法证据排除规则》，《检察日报》2012 年 3 月 20 日，第 3 版。

立了人民检察院对以非法方法收集证据的行为进行调查核实的相关制度，并规定了对渎职侵权犯罪的立案侦查职责以及其他相关的法律监督职责。由于非法证据排除本身是一种程序性制裁方式，因此还要将这种程序放到刑事诉讼运行之中。这一点在 2006 年 7 月 3 日最高人民检察院印发的《关于在审查逮捕和审查起诉工作中加强证据审查的若干意见》中就有体现。其中规定："在审查逮捕、审查起诉工作中，对以刑讯逼供方式取得的犯罪嫌疑人供述、以暴力取证方式取得的证人证言和以威胁、引诱、欺骗等非法方式取得的犯罪嫌疑人供述、证人证言、被害人陈述等言词证据，应当依法予以排除。"该内容将"注意发现和严格依法排除非法证据"与"审查逮捕、审查起诉工作"联系起来。2012 年《高检规则》第 68 条第 1 款规定："在侦查、审查起诉和审判阶段，人民检察院发现侦查人员以非法方法收集证据的，应当报经检察长批准，及时进行调查核实。"2019 年《高检规则》删掉了"在侦查、审查起诉和审判阶段"，主要因为 2018 年全国推行"捕诉一体"办案机制改革，同时删掉了启动调查核实的"报经检察长批准"环节。

时任最高人民检察院法律政策研究室主任陈国庆认为，2012 年《高检规则》对检察机关排除非法证据的具体操作程序作出三方面规定：一是对非法证据排除制度中的"刑讯逼供"和其他"非法方法"作出界定；二是规定了排除非法证据的效力；三是规定了排除非法证据的诉讼环节。人民检察院在侦查、审查起诉和审判阶段均可启动非法证据排除程序。另外，检察人员参加庭前会议时，应当就排除非法证据提出意见，如果能在庭前解决非法证据排除问题的，应当尽量在庭前作出决定。[1]由此可见，2012 年《高检规则》大体上实现了非法证据排除规则与诉讼程序的"无缝对接"。其中，第 65 条、第 66 条分别规定了非法言词证据的排除效果（不得作为报请逮捕、批准或者决定逮捕、移送审查起诉以及提起公诉的依据），物证、书证的瑕疵补正和书面解释。这两条还对"刑讯逼供""其他非法方法""可能严重影响司法公正""补正""合理解释"的含义进行了解释。第 67 条还规定了非法证据排除后导致其他证据不能证明犯罪嫌疑人实施犯罪行为的案件处理。尽管这些条款细化和明确了非法证据的实体规则及其双重后果（对非法取证行为的程序性制裁和对实体决定的影响），但是，其中也基本设定了两个层次的证明对象：一是取证行为是否合法，二是非法证据是否应被排除。也就是

---

〔1〕　陈国庆：《〈人民检察院刑事诉讼规则（试行）〉的详细解读》，《法制资讯》2013 年第 2 期。

说，非法证据排除程序的诉讼标的分为取证行为是否合法以及证据是否应被排除。[1]

二、检察机关排除非法证据的证明方法

在审查逮捕、审查起诉过程中，人民检察院除了审查实体问题，还附带审查侦查程序和非法证据排除问题。此外，法律法规还明确了人民检察院对非法取证行为的专门监督职责，并规定了具体的审查方法。针对 2012 年《刑事诉讼法》第 55 条规定，2012 年《高检规则》第 70 条专门规定了人民检察院对非法取证行为进行调查核实的 8 种方式。[2]2012 年《高检规则》第 556 条规定了"立案监督"的方式。2019 年《高检规则》将之合并规定在"刑事诉讼法律监督"的"一般规定"第 551 条之中，该条规定了人民检察院对违法情形"提出抗诉、纠正意见或者检察建议" 3 种处理方式，对涉嫌违法事实进行调查核实的 10 种方式，包括询问人证（犯罪嫌疑人、证人、被害人或者其他诉讼参与人、办案人员、在场人员或者其他可能知情的人员），听取意见（申诉人或者控告人、辩护人、值班律师），调阅书证（相关登记表册、法律文书、体检记录及案卷材料等），调阅讯问笔录、询问笔录及相关录音、录像或其他视听资料，以及伤情、病情检查或者鉴定，等等。

（一）基本特点：程序性和审判外

"法律所要求的证明方法，根据程序的阶段、审判的种类、应证明的事实的性质不同，是多种多样的。即在可以使用的证据的范围、证据的提出和调查证据的方法、证明的标准这三个方面，是不一致的。"[3]检察机关排除非法证据的过程，既体现了程序阶段的特殊性，又反映出待证事实性质方面的独特性。

---

[1] 高咏：《非法证据排除的证明问题研究》，中国财政经济出版社 2014 年版，第 130 页。
[2] （1）讯问犯罪嫌疑人；（2）询问办案人员；（3）询问在场人员及证人；（4）听取辩护律师意见；（5）调取讯问笔录、讯问录音、录像；（6）调取、查询犯罪嫌疑人出入看守所的身体检查记录及相关材料；（7）进行伤情、病情检查或者鉴定；（8）其他调查核实方式。
[3] ［日］松尾浩也：《日本刑事诉讼法》（下卷），张凌译，中国人民大学出版社 2005 年版，第 12 页。

1. 程序性争点的自由证明

排除非法证据的核心在于考察取证手段是否合法，并在此基础上进一步判断相关证据是否具备证据资格。而证据资料获得证据资格是严格证明的前提。日本学者田口守一对此有清晰的界定：用有证据能力的证据并且经过正式的证据调查程序作出的证明，叫"严格的证明"；其他的证明，叫"自由的证明"。[1]严格证明受到法定证据方法和法定调查程序之双重限制，换句话来说，只有未被禁止使用的证据，才具备适用法定证据方法和法定调查程序的资格。

非法证据排除属于程序性争点，因此其本身多采用自由证明方式。德国判例认为："被告是否遭受违法讯问，可采用自由证明方式认定，因这仅涉及诉讼程序错误的判定问题。"[2]这一方面避免了证据调查适用严格证明标准，另一方面确认了自由证明蕴含的常识思维对诉讼证明的价值。

2. 审判外程序的自由证明

检察机关在捕诉阶段的诉讼任务多采用"自由证明"方式。严格证明的法定调查程序除了有针对不同证据方法的特殊程序（例如被告之讯问、证物之提示、文书之朗读、鉴定人之出庭、勘验之履行，物证可能涉及鉴定报告之朗读、鉴定人之出庭和证物之勘验），还遵循共通原则，即直接、言词、公开与集中主义。由此，严格证明主要针对犯罪事实及其法律效果之认定，并且也仅适用于审判程序。然而，我国台湾地区所谓的"刑事诉讼法"（2003 年）明确了不适用传闻法则之自由证明程序，包括起诉审查程序、简式审判程序、简易判决处刑程序，以及羁押、搜索、鉴定留置、许可、证据保全及其他依法所为强制处分之审查程序。立法理由明示，"上述审查程序均非认定被告有无犯罪之实体审判程序，其证据法则毋需严格证明，仅以自由证明为已足"[3]。

（二）审查方式：书面审查和口头审理

检察机关在排除非法证据时，获取信息的渠道主要有书面和言词两种形式。笔者将其大致对应于自由证明和严格证明，以及职权发动型和回应申请

---

[1]　[日] 田口守一:《刑事诉讼法》（第 5 版），张凌、于秀峰译，中国政法大学出版社 2010 年版，第 269 页。

[2]　[德] 克劳思·罗科信:《刑事诉讼法》（第 24 版），吴丽琪译，法律出版社 2003 年版，第 208 页。

[3]　林钰雄:《刑事诉讼法》（上册），中国人民大学出版社 2005 年版，第 353 页。

型。实际上，这两种形式并非对立，反而更可能并行且相互补充。下文，笔者总结了检察机关审查核实非法证据的困境：

1．"书来书往一张纸"

自由证明式的书面审查，主要体现在检察机关作为排除非法证据的职权启动者兼审查逮捕和审查起诉的自我决策者。我国检察机关对刑事诉讼进行全程监督，除了能够自行侦查，更主要的职责是审查逮捕和审查起诉，衔接侦查机关的侦查活动，因此检察机关自然地对侦查机关是否查明犯罪事实进行审查把关以及对诉讼活动是否合法进行监督。

我国刑事诉讼程序主要靠"案卷"尤其是"侦查卷宗"来前后衔接，例如，2018 年《刑事诉讼法》第 87 条、第 162 条分别规定了公安机关写出提请批准逮捕书和起诉意见书，连同"案卷材料、证据"一并移送人民检察院审查批准和审查起诉。由此可见，检察机关在通过书面审查决定是否逮捕、起诉的同时调查诉讼活动是否违法是一种常态。根据 2012 年《刑事诉讼法》第 171 条第 1 款，在"人民检察院审查案件，可以要求公安机关提供法庭审判所必需的证据材料"之外，还规定"认为可能存在本法第五十四条规定的以非法方法收集证据情形的，可以要求其对证据收集的合法性作出说明"。由此，在审查起诉时，检察官通过阅读"侦查卷宗"一方面着眼将来，在惩罚犯罪上"查缺补漏"，"要求公安机关提供法庭审判所必需的证据材料"，另一方面着眼过去，在监督违法上"倒逼问责"，"认为可能存在本法第五十四条规定的以非法方法收集证据情形的，可以要求其对证据收集的合法性作出说明"。对此合法性说明，2012 年《高检规则》第 72 条规定："人民检察院认为存在以非法方法收集证据情形的，可以书面要求侦查机关对证据收集的合法性进行说明。说明应当加盖单位公章，并由侦查人员签名。"但是 2012 年《高法解释》第 101 条第 2 款规定的"上述说明材料不能单独作为证明取证过程合法的根据"，明确了公诉人提交的取证过程合法的说明材料作为证据的补强作用。2019 年《高检规则》删去在审查起诉阶段要求书面说明合法性的规定，又在第 74 条将监察机关纳入说明证据收集合法性的对象范围。可以说，2019 年《高检规则》第 74 条适用于检察工作的各环节和各阶段，这种"书面要求"和"书面说明"一直未变。

就司法现状而言，由于公检法三机关长期存在"重配合、轻制约"的司法习惯，将非法证据排除规则的落实完全寄希望于权力主体的"自查自纠"

或者权力之间的"相互制约"，往往很难取得预期效果。这种在前后衔接的
诉讼阶段中分别处于主导地位的警、检机关的"互掐"往往表现为"法律文
书"的"书来书往"。就侦查卷宗而言，在审查逮捕阶段，由于案件仍需进
一步侦查，卷宗的装订并不完整；然而，一旦侦查终结移送审查起诉，卷宗
必须完整装订，并按照顺序编制页码。此外，卷宗封面的装订线上还需加贴
封条、盖印，以防证据被调换，由此可见卷宗的重要性。检察机关的审查活
动主要通过承办人阅卷以及同步撰写审查报告来体现。[1]在审查报告中，通
常要说明基于何种理由排除了何种证据。然而，这些内容主要存在于各办案
部门所办案件的内卷之中，对外并不公开。

　　2. "问东问西一张嘴"

　　当然，检察机关排除非法证据有时又是应申请而展开，这就加入了权利
救济因素，更趋向于采取严格证明方式。所谓的自由证明并不排除司法机关
审慎行事，这首先是因为，公检法三机关作为国家权力代表，都被赋予"公
正、客观"的职责。然而，内部考核机制的存在，既可能引发对违法活动监
督的逆反心理，又可能导致司法机关为了维护公正和公信形象而"捂盖子"。
此外，侦、诉活动作为司法程序的"地基"，一旦出现问题，便可能引发
"地动山摇"的后果。因此，检察机关需要把好监督的第一道关口，避免出
现"起点错、跟着错、错到底"的局面。正因如此，检察机关的审查活动与
法院的审判活动一样，务求准确、全面，这在某种程度上呼唤一种回应申请
型的"言词审理"方式。根据 2012 年《刑事诉讼法》第 55 条的规定，检察
机关对证据收集合法性展开调查核实的启动方式除自主"发现"之外，还有
"报案、控告、举报"。由于犯罪嫌疑人自身的能力和资源有限，因此，律师
参与更受重视，人民检察院负有保障犯罪嫌疑人获得有效辩护的职责。这一
职责在 2012 年《刑事诉讼法》的多项条文中有所体现：第 38 条明确了辩护
人的阅卷权，第 39 条规定了应辩护人申请调取未提交的证明犯罪嫌疑人、
被告人无罪或者罪轻的证据材料，以及第 33 条和第 34 条分别规定了告知委
托辩护人和指定辩护制度。当然，在司法实践中，司法机关首先要充分保障
当事人的知情权。

　　"口头审理"主要体现在 2012 年《刑事诉讼法》第 86 条规定中，该条

---

〔1〕　魏干：《如何撰写"捕诉一体"案件审查报告》，《检察日报》2021 年 11 月 24 日，第 3 版。

款要求在审查逮捕阶段讯问犯罪嫌疑人[1]、询问证人等诉讼参与人，并听取辩护律师的意见。此外，第 170 条也规定，在审查起诉阶段应讯问犯罪嫌疑人，并听取辩护人、被害人及其诉讼代理人的意见。然而，值得注意的是，这里的"口头审理"与严格证明的要求相去甚远：

一方面，这里的讯问、询问和听取不是以公检法三方组合的方式进行。例如，2012 年《高检规则》第 305 条第 2 款规定了"讯问未被拘留的犯罪嫌疑人，讯问前应当征求侦查机关的意见，并做好办案安全风险评估预警工作"，此款在 2019 年《高检规则》第 280 条第 2 款被修改为"讯问未被拘留的犯罪嫌疑人，讯问前应当听取公安机关的意见"。此外，2012 年《刑事诉讼法》第 85 条还规定："必要的时候，人民检察院可以派人参加公安机关对于重大案件的讨论。"2012 年《高检规则》第 361 条和第 567 条都规定了派员介入侦查活动、参加案件讨论等内容，这同时具有协助侦查和监督侦查的双重功能，但是这只是检警双方的内部沟通机制。为了配合《监察法》的出台，2019 年《高检规则》第 256 条将上述两条进行了合并修改，新增第 2 款规定了"经监察机关商请，人民检察院可以派员介入监察机关办理的职务犯罪案件"；同时比照此规定，第 1 款在"人民检察院认为确有必要时"之外增加了"经公安机关商请"的情形，"可以派员适时介入重大、疑难、复杂案件的侦查活动，参加公安机关对于重大案件的讨论，对案件性质、收集证据、适用法律等提出意见，监督侦查活动是否合法"。

另一方面，检察人员以书面的"侦查卷宗"为基础进行的调查核实，本质上不是证据的呈现，甚至各方"意见"表达还有"书面化"或者"记入笔录"的趋势。2012 年《刑事诉讼法》第 170 条增加了听取意见并记录在案及书面意见附卷的规定。2018 年《刑事诉讼法》第 173 条对此条作出修改：增加规定人民检察院讯问没有辩护人之犯罪嫌疑人，应当听取"值班律师"的意见，同样记录在案和书面意见附卷；增加规定人民检察院应当告知认罪认罚的犯罪嫌疑人享有的诉讼权利和认罪认罚的法律规定，听取犯罪嫌

---

[1] 2012 年《刑事诉讼法》第 86 条规定了人民检察院审查批准逮捕应当讯问犯罪嫌疑人的 3 种情形：（1）对是否符合逮捕条件有疑问的；（2）犯罪嫌疑人要求向检察人员当面陈述的；（3）侦查活动可能有重大违法行为的。2012 年《高检规则》第 305 条增加了 3 种应当讯问犯罪嫌疑人的情形：（1）案情重大疑难复杂的；（2）犯罪嫌疑人系未成年人的；（3）犯罪嫌疑人是盲、聋、哑人或者是尚未完全丧失辨认或者控制自己行为能力的精神病人的。2019 年《高检规则》第 280 条增加了"犯罪嫌疑人认罪认罚的"情形。

人、辩护人或者值班律师、被害人及其诉讼代理人对涉嫌的犯罪事实、罪名及适用的法律规定，从轻、减轻或者免除处罚等从宽处罚的建议，认罪认罚后案件审理适用的程序，其他需要听取意见的事项等的意见，并记录在案；最后，增加规定人民检察院听取值班律师意见的，应当提前为值班律师了解案件有关情况提供必要的便利。除了口头审理书面化呈现，检察机关还可以直接听取书面意见。2019 年《高检规则》第 280 条第 3 款规定："办理审查逮捕案件，对被拘留的犯罪嫌疑人不予讯问的，应当送达听取犯罪嫌疑人意见书，由犯罪嫌疑人填写后及时收回审查并附卷。经审查认为应当讯问犯罪嫌疑人的，应当及时讯问。"

（三）录音录像的运用

录音录像的运用可能是法律监督科技化在个案中的集中体现。可以说，同步录音录像作为控辩双方都试图依赖的"杀手锏"，一旦被使用，往往能达到无可争议的效果。一般而言，录音录像的重要性首先体现在其作为一个"无言的第三者"，能够全程、同步、客观、忠实地监督和审视讯问现场。不过，事后调取甚至移送讯问录音录像时，可能面临着由谁掌控录音录像资源以及可能发生剪辑、截取等问题。检察机关运用录音录像来审查取证行为的合法性，需要注意以下问题：

1. 检察机关的双重身份问题

检察机关在审查逮捕、审查起诉阶段相当于一个裁判者，而在审判阶段主要承担控诉者职能。2012 年《高检规则》第 73 条规定了人民检察院在审查逮捕、审查起诉和审判阶段调取公安机关讯问犯罪嫌疑人的录音、录像的情形，目的是审查证据收集的合法性和犯罪嫌疑人、被告人供述的真实性。这一规定本身就明确了检察机关的双重任务：一是监督违法行为，二是保证控诉质量。2012 年《高检规则》第 74 条（2019 年《高检规则》第 76 条）规定了检察机关在提起公诉时，"可以将讯问录音、录像连同案卷材料一并移送人民法院"。这里并没有明确检察机关到底是支持还是反对辩护方的意见，可能有两种情形：

一是检察机关审查后认为辩护方所称的非法取证不成立，将"讯问录音、录像"作为向法院证明取证合法性的手段。这体现了检察机关作为控诉方，承担着对非法证据举证的责任。2012 年《高检规则》第 428 条规定了人民检察院的预防性庭审准备活动，其中第 5 项为"对可能出现证据合法性争议的，拟定证明证据合法性的提纲并准备相关材料"；第 429 条规定了回应型庭审准备活动，即对重复提出的并经查证不存在非法取证行为的，"应当通知人民法院、有关当事人和辩护人，并按照查证的情况做好庭审准备。对于新的材料或者线索，可以要求侦查机关对证据收集的合法性进行说明或者提供相关证明材料，必要时可以自行调查核实"。2019 年《高检规则》第 393 条增加规定，要求监察机关进行合法性说明，删掉了检察机关"必要时可以自行调查核实"。

二是虽然检察机关认同辩护方的意见，但是根据 2012 年《高检规则》第 71 条"被排除的非法证据应当随案移送"[1]，作为证明手段的"讯问录音、录像"也应随案移送。在适当的时候，检察机关会向法庭说明此类证据被排除的理由，以体现其严格执法。此外，还可能存在因检察机关办案时间紧张、难以决策，而将这个"程序性争点"拖延到法庭审理阶段处理的情况。因此，有观点认为，如果检察机关认为被告人供述系非法取得，则不会在起诉书中将其列为指控证据，法庭审理阶段也不会对此进行举证，更无需向法庭说明此类证据被排除的理由，自然也就无需随案移送"讯问录音、录像"。

2. 调取和移送讯问录音、录像的任意性

无论是 2012 年《高检规则》第 73 条第 1 款还是第 74 条的规定，检察机关调取公安机关讯问犯罪嫌疑人的录音、录像，以及向法院移送讯问录音、录像，都不是强制性要求。条文中使用的"可以"一词表明，这只是一种可能的措施，而不是必要的手段。2012 年《高检规则》第 73 条第 2 款规定，对于自侦案件，侦查部门移送审查逮捕、审查起诉时，应当将讯问录音、录像连同案卷材料一并移送审查。2019 年《高检规则》第 75 条第 2 款规定："人民检察院调取公安机关讯问犯罪嫌疑人的录音、录像，公安机关未提供，人民检察院经审查认为不能排除有刑讯逼供等非法取证行为的，相关供述不得作为批准逮捕、提起公诉的依据。"该款实质上是规定，非法获取的供述应排除。

3. 检察机关调查、审查的职权性和回应性

2012 年《高检规则》第 73 条第 1 款第 2 项和第 3 项规定明确了回应性

---

[1] 2019 年《人民检察院刑事诉讼规则》第 73 条在"被排除的非法证据应当随案移送"后增加了"并写明为依法排除的非法证据"。

调查在"提出存在非法性问题＋提供相关线索或者材料"两个层面上的要求。人民检察院在审查逮捕、审查起诉和审判阶段，对于公安机关立案侦查的案件，根据辩护方提出"供述系非法取得"或者"对讯问活动合法性提出异议或者翻供"，并且"提供相关线索或者材料"的情形，可以调取侦查讯问录音、录像以审查取证合法性和供述真实性。2019年《高检规则》第75条在"提出犯罪嫌疑人、被告人供述系非法取得""提出讯问活动违反法定程序或者翻供"之外，特别新增了"提出讯问笔录内容不真实"。当然，检察机关认为"讯问活动可能存在刑讯逼供等非法取证行为的"或者"案情重大、疑难、复杂的"，也可以调取讯问录音、录像进行审查。

2012年《高检规则》第310条第1款和第374条[1]分别重申了在审查逮捕阶段和审查起诉阶段调取和审查讯问犯罪嫌疑人录音、录像的规定，并特别明确了两种审查范围：（1）对取证合法性或者讯问笔录真实性等产生疑问的，可以审查相关的录音、录像；（2）对重大、疑难、复杂的案件，必要时可以审查全部录音、录像。这两条在2019年《高检规则》中被合并为第263条，除了作出一些语言调整，删掉了对于人民检察院直接受理侦查的案件，经要求补充移送录音、录像仍未移送或者未全部移送的，"应当将案件退回侦查部门"的权限，还增加规定了"对于监察机关移送起诉的案件，认为需要调取有关录音、录像的，可以商监察机关调取"。

2012年《高检规则》第311条规定了审查后发现"讯问不规范，讯问过程存在违法行为，录音、录像内容与讯问笔录不一致等情形"，应逐一列明并向侦查机关书面提出，要求其"纠正、补正或者书面作出合理解释"，特别明确了"发现讯问笔录与讯问犯罪嫌疑人录音、录像内容有重大实质性差异的，或者侦查机关不能补正或者作出合理解释的，该讯问笔录不能作为批准逮捕或者决定逮捕的依据"。2019年《高检规则》第264条规范的活动从"审查批准逮捕或者决定逮捕"延伸到"提起公诉"，其规范的义务主体除了公安机关，还包括"本院负责侦查的部门"。

4. 检察机关在法庭审理过程中的举证

2012年《高检规则》第74条（2019年《高检规则》第76条）规定了对于提起公诉的案件，人民检察院根据辩护方"异议＋线索或者材料"而将

---

[1]　2012年《人民检察院刑事诉讼规则（试行）》第374条出于客观全面的考虑，新增规定了审查起诉阶段对录音录像的审查，这并不以辩方的异议为前提。

讯问录音、录像连同案卷材料一并移送人民法院。第 75 条（2019 年《高检规则》第 77 条）第 1 款还规定："在法庭审理过程中，被告人或者辩护人对讯问活动合法性提出异议，公诉人可以要求被告人及其辩护人提供相关线索或者材料。必要时，公诉人可以提请法庭当庭播放相关时段的讯问录音、录像，对有关异议或者事实进行质证。"总体而言，"录音录像应定位于证明证据收集的合法性"[1]。基于庭审效率要求，播放范围主要局限于争议的"相关时段"。另外，第 75 条第 2 款还规定："需要播放的讯问录音、录像中涉及国家秘密、商业秘密、个人隐私或者含有其他不宜公开的内容的，公诉人应当建议在法庭组成人员、公诉人、侦查人员、被告人及其辩护人范围内播放。因涉及国家秘密、商业秘密、个人隐私或者其他犯罪线索等内容，人民检察院对讯问录音、录像的相关内容作技术处理的，公诉人应当向法庭作出说明。"

5. 重大案件侦查终结前开展讯问合法性核查工作

2016 年《最高人民法院 最高人民检察院 公安部 国家安全部 司法部关于推进以审判为中心的刑事诉讼制度改革的意见》第 5 条要求完善讯问制度，探索建立重大案件侦查终结前对讯问合法性进行核查制度，并且要求人民检察院驻看守所检察人员核查询问时，"同步录音录像"。2017 年《严格排除非法证据规定》第 14 条及 2019 年《高检规则》新增的第 71 条都规定了重大案件侦查终结前开展讯问合法性核查工作，并同步录音录像，后者更突出人民检察院负责捕诉的部门在驻看守所检察人员与公安机关之间的沟通、衔接。

2017 年《关于全面推进以审判为中心的刑事诉讼制度改革的实施意见》第 22 条规定："被告人在侦查终结前接受检察人员对讯问合法性的核查询问时，明确表示侦查阶段不存在刑讯逼供、非法取证情形，在审判阶段又提出排除非法证据申请，法庭经审查对证据收集的合法性没有疑问的，可以驳回申请。检察人员在侦查终结前未对讯问合法性进行核查，或者未对核查过程全程同步录音录像，被告人在审判阶段提出排除非法证据申请，人民法院经审查对证据收集的合法性存在疑问的，应当依法进行调查。"2017 年《人民法院办理刑事案件排除非法证据规程（试行）》中有 4 处提到重大案件讯问

---

[1] 陈卫东主编：《〈人民检察院刑事诉讼规则（试行）〉析评》，中国民主法制出版社 2013 年版，第 45 页、第 65 页。

合法性核查：（1）第 7 条关于开庭审理前承办法官阅卷和证据收集合法性审查（第 1 款第 3 项）；（2）第 11 条关于驻看守所检察人员对讯问合法性核查的结果和程序对人民法院是否再调查证据收集合法性的影响；（3）第 20 条关于公诉人证明证据收集合法性的方式；（4）第 26 条关于经法庭审理排除有关证据的情形（第 4 项）。2017 年《严格排除非法证据规定》第 31 条，2018年《人民检察院公诉人出庭举证质证工作指引》第 18 条、第 50 条，以及2019 年《高检规则》第 410 条都规定了，公诉人可以以驻看守所检察人员在侦查终结前对讯问合法性的核查结论等证明庭前讯问被告人的合法性，主要方式是宣读重大案件侦查终结前讯问合法性核查笔录，当庭播放或者庭外核实对讯问合法性进行核查时的录音、录像。

2020 年《最高人民检察院、公安部、国家安全部关于重大案件侦查终结前开展讯问合法性核查工作若干问题的意见》专门规定了重大案件侦查终结前讯问合法性核查的相关内容，包括核查的概念、责任主体、启动核查的程序、听取控辩双方意见的方式、询问相关犯罪嫌疑人并全程同步录音录像的要求、询问的具体内容，以及制作询问笔录的规范等。此外，该意见还明确了人民检察院驻看守所检察人员初步调查核实和人民检察院负责捕诉的部门进一步调查核实的方法，公安机关对核查结论提出异议的复查程序，排除非法证据的具体措施，以及涉密保密和过程保密的相关要求。

总而言之，辩护方的异议既要提出，还要有"线索或者材料"。"讯问录音录像"不由辩护方掌握，也就不可能是辩护方的线索或者材料，在审判中，辩护方并无权"提请法庭当庭播放相关时段的讯问录音、录像"。

三、检察机关排除非法证据的办案机制

（一）承办人审查—部门讨论—领导决策的三级办案制度

具体而言，检察机关的办案组织虽然实行主办制度，但是其基本运作模式仍以承办人制度为主。由于审查批准逮捕由检察长决定，为了慎重处理，对非法证据启动审查核实以及最终决定通常也需经检察长批准，在实践中，一般还有一个科室讨论环节。

1. 告知犯罪嫌疑人有权向检察机关申请排除侦查阶段的非法证据

根据 2018 年《刑事诉讼法》第 34 条，侦查机关在第一次讯问犯罪嫌

人或者对犯罪嫌疑人采取强制措施的时候，应当告知犯罪嫌疑人有权委托辩护人。人民检察院自收到移送审查起诉的案件材料之日起 3 日以内，应当告知犯罪嫌疑人有权委托辩护人。2018 年《刑事诉讼法》第 120 条规定了侦查讯问程序，在第 2 款中增加规定应当告知"犯罪嫌疑人享有的诉讼权利"和"认罪认罚的法律规定"两项要求。这些权利告知能够确保犯罪嫌疑人及其辩护人知悉有向检察机关申请排除侦查阶段非法证据的权利。在犯罪嫌疑人及其辩护人提出存在非法取证，并同时提供相关线索或者材料的，检察机关应当受理并进行审查。

2. 初步审查和汇报讨论

根据 2018 年《刑事诉讼法》第 57 条，不论是回应"报案、控告、举报"或者依职权"发现"侦查人员以非法方法收集证据，人民检察院都应当进行调查核实。实践中，在审查逮捕、审查起诉阶段，承办人通过审查案件材料、讯问犯罪嫌疑人、审查同步录音录像等，或者接受报案、控告、举报及涉嫌非法取证的人员、时间、地点、方式和内容等材料或者线索的，若发现侦查人员以非法方法收集证据或者证据材料无法证明证据收集合法性的，在办案期限内，应及时向科室负责人、分管领导汇报，经批准启动非法证据调查程序，及时进行调查核实。2012 年《高检规则》第 68 条第 1 款、第 2 款规定了依职权和依申请启动两种形式。仔细分析这两种启动方式，可以发现它们存在显著差异：（1）依职权启动主要关注的是非法方法收集证据，而依申请启动则明确列举了"采用刑讯逼供等"非法方法，这意味着其他非法方法也需要达到与刑讯逼供相当的严重程度。（2）依职权启动是人民检察院主动发现并采取行动，而依申请启动除了需要有报案、控告、举报等行为，还需提供相关材料或线索。（3）依申请启动采用三级审查机制：首先是受理阶段，要求主体适格；其次是初步审查，要求形式符合规定；最后是报批程序，要求达到"无法证明证据收集合法性"的实质标准。[1] 这两种启动方式都要求，"应当报经检察长批准，及时进行调查核实"。由于 2018 年推行"捕诉一体"办案机制改革以及强化办案责任制，2019 年《高检规则》第 72 条取消了"报经检察长批准"的环节。由于调查核实需要办案机关配合，因此，2012 年《高检规则》第 68 条第 4 款规定了人民检察院应当及时通知办案机关的义务。

---

[1] 龙宗智等：《司法改革与中国刑事证据制度的完善》，中国民主法制出版社 2016 年版，第 92 页。

3. 取证合法性调查核实程序

当然，如前所述，根据2012年《高检规则》第72条，检察机关向侦查机关发出"书面要求"，在实践中通常表现为制发"提供证据收集合法性说明通知书"，要求侦查机关提供讯问过程的原始录音录像或执法记录仪，补充证据或者对有异议的证据进行详细说明。侦查机关在办案期限内应当予以"书面回复"。当然，除了这种"书来书往"的活动，还可能存在检察机关自行取证以及主持质证活动的情况：一是承办检察官依法对承办的侦查人员以及协同取证的侦查人员进行取证；二是侦查人员与犯罪嫌疑人或其律师就证据取得合法性进行质证。然而，这些活动的开展高度依赖侦查人员的配合，在实践中很难实现。

4. 排除非法证据集体讨论和决定程序

在实践中，承办人根据公安机关的回复自行判断相关证据是否为非法证据，认为审查的证据达到了非法证据排除标准，经全科室集体讨论最终作出决定，提请主管检察长批准。

5. 说明理由

2012年《高检规则》第71条第1款和第2款都提及"调查报告"，"调查报告"包含调查程序、处理意见以及处理决定等内容，原则上独立于"审查报告"，但在实践中，审查批捕环节主要体现在"审查逮捕意见书"中，审查起诉环节主要体现在"公诉案件审查报告"中。这两种文书作为内卷存档，不公示于当事人和侦查机关。需要注意，根据最高人民检察院印发的《人民检察院工作文书格式样本（2020年版）》，这两种文书合并为捕诉合一案件审查报告。但是，笔者认为，捕、诉是不同的诉讼行为，各阶段的报告还是应当为当时的决策提供支持；另外，制作单独的调查报告费时费力，可以合并到审查报告之中，对审查非法证据排除情况提出相应的处理意见。因为前期对证据合法性的调查要及时通知公安机关，还要求公安机关提供证据收集合法性说明，所以如果人民检察院排除了非法证据，并在事后通过口头或书面等方式向公安机关予以纠正，应认定公安机关能够"得知"非法证据被排除。

6. 处理和跟踪反馈：纠正、补正或作出合理解释

2012年《高检规则》第71条第3款规定："对于确有以非法方法收集证据情形，尚未构成犯罪的，应当依法向被调查人所在机关提出纠正意见。对于需要补正或者作出合理解释的，应当提出明确要求。"针对违法取证情况，一般由承办人向科长汇报，由分管检察长决定处理方式，主要有3种方式：

口头纠正、发出"检察建议书"、发出"纠正非法取证意见书"。在审查起诉阶段，2012 年《高检规则》第 379 条的规定明确了非法证据"应当依法排除"，"同时可以要求侦查机关另行指派侦查人员重新调查取证，必要时人民检察院也可以自行调查取证"。有学者指出，增设"建议更换办案人"的规定其实严厉否定了非法取证人员，也对今后侦查人员违法取证起到极大的威慑作用。[1]具体来看，一是口头纠正违法取证行为，一般是将案件退回公安机关，由承办人主动与侦查办案人员联系，口头指出违法之处，督促其纠正。二是对情节轻微的违法取证行为或在一段时间内侦查机关普遍存在的违法取证行为发出"检察建议书"，侦查机关应当在 1 个月内予以书面回复。三是对严重违法取证行为发出书面"纠正非法取证意见书"，侦查机关也应当予以书面回复。另外，2012 年《高检规则》第 71 条第 4 款还规定，非法取证行为构成犯罪需要追究刑事责任的，应当依法移送立案侦查。

（二）检察系统内部协作机制

从日常实践来看，或许可以得出这样的结论：审查逮捕环节是非法证据排除的首要关口，审查起诉环节是复查关口，人民检察院驻看守所的检察人员负责重大案件侦查终结前讯问合法性核查工作。

1. 检察机关上下级移转与反馈

2012 年《高检规则》第 68 条（2019 年《高检规则》第 72 条）第 3 款规定："上一级人民检察院接到对侦查人员采用刑讯逼供等非法方法收集证据的报案、控告、举报的，可以直接进行调查核实，也可以交由下级人民检察院调查核实。交由下级人民检察院调查核实的，下级人民检察院应当及时将调查结果报告上一级人民检察院。"该规定既体现了检察机关的领导关系，又避免了多头调查核实浪费司法资源的问题。

2. 检察机关不同部门的分工与协作

2012 年《高检规则》第 69 条规定："对于非法证据的调查核实，在侦查阶段由侦查监督部门负责；在审查起诉、审判阶段由公诉部门负责。必要时，渎职侵权检察部门可以派员参加。"但是基于"捕诉一体"办案机制改革以及职务犯罪侦查权的部分剥离，该条在 2019 年《高检规则》中被删除了。

---

[1] 陈卫东主编：《〈人民检察院刑事诉讼规则（试行）〉析评》，中国民主法制出版社 2013 年版，第 60 页。

四、检察机关排除非法证据的程序效果

从理想层面来看，我国检察机关在刑事诉讼庭审前的各阶段预先排除非法证据，保障控诉质量，实质上能够使法官心证不受"非法证据"影响，还可能有利于侦查部门调整侦查布局，规范执法，保障人权。尽管检察机关对刑事诉讼有全程监督的职责，但是，其职能主要体现在起到承上启下作用的审查逮捕、审查起诉环节。由此，非法证据排除在这种前后衔接之中反而可能带来检警冲突和检法冲突。这两种冲突的存在并不意味着检察机关可以放松对非法证据的审查。当然，如果这两种冲突使非法证据排除陷入无解的"程序拉锯战"之中，那么时间一长，各方对非法证据排除规则的执行就丧失了热情。

（一）检警冲突

首先，由于我国刑事诉讼程序具有"铁路警察、各管一段"的特点，检察机关对侦查活动的"吹毛求疵"可能会否定侦查机关辛勤劳动取得的成果。对侦查活动的监督和纠正有助于促进侦查活动规范化，同时也要求对侦查人员及相关责任人进行问责。公安机关内部有其独特的考评制度，书面纠正违法会导致侦查机关内部相关人员受到程度不等的纪律处分，当前检察机关越来越少发出"纠正非法取证意见书"。

其次，侦查机关往往不轻易服输，会极力补救、解释或者"说明"，导致检察机关有时会迁就侦查机关。根据 2012 年《高检规则》第 71 条第 3 款规定，检察机关"对于需要补正或者作出合理解释的，应当提出明确要求"，但在现实中，这一要求往往流于形式，缺乏后续的跟进和落实。

再次，由于检警机关的同质性和检察机关的自利性，检察机关的审查活动往往受制于侦查机关的"定调画框"，或者自行处理证据的矛盾之处。这使得检察机关的审查活动往往建立在偏颇、片面的信息之上，例如无法调取"同步讯问录音录像"，或者检察机关被侦查机关"牵着鼻子走"，"照单全收"侦查取得的证据。

最后，比较而言，在美国，对审判外程序非法证据排除，通常以能否达到吓阻目的为利益衡量的标准：因为有审判把关，排除证据的效果可能微乎

其微，或者仅具有臆测性质，却可能妨碍侦查活动，所以违法取得的证据在侦查程序中无需排除。[1]然而，在中国，如果侦诉活动不扎实，不能为审判打好基础，则可能导致"亡羊补牢，为时已晚"的局面。

（二）检法冲突

审查起诉阶段排除非法证据的相关情况只在内部审查报告中予以说明。由于这些非法证据材料仍保存在卷宗中，案件起诉时必须一并移送至法院。然而，这些证据不是起诉指控的依据，在起诉书中并不列明。2019 年《高检规则》第 73 条在"被排除的非法证据应当随案移送"后，还增加了"并写明为依法排除的非法证据"。据此，检察机关会面临进退两难的局面：

1. 检察机关提交非法证据有影响法官心证的嫌疑

由于我国不存在庭前法官和庭审法官的分权，也不存在职业法官和陪审团的分权，在审判阶段提起"非法证据排除"本身不会产生阻隔效应。当然，这可能源于我们对法官职业能力的自信。理论上，无论是作为职权启动主体还是裁判主体，检察机关都可能为非法证据进入法庭设置一道屏障。[2] "被排除的非法证据应当随案移送"，能确保下一环节的办案人员全面了解案件情况，防止个别办案人员以非法证据排除之名随意截取证据。[3]然而，检察机关在提起公诉时须移送案卷，作为整个案件事实的举证责任承担者，必须全面履行举证责任，将合法证据和非法证据及其对裁决的可能影响向法院一并释明。当然，法院在多数情况下会顺水推舟，赞同检察机关排除非法证据的决定。从实际效果来看，这种排除通常对定罪量刑并无多大影响；反之，实践中常见的情形，如数额误差或者证物被替换等影响量刑的问题，可能不属于法定意义上的"非法证据"。

2. 检法机关重复审查非法证据有进退两难的问题

检察院要向法庭全面提供证据，不能也无法"自作主张"扣下所排除的

---

[1] 王兆鹏：《美国刑事诉讼法》，北京大学出版社 2005 年版，第 53—54 页。

[2] 有学者从实证的角度对审查起诉阶段非法证据排除情况进行了分析，揭示出审查起诉阶段非法证据排除规则所发挥的更多的是一种证据把关而非真正的证据排除功能，对于侦查机关的执法行为确实起到了一定的震慑作用。吴洪淇：《证据排除抑或证据把关：审查起诉阶段非法证据排除的实证研究》，《法制与社会发展》2016 年第 5 期，第 164 页。

[3] 孙谦主编：《〈人民检察院刑事诉讼规则（试行）〉理解与适用》，中国检察出版社 2012 年版，第 66 页。

"非法证据"。由于检察机关起诉书中证据列举比较粗疏，因此到底有无排除证据或者排除了哪些证据，法院并不必然明知。本来，法院所知悉的证据信息来源于控辩双方的举证、质证及言词辩论，若法院认为通过自行阅卷审查发现乃至排除非法证据才显得"尽职尽责"，则书面审理会得到强化，如此必然使庭审流于形式，徒增办案负累。有观点认为，随着庭审中心主义的推进，庭审实质化后，检察机关应当庭出示证据，在审查起诉阶段已被认定为非法的证据不会出现在法庭上，因此也就不存在重复审的问题。但是，这总给人以法院没有兜住底的感觉。

另外，若检察机关因怠于审查或者碍于情面而放过非法证据，使其进入庭审之中，检察机关反而会从非法取证的监督者转化为非法取证的维护者，面临着一种角色冲突；而法院轻信检察机关或者两者联手，可能会造成错误判断的延续和放大。

五、检察机关排除非法证据的救济机制

可以说，刑事诉讼的法治化不仅仅通过"依法"来概括，而是需要具体说明诉讼决策的根据和理由，这要求一定的证据和事实基础，并且可能需要符合法定的标准。当然，检察机关的非法证据排除并非完全由检察机关自行掌握。一方面，检察机关需要明确回应取证程序是否合法，以及是否排除证据的程序问题；另一方面，被排除的非法证据不得作为移送审查逮捕、批准或者决定逮捕、移送起诉以及提起公诉的犯罪实体处理依据（2019 年《高检规则》第 66 条）。由于我国刑事诉讼立法并没有针对检察机关排除非法证据的单独救济程序，所以侦查机关、犯罪嫌疑人和被害人如果对非法证据排除与否的结果不服，只能依附于检察机关是否逮捕或者起诉的决定申请救济。

（一）侦查机关的复议、复核

根据 2019 年《高检规则》第 156 条第 1 项，公安机关提请批准逮捕、移送起诉、提请批准延长侦查羁押期限、要求复议、提请复核、申请复查、移送申请强制医疗、移送申请没收违法所得的案件，由人民检察院负责案件管理的部门统一受理。

不批准逮捕往往否定了侦查机关的意见，可能会引起侦查机关的"不

服"。根据 2018 年《刑事诉讼法》第 92 条，侦查机关可以要求复议以及提请复核。然而，不批准逮捕的决定并不仅仅基于"无罪不捕"，还可能出于"轻罪不捕"或者"无必要不捕"等理由。即使不批准逮捕，侦查机关仍可能采取其他强制措施，或者在"疑罪不捕"的情况下继续侦查，程序仍有进一步推进的空间。2019 年《高检规则》增加规定了第 287 条，其中第 3 款规定："公安机关在收到不批准逮捕决定书后超过十五日未要求复议、提请复核，也不撤销案件或者终止侦查的，人民检察院应当发出纠正违法通知书。公安机关仍不纠正的，报上一级人民检察院协商同级公安机关处理。"2019 年《高检规则》第 290 条、第 291 条具体规定了人民检察院对公安机关就不批准逮捕案件要求复议、提请复核的程序。

不起诉决定可能导致案件被分流并终结刑事诉讼程序。因此，侦查机关对不起诉决定不服的，可以向承办部门要求复议；对复议结果仍有异议的，可以向上一级检察机关提请复核（2018 年《刑事诉讼法》第 179 条）。2019 年《高检规则》第 379 条第 2 款、第 380 条也具体规定了人民检察院对公安机关就不起诉决定要求复议、提请复核的程序。值得注意的是，2019 年《高检规则》第 379 条第 1 款规定了监察机关对不起诉决定向上一级人民检察院提请复议的制度，这与 2018 年《监察法》第 47 条第 4 款规定的"经上一级人民检察院批准，对监察机关移送起诉的案件依法作出不起诉决定"相呼应。

（二）犯罪嫌疑人和被害人的申诉

当事人对检察机关作出的处理决定不服才会申诉。2012 年《高检规则》第 315 条规定了被害人对人民检察院不批准逮捕决定不服的申诉权："被害人对人民检察院以没有犯罪事实为由作出的不批准逮捕决定不服提出申诉的，由作出不批准逮捕决定的人民检察院刑事申诉检察部门审查处理。对以其他理由作出的不批准逮捕决定不服提出申诉的，由侦查监督部门办理。"但是 2019 年《高检规则》删掉了此条款。2012 年《刑事诉讼法》也未规定不批准逮捕决定告知被害人，如此会影响被害人行使申诉权。因此有学者建议，人民检察院侦查监督部门应当将不批准逮捕犯罪嫌疑人的时间、理由用书面形式告知被害人。[1]

---

[1] 陈卫东主编：《〈人民检察院刑事诉讼规则（试行）〉析评》，中国民主法制出版社 2013 年版，第 231 页。

　　2018 年《刑事诉讼法》第 180 条和 2019 年《高检规则》第 377 条规定，人民检察院应将不起诉决定书送达被害人，被害人对不起诉决定不服的，可以向上一级人民检察院申诉或者不经申诉直接向人民法院起诉。2018 年《刑事诉讼法》第 181 条和 2019 年《高检规则》第 377 条规定，被不起诉人对不起诉决定不服，可以向人民检察院申诉。

　　综上可见，由于在我国当事人很难从一纸文书中了解个案中哪些证据实质性地影响了实体问题的处理，且不存在单独的证据能力裁决程序，当事人并不享有对案件中证据排除与否的申诉权。对此，笔者提出以下建议：一方面，书面告知被害人可以针对不批准逮捕或不起诉决定，向上一级人民检察院提出申诉，并要求审查非法证据排除是否合理。通过这种"细致入微"的告知理由，可以安抚被害人的情绪，使其了解不批准逮捕或不起诉犯罪嫌疑人是有原因的。另一方面，对于侦查机关和申请人对检察机关有关非法取证及非法证据排除与否决定的异议及相关处理情况，应一并附卷移送。这样可以确保后续诉讼活动顺利进行，在确认先前程序的效力后，直接聚焦于刑事诉讼的核心问题。

第十二章　检察指导性案例参照适用的逻辑

最高人民检察院分批次发布的在"检察机关履职过程"中办理的检察指导性案例，从具有"普遍指导意义"逐步具体化为对相关领域的检察办案工作具有"示范引领作用"。为防止检察指导性案例流于形式，其适用效力从"可以参照"升级为"应当参照"，并从侧重规范例示的"授人以鱼"转向对办案方法"授人以渔"的指导。

一、问题的提出

最高人民检察院于 2010 年 7 月 29 日通过了《最高人民检察院关于案例指导工作的规定》（以下简称"2010 年《规定》"）；根据五年来的实践工作情况及深化司法改革的要求，于 2015 年 12 月 30 日印发《最高人民检察院关于案例指导工作的规定》（以下简称"2015 年《规定》"）对 2010 年《规定》进行了修订；2019 年 4 月 4 日又颁布了经过第二次修订的《最高人民检察院关于案例指导工作的规定》（以下简称"2019 年《规定》"）。[1] 自 2010 年 12 月 31 日印发第一批指导性案例，至 2024 年 4 月 23 日印发第五十三批指导性案例，最高人民检察院共发布了 217 个检察指导性案例。如果对"检察指导性案例"进行概念分解，可以说，"检察"限定其发布主体为检察机关（最高人民检察院），发布主题为检察工作相关领域（各级检察机关报送的案例素材）；"指导"是指"示范引领作用"，可能是价值引导、理念宣导、规范指引，具体体现在"事实认定、证据运用、法律适用、政策把握、办案方法"等方面；"案例"在检察监督语境中当然属于法律适用，虽然指导性案

---

[1] 虽然法检具有不同的职能，但是在法律适用要求上基本一致，最高人民法院于 2010 年 11 月 26 日颁布了《最高人民法院关于案例指导工作的规定》，于 2015 年 5 月 13 日颁布了《〈最高人民法院关于案例指导工作的规定〉实施细则》。

例可能因为其指导性而在等级上高于"典型案例"或者"一般案例",但是即使是经过筛选的"指导性案例"也并不是"案例法"。多年来,学界和实务界一直争执指导性案例的法律适用效力,两次修订《最高人民检察院关于案例指导工作的规定》虽然将"可以参照"变为"应当参照",但本质上指导性案例仅具有参照效力。根据上述相关规定,指导意义主要体现在从"认定事实、证据采信、适用法律和规范裁量权等方面"(2010 年《规定》第 2 条)到"事实认定、证据采信、法律适用、政策掌握等方面"(2015 年《规定》第 2 条)再到"事实认定、证据运用、法律适用、政策把握、办案方法等方面"(2019 年《规定》第 2 条)。一般认为,在我国法律体系背景下建立起来的案例指导制度,并不具有法律渊源的效力,而只有事实上的效力。[1]如果指导性案例能够填补法律规则、原则的模糊空间,则可能成为更细化的一种法源。对于指导性案例如何指导,何谓参照,仍需进一步解释。[2]

二、指导意义解析

指导性案例作为法律适用的成果凝聚了立法智慧和司法理性,同时也反映了广大民众朴素的法律情感和诉求,分析其中合理、规范的职权行使逻辑,有利于促进我国社会和谐、社会管理水平的提高和相关社会制度的发展,既可以深入挖掘我国司法的内在规律,也可以充分发现我国立法的不足,为后续完善奠定基础。2019 年《规定》明确指出,指导性案例的条件之一是"体现检察机关职能作用,取得良好政治效果、法律效果和社会效果"。检察机关职能作用主要体现在案例体例的"检察机关履职过程"(2019 年《规定》第 3 条)之中,这是对"诉讼过程"更准确的表述。随着职务犯罪侦查人员转隶,捕诉一体化机制确立,"四大检察"和"十大业务"定型聚焦,[3]检

〔1〕　周少华:《法典化制度下刑事判例的制度功能》,《环球法律评论》2010 年第 6 期。

〔2〕　孙国祥:《从柔性参考到刚性参照的嬗变——以"两高"指导性案例拘束力的规定为视角》,《南京大学学报(哲学·人文科学·社会科学版)》2012 年第 3 期。

〔3〕　在 2019 年全国检察长会议上,检察长张军明确提出了"做优刑事检察、做强民事检察、做实行政检察、做好公益诉讼检察"的工作目标,这为检察工作转型发展进一步指明了方向。最高人民检察院办公厅组编:《四大检察案与评》,中国检察出版社 2019 年版。姜洪:《"四大检察""十大业务",检察工作迎来新格局》,《检察日报》2019 年 7 月 15 日,第 1 版。《融合与发展:"四大检察"与新时代法治构建——庆贺新中国 70 华诞》,《检察日报》2019 年 9 月 30 日,第 3 版。

察机关的职能已然发生变化，并且根据各时期的政策目标和社会需求继续发展变化。可以说，指导性案例一直以来都要求"保障法律统一正确实施"，同时又要求"法律效果和社会效果相统一"，而取得良好的社会效果往往需要让法律效果契合社会效果，吸纳民意，缓解民愤。2019 年《规定》明确要求取得良好的"政治效果"，这使得检察处理决定具有引导民意的功能，而检察办案适用指导性案例主要是为了切实贯彻指导性案例的执法精神，并在相同情形下参照与指导性案例相一致的处理决定。所以有人说，指导性案例是套着案例"马甲"的刑事政策。[1]然而，笔者认为，其存在的必要性恰恰由更具有及时性、灵活性、针对性的指导性案例"以案释法"[2]的本质所决定。

习近平总书记指出："全面依法治国最广泛、最深厚的基础是人民。"[3]坚持以人民为中心彰显了习近平法治思想的鲜明政治属性，充分诠释了中国特色社会主义法治的本质要求及其区别于西方资本主义国家法治的根本所在。我国推进全面依法治国的根本目的是依法保障人民权益。要恪守以民为本、法治为民理念，积极回应、不断满足人民群众的新要求、新期待，系统研究和解决法治领域人民群众反映强烈的突出问题，把依法保障人民权益落实到全面依法治国的全过程、各领域。在执法领域，要依法惩治各类违法行为，加大关系群众切身利益的重点领域执法力度，严格规范公正文明执法，法无授权不得为，法定职责必须为。[4]检察指导性案例既（意图）解决法律事件，又进行法律适用。法律事件的最大特色是其独一无二性，而法律适用的最大特点就是其可重复性。有关法律适用的法律事件既面向过去，又指向未来。可以说，指导性案例的效力不明，是其制度效应实现的瓶颈。[5]因此，笔者认为指导性案例的真正功用在于总结过去的实践经验，可以说它是法律发展进程中的一个重要界碑。对于如何更好地发挥指导性案例对公众的引导作用，学者高新才指出："选题要紧扣社会热点，对于哪些行为

〔1〕　黄星：《论检察机关指导性案例的适用》，《南京大学学报（哲学·人文科学·社会科学版）》2012 年第 3 期。

〔2〕　杨泽宇：《法律解释方法在指导性案例中的运用》，《检察日报》2020 年 4 月 19 日，第 3 版。

〔3〕　习近平：《坚定不移走中国特色社会主义法治道路 为全面建设社会主义现代化国家提供有力法治保障》，人民网，http：//jhsjk. people. cn/article/32038656，最后访问日期：2025 年 3 月 5 日。

〔4〕　王洪祥：《坚持以人民为中心》，《人民日报》2021 年 1 月 25 日，第 11 版。

〔5〕　左卫民、陈明国主编：《中国特色案例指导制度研究》，北京大学出版社 2014 年版，第 121 页。

构成犯罪，如何处理界限模糊、认识不清的内容，要重点讲清说透。在案例的编写方式上，既要坚持法律的准确，也要尽量通俗易懂，同时兼顾案例说理的深度，要有充分的法理和学理支撑，以提升最高检案例指导的生命力。"[1]

目前，指导性案例更侧重于宣传刑事政策和检察机关的办案效果，万春等人曾于 2017 年在广西三级检察院对检察指导性案例的适用状况进行调查，发现基层检察官在办案中实际参考指导性案例、关注指导性案例，以及对法律疑难问题从指导性案例中寻求解决方案的比例总体较低。[2]万春将检察指导性案例分为重申规则、解释法律、指导工作 3 种类型是比较恰当的。[3]笔者注意到，指导性案例的功能逐渐从填补法律漏洞和解释法条转向聚焦检察监督的具体领域，形成政策指引、探索新型检察工作改革或者集中回应社会问题的分主题发布模式。笔者总结了 2010—2024 年检察指导性案例，发现这些主题包括金融犯罪、食品安全犯罪、网络犯罪、生产安全、知识产权司法保护、服务民企发展等（表3）。这些案例主要起一种提示宣传作用，明晰一段时期的工作重点和要求，下级人民检察院应当按照检察指导性案例体现的司法政策和重申的办案规则，着力依法推进相关司法办案工作。

表3　2010—2024 年检察指导性案例概况[4]

批次	案例名	发布时间	主题
第一批（3 件）	施某某等 17 人聚众斗殴案；忻某某绑架案；林某某徇私舞弊暂予监外执行案	2010 年 12 月 31 日	暴力犯罪、渎职犯罪
第二批（5 件）	崔某国环境监管失职案；陈某明、林某娟、李某权滥用职权案；罗某华、罗某添、朱某灿、罗某游滥用职权案；胡某刚、郑某徇私舞弊不移交刑事案件案；杨某武玩忽职守、徇私枉法、受贿案	2012 年 11 月 15 日	渎职犯罪

〔1〕　郑博超：《高新才代表：发挥指导性案例对社会的引领作用》，《检察日报》2020 年 5 月 24 日，第 3 版。
〔2〕　万春：《检察指导案例效力研究》，《中国法学》2018 年第 2 期。
〔3〕　万春：《检察指导案例效力研究》，《中国法学》2018 年第 2 期。
〔4〕　最高人民检察院网站，https://www.spp.gov.cn/jczdal/index.shtml，最后访问日期：2025 年 3 月 5 日。

续表

批次	案例名	发布时间	主题
第三批 （3件）	李某强编造、故意传播虚假恐怖信息案；卫某臣编造虚假恐怖信息案；袁某彦编造虚假恐怖信息案	2013年5月27日	编造、故意传播虚假恐怖信息
第四批 （5件）	柳某国等人生产、销售有毒、有害食品，生产、销售伪劣产品案；徐某伦等人生产、销售有害食品案；孙某亮等人生产、销售有毒、有害食品案；胡某贵等人生产、销售有毒、有害食品，行贿，骆某、刘某素销售伪劣产品，朱某全、曾某中生产、销售伪劣产品，黎某文等人受贿、食品监管渎职案；赛某、韩某武受贿、食品监管渎职案	2014年2月20日	食品安全
第五批 （3件）	陈某昌抢劫、盗窃，付某强盗窃案；郭某先参加黑社会性质组织、故意杀人、故意伤害案；张某、沈某某等7人抢劫案	2014年9月15日	检察机关在第二审程序提出抗诉、人民法院予以改判
第六批 （4件）	马某龙（抢劫）核准追诉案；丁某山等（故意伤害）核准追诉案；杨某云（故意杀人）不核准追诉案；蔡某星、陈某辉等（抢劫）不核准追诉案	2015年7月10日	最高人民检察院办理核准追诉
第七批 （4件）	马某利用未公开信息交易案；于某生申诉案；陈某申诉案；王某雷不批准逮捕案	2016年6月7日	加强对刑事判决、裁定和侦查活动的监督
第八批 （5件）	许某惠、许某仙民事公益诉讼案；白山市江源区卫生和计划生育局及江源区中医院行政附带民事公益诉讼案；郧阳区林业局行政公益诉讼案；清流县环保局行政公益诉讼案；锦屏县环保局行政公益诉讼案	2017年1月4日	检察机关提起公益诉讼
第九批 （6件）	李某龙破坏计算机信息系统案；李某杰等破坏计算机信息系统案；曾某亮、王某生破坏计算机信息系统案；卫某龙、龚某、薛某东非法获取计算机信息系统数据案；张某毛盗窃案；董某等4人诈骗案	2017年10月16日	惩治网络犯罪，维护信息安全

续表

批次	案例名	发布时间	主题
第十批 （3 件）	朱某明操纵证券市场案；周某集资诈骗案；叶某生等组织、领导传销活动案	2018 年 7 月 13 日	明确多发疑难及新型金融犯罪法律适用标准
第十一批 （3 件）	齐某强奸、猥亵儿童案；骆某猥亵儿童案；于某虐待案	2018 年 11 月 18 日	依法严惩侵害未成年人权益犯罪
第十二批 （4 件）	陈某正当防卫案；朱某山故意伤害（防卫过当）案；于某明正当防卫案；侯某秋正当防卫案	2018 年 12 月 19 日	正当防卫的界限和把握标准
第十三批 （3 件）	陕西省宝鸡市环境保护局凤翔分局不全面履职案；湖南省长沙县城乡规划建设局等不依法履职案；曾某侵害英烈名誉案	2018 年 12 月 25 日	检察公益诉讼工作深入开展，实现办案全覆盖
第十四批 （5 件）	广州乙置业公司等骗取支付令执行虚假诉讼监督案；武汉乙投资公司等骗取调解书虚假诉讼监督案；陕西甲实业公司等公证执行虚假诉讼监督案；福建王某兴等人劳动仲裁执行虚假诉讼监督案；江西熊某等交通事故保险理赔虚假诉讼监督案	2019 年 5 月 22 日	打击虚假诉讼，共筑司法诚信
第十五批 （3 件）	某实业公司诉某市住房和城乡建设局征收补偿认定纠纷抗诉案；浙江省某市国土资源局申请强制执行杜某非法占地处罚决定监督案；湖北省某县水利局申请强制执行肖某河道违法建设处罚决定监督案	2019 年 9 月 25 日	加强案例指导，做实行政检察
第十六批 （4 件）	刘某非法占用农用地案；王某生产、销售伪劣种子案；南京某公司等生产、销售伪劣农药案；湖北省天门市人民检察院诉拖市镇政府不依法履行职责行政公益诉讼案	2020 年 3 月 5 日	落实乡村振兴战略，彰显涉农检察力量

批次	案例名	发布时间	主题
第十七批 （3 件）	杨某国等人非法吸收公众存款案；王某等人利用未公开信息交易案；某投资股份有限公司、余某妮等人违规披露、不披露重要信息案	2020 年 3 月 26 日	依法惩治和预防金融犯罪，防范金融风险
第十八批 （3 件）	张某闵等 52 人电信网络诈骗案；叶某星、张某秋提供侵入计算机信息系统程序，谭某妹非法获取计算机信息系统数据案；姚某杰等 11 人破坏计算机信息系统案	2020 年 4 月 8 日	严厉打击网络犯罪，共同防控网络风险
第十九批 （3 件）	宣告缓刑罪犯蔡某等 12 人减刑监督案；罪犯康某假释监督案；罪犯王某某暂予监外执行监督案	2018 年 6 月 3 日	加强刑罚变更执行监督，促进双赢多赢共赢
第二十批 （4 件）	浙江省某县图书馆及赵某、徐某某单位受贿、私分国有资产、贪污案；李某波贪污案；金某某受贿案；张某受贿，郭某行贿、职务侵占、诈骗案	2020 年 7 月 21 日	提升职务犯罪检察品质，为反腐败斗争贡献检察力量
第二十一批 （4 件）	深圳市丙投资企业（有限合伙）被诉股东损害赔偿责任纠纷抗诉案；某牧业公司被错列失信被执行人名单执行监督案；南漳县丙房地产开发有限责任公司被明显超标的额查封执行监督案；福建甲光电公司、福建乙科技公司与福建丁物业公司物业服务合同纠纷和解案	2020 年 7 月 28 日	加强民事检察监督，精准服务民企发展
第二十二批 （4 件）	无锡 F 警用器材公司虚开增值税专用发票案；钱某故意伤害案；琚某忠盗窃案；林某彬等人组织、领导、参加黑社会性质组织案	2020 年 12 月 8 日	检察机关适用认罪认罚从宽制度
第二十三批 （5 件）	刘某鹏涉嫌生产、销售"伪劣产品"（不起诉）案；某水务公司污染环境刑事附带民事公益诉讼案；李某俊等"套路贷"虚假诉讼案；北京市海淀区人民检察院督促落实未成年人禁烟保护案；黑龙江省检察机关督促治理二次供水安全公益诉讼案	2020 年 12 月 14 日	检察机关依法履职，促进社会治理

续表

批次	案例名	发布时间	主题
第二十四批 （4件）	许某某、包某某串通投标立案监督案；温某某合同诈骗立案监督案；上海甲建筑装饰有限公司、吕某拒不执行判决立案监督案；丁某某、林某某等人假冒注册商标立案监督案	2020年12月22日	立案监督
第二十五批 （4件）	余某某等人重大劳动安全事故、重大责任事故案；宋某某等人重大责任事故案；黄某某等人重大责任事故、谎报安全事故案；夏某某等人重大责任事故案	2021年1月27日	要准确适用重大责任事故罪与重大劳动安全事故罪
第二十六批 （5件）	邓某城、某食品（厦门）有限公司等销售假冒注册商标的商品案；广州某实业有限公司涉嫌销售假冒注册商标的商品立案监督案；陈某等8人侵犯著作权案；姚某龙等5人假冒注册商标案；金某盈侵犯商业秘密案	2021年2月8日	依法加强知识产权司法保护，服务保障创新型国家建设
第二十七批 （5件）	胡某某抢劫案；庄某等人敲诈勒索案；李某诈骗、传授犯罪方法牛某等人诈骗案；牛某非法拘禁案；唐某等人聚众斗殴案	2021年3月2日	对涉罪未成年人附条件不起诉
第二十八批 （3件）	江苏某银行申请执行监督案；湖北某房地产公司申请执行监督案；黑龙江何某申请执行监督案	2021年4月27日	加强检察监督，促进民事执行活动依法规范
第二十九批 （5件）	海南省海口市人民检察院诉海南A公司等三被告非法向海洋倾倒建筑垃圾民事公益诉讼案；江苏省睢宁县人民检察院督促处置危险废物行政公益诉讼案；河南省人民检察院郑州铁路运输分院督促整治违建塘坝危害高铁运营安全行政公益诉讼案；江西省上饶市人民检察院诉张某某等三人故意损毁三清山巨蟒峰民事公益诉讼案；贵州省榕江县人民检察院督促保护传统村落行政公益诉讼案	2021年9月2日	补充公益诉讼立法不足，细化检察实践操作指引

续表

批次	案例名	发布时间	主题
第三十批 （6件）	某材料公司诉重庆市某区安监局、市安监局行政处罚及行政复议检察监督案；陈某诉江苏省某市某区人民政府强制拆迁及行政赔偿检察监督案；魏某等19人诉山西省某市发展和改革局不履行法定职责检察监督案；山东省某包装公司及魏某安全生产违法行政非诉执行检察监督案；王某凤等45人诉北京市某区某镇政府强制拆除和行政赔偿检察监督系列案；姚某诉福建省某县民政局撤销婚姻登记检察监督案	2021年9月27日	实质性化解行政争议，为群众办实事、解难题
第三十一批 （5件）	李某滨与李某峰财产损害赔偿纠纷支持起诉案；胡某祥、万某妹与胡某平赡养纠纷支持起诉案；孙某宽等78人与某农业公司追索劳动报酬纠纷支持起诉案；安某民等80人与某环境公司确认劳动关系纠纷支持起诉案；张某云与张某森离婚纠纷支持起诉案	2021年12月23日	能动履行民事支持起诉职能，依法保障特殊群体合法权益
第三十二批 （4件）	白某贪污违法所得没收案；彭某峰受贿，贾某语受贿、洗钱违法所得没收案；黄某兰贪污违法所得没收案；任某厚受贿、巨额财产来源不明违法所得没收案	2021年12月9日	职务犯罪适用违法所得没收程序
第三十三批 （5件）	社区矫正对象孙某某撤销缓刑监督案；社区矫正对象崔某某暂予监外执行收监执行监督案；社区矫正对象王某减刑监督案；社区矫正对象管某某申请外出监督案；社区矫正对象贾某某申请经常性跨市县活动监督案	2022年2月14日	社区矫正法律监督
第三十四批 （5件）	仇某侵害英雄烈士名誉、荣誉案；郎某、何某诽谤案；岳某侮辱案；钱某制作、贩卖、传播淫秽物品牟利案；柯某侵犯公民个人信息案	2022年2月21日	网络时代人格权刑事保护

续表

批次	案例名	发布时间	主题
第三十五批（5件）	浙江省杭州市余杭区人民检察院对北京某公司侵犯儿童个人信息权益提起民事公益诉讼，北京市人民检察院督促保护儿童个人信息权益行政公益诉讼案；江苏省宿迁市人民检察院对章某为未成年人文身提起民事公益诉讼案；福建省福清市人民检察院督促消除幼儿园安全隐患行政公益诉讼案；贵州省沿河土家族自治县人民检察院督促履行食品安全监管职责行政公益诉讼案；江苏省溧阳市人民检察院督促整治网吧违规接纳未成年人行政公益诉讼案	2022年3月7日	积极履行公益诉讼检察职责，依法保护未成年人合法权益
第三十六批（4件）	卢某诉福建省某市公安局交警支队道路交通行政处罚检察监督案；湖南省某市人民检察院对市人民法院行政诉讼执行活动检察监督案；安徽省某县自然资源和规划局申请执行强制拆除违法占用土地上的建筑物行政处罚决定检察监督案；糜某诉浙江省某市住房和城乡建设局、某市人民政府信息公开及行政复议检察监督案	2022年4月18日	行政检察类案监督
第三十七批（4件）	王某贩卖、制造毒品案；马某某走私、贩卖毒品案；郭某某欺骗他人吸毒案；何某贩卖、制造毒品案	2022年6月24日	依法惩治新型毒品犯罪，推进毒品问题综合治理
第三十八批（4件）	李某荣等7人与李某云民间借贷纠纷抗诉案；某小额贷款公司与某置业公司借款合同纠纷抗诉案；郑某安与某物业发展公司商品房买卖合同纠纷再审检察建议案；陈某与向某贵房屋租赁合同纠纷抗诉案	2022年7月15日	民事生效裁判监督
第三十九批（4件）	陈某某刑事申诉公开听证案；吴某某、杨某某刑事申诉公开听证案；董某某刑事申诉公开听证案；董某娟刑事申诉简易公开听证案	2022年8月29日	刑事申诉公开听证

续表

批次	案例名	发布时间	主题
第四十批 （4件）	吉林省检察机关督促履行环境保护监管职责行政公益诉讼案；山西省检察机关督促整治浑源矿企非法开采行政公益诉讼案；江西省浮梁县人民检察院诉A化工集团有限公司污染环境民事公益诉讼案；山东省淄博市人民检察院对A发展基金会诉B石油化工有限公司、C化工有限公司民事公益诉讼检察监督案	2022年9月26日	生态环境公益诉讼
第四十一批 （1件）	最高人民检察院督促整治万峰湖流域生态环境受损公益诉讼案（万峰湖专案）	2022年9月22日	最高人民检察院督促整治万峰湖流域生态环境受损公益诉讼
第四十二批 （4件）	陈某诉江苏省某市人社局撤销退休审批检察监督案；志某诉湖南省甲县公安局确认执法信息录入行政行为违法检察监督案；浙江省杭州市某区人民检察院督促治理虚假登记市场主体检察监督案；广东省某市人民检察院督促住房和城乡建设行政主管部门依法履行监管职责检察监督案	2023年4月4日	行政检察"坚持依法能动履职，深入推进社会治理"
第四十三批 （4件）	防止未成年人滥用药物综合司法保护案；阻断性侵犯罪未成年被害人感染艾滋病风险综合司法保护案；惩治组织未成年人进行违反治安管理活动犯罪综合司法保护案；未成年人网络民事权益综合司法保护案	2023年3月1日	未成年人综合司法保护
第四十四批 （3件）	张某强等人非法集资案；郭某记、徐某伦等人伪造货币案；孙某东非法经营案	2023年6月13日	金融犯罪
第四十五批 （5件）	王某等人故意伤害等犯罪二审抗诉案；刘某某贩卖毒品二审抗诉案；李某抢劫、强奸、强制猥亵二审抗诉案；孟某某等人组织、领导、参加黑社会性质组织、寻衅滋事等犯罪再审抗诉案；宋某某危险驾驶二审、再审抗诉案	2023年7月6日	刑事抗诉

批次	案例名	发布时间	主题
第四十六批 （4 件）	浙江省嵊州市人民检察院督促规范成品油领域税收监管秩序行政公益诉讼案；江苏省扬州经济技术开发区人民检察院督促整治闲置国有土地行政公益诉讼案；湖南省长沙市检察机关督促追回违法支出国有土地使用权出让收入行政公益诉讼案；浙江省杭州市拱墅区人民检察院督促落实电价优惠政策行政公益诉讼案	2023 年 8 月 3 日	守护国财国土、助推惠民政策落实
第四十七批 （4 件）	沈某某、郑某某贪污案；桑某受贿、国有公司人员滥用职权、利用未公开信息交易案；李某等人挪用公款案；宋某某违规出具金融票证、违法发放贷款、非国家工作人员受贿案	2023 年 8 月 22 日	依法惩治、积极预防金融领域职务犯罪
第四十八批 （4 件）	广州蒙娜丽莎建材有限公司、广州蒙娜丽莎洁具有限公司与国家知识产权局商标争议行政纠纷诉讼监督案；周某某与项某某、李某某著作权权属、侵权纠纷等系列虚假诉讼监督案；梁某平、王某航等15人侵犯著作权案；上海某公司、许某、陶某侵犯著作权案	2023 年 9 月 15 日	知识产权检察综合保护
第四十九批 （5 件）	罪犯向某假释监督案；罪犯杨某某假释监督案；罪犯刘某某假释监督案；罪犯邹某某假释监督案；罪犯唐某假释监督案	2023 年 11 月 6 日	假释监督
第五十批 （5 件）	隋某某利用网络猥亵儿童，强奸，敲诈勒索，制作、贩卖、传播淫秽物品牟利案；姚某某等人网络诈骗案；康某某利用网络侵犯公民个人信息案；李某某帮助信息网络犯罪活动案；禁止向未成年人租售网络游戏账号检察监督案	2024 年 3 月 1 日	未成年人网络保护

续表

批次	案例名	发布时间	主题
第五十一批（4件）	李某诉湖北省某市人力资源和社会保障局某市人民政府工伤保险资格认定及行政复议诉讼监督案；某村委会诉黑龙江省某市不动产登记中心行政登记诉讼监督案；支某兰诉山东省某市自然资源和规划局宅基地使用权登记诉讼监督案；赵某诉内蒙古自治区某旗退役军人事务局给付烈士子女定期生活补助诉讼监督案	2024年4月2日	生效行政裁判监督
第五十二批（4件）	朱某涉嫌盗窃不批捕复议复核案；杨某涉嫌虚假诉讼不批捕复议案；王某掩饰、隐瞒犯罪所得不批捕复议复核案；茅某组织卖淫不起诉复议复核案	2024年4月23日	不批捕、不起诉复议复核及刑事追诉标准
第五十三批（5件）	尹某某等人诈骗立案监督案；郭某甲、林某甲拒不执行判决、裁定立案监督案；刘甲、刘乙恶势力犯罪集团侦查活动监督案；付某盗窃侦查活动监督案；曾某甲等人故意伤害纠正遗漏同案犯罪嫌疑人侦查监督案	2024年4月23日	立案和侦查活动监督

三、参照方法分析

一般认为，指导性案例具有事实上的约束力而非法律上的强制适用力。然而，笔者认为，这个说法并不是以事实争点和法律争点的区分为前提，而是将约束力看作实实在在的事实与严格的规范要求之间的一种态度说明。从某种意义上来讲，在我国"先例"和"后例"并不因先后顺序而形成约束关系，哪怕"先例"是经过筛选的指导性案例。首先，中国的判决存在变通的可能，有时所谓的指导性案例恰恰是变通的结果，是一个非典型的典型。除了变通，一些改革措施，如认罪认罚从宽制度、检察机关提起公益诉讼、打击网络犯罪，更多是"首吃螃蟹"的探索性实践。所有的法律问题必须以相关法律存在为必然前提，而指导性案例的存在则是或然前提，能否找到对应的指导性案例更是一个偶然的"事实"。即使找到了相关案例，也可以被解释为不能完全对应。其次，中国的法律适用非常推崇"下不为例"。正如世界上没有两片完全相同的树叶，每个个案都有其特点，例如，不同的正当防卫案件在多个要素上很难完全一致，即使核心要件相同，最细微的差别可能最终决定着案件的走向。最后，在刑事案件中，依据罪刑法定原则和禁止类推适用规则，案例通常只是法律和司法解释适用的例证。指导性案例填补法律和司法解释漏洞的功能比较有限，并且不能在后来的案件中替代法律适用。

正如上文所述，从"证据采信"到"证据运用"的表述转变，意味着对指导性案例的运用既可能是"同案同判"的参照，也可能是"不同案则不适用"的排除。"参照"是一种心理上的感觉，若有若无，难以明确表达。虽然不排除其对检察人员可能产生影响，但是这些影响就像事实裁决者对出庭证人的察言观色一样，难以量化且无法明确作为决定的依据。将参考案例（本质为法律）明确为决定的依据，很容易被指责为机械监督、指鹿为马；将察言观色（本质为事实）明确为决定的依据，很容易被指责为恣意监督、捕风捉影。这两种指责的相同之处是，都将问题归咎于裁决者的心理因素。

2019 年《规定》还明确了"办案方法"方面的指导意义，这可以说是理解"参照"含义的关键。学者李惠宗认为，法律的误用要么源于"无知"，要么源于"缺德"。"缺德"只能通过共识的力量予以抵制，而"无知"可以通过方法论的学习得以缓解。法学方法论是认识法价值的重要工具。[1]尽管指导性案例为我国检察机关办理类似案件提供了重要的经验参考，其所解决的问题不仅可能涉及事实认定、法律适用等实体方面，还可能涉及证据采信、裁量规范、法律监督等程序方面。但是，正如检察官王水明所认为的，最高人民检察院发布指导性案例，是参与或创制公共政策的表现。通过指导性案例，可以"学习相关法律知识"（授人以鱼），更主要的是"学习办案经验与方法""学习办案理念"（授人以渔）。[2]有检察官认为，对指导性案例的参照适用应当分两步走：一是直接引用指导性案例要旨中所确立的司法规则、检察原则和方法等；二是将所办案件与指导性案例在案情、检察机关履职过程等方面进行对比、分析，以论证参照适用该司法规则的正当性，从而增强法律文书的说理性。[3]笔者想指出的是，所谓的"参照"就是无形的

〔1〕 李惠宗：《案例式法学方法论》，新学林出版股份有限公司 2009 年版，自序。
〔2〕 王水明：《研习指导性案例 用好"活的法律"》，《检察日报》2020 年 7 月 1 日，第 3 版。
〔3〕 孙秀丽、胡伟东：《优化指导性案例司法应用路径》，《检察日报》2020 年 6 月 9 日，第 3 版。

"法律论证"和有形的"文书说理"，而非作为决定案件的法源依据。当然，这显然也是一种法律解释活动，或者说属于法解释学的范畴。不过，这种解释包括采纳和排除两种形式，也就是说作出排除的说明本身就是"参照"说理的有机组成部分。

学者李惠宗认为，所有的法律问题都可以归结于以下4个层次之一，且无一例外：法本质论、立法论、法解释论及法适用论。对于不确定的法律概念，首先需要进行法解释，厘清该法律概念核心意涵的要素，再具体判断特定案件是否符合该要素。法解释论，除了探讨解释方法，还包括"发现法律漏洞及填补法律漏洞"。除了法解释，对不确定法律概念的判断还涉及"涵摄"程序。在法律适用三段论中，法适用论属于"小前提"证据与"结论"处理的范畴，旨在追求个案法律涵摄的正确性。[1]因此，目前有研究预设了指导性案例和法律相互冲突的情形，无论"案例比对"和"找寻法律依据"孰先孰后，都可能将指导性案例的适用从"可以参照"转化为"应当参照"。其实，笔者认为，指导性案例并未达到必须进行比对的程度，在已有法律规定的前提下，指导性案例可能只是锦上添花，而非不可或缺的依据。2015年《规定》第3条规定："人民检察院参照指导性案例办理案件，可以引述相关指导性案例作为释法说理根据，但不得代替法律或者司法解释作为案件处理决定的直接法律依据。"2019年《规定》第15条规定："各级人民检察院应当参照指导性案例办理类似案件，可以引述相关指导性案例进行释法说理，但不得代替法律或者司法解释作为案件处理决定的直接依据。各级人民检察院检察委员会审议案件时，承办检察官应当报告有无类似指导性案例，并说明参照适用情况。"梳理法条背后的逻辑，2015年和2019年的《规定》重申了指导性案例"释法说理"的作用，2019年《规定》还否认其"根据"和"直接法律依据"的地位。除了最高人民检察院发布的指导性案例，最高人民法院发布的指导性案例也有参考价值。《规定》对指导性案例的非独立法源地位的限定性规定，可能使实化检察指导案例效力和强化其作用发挥的目标难以实现，甚至适得其反。

2010年《规定》第15条指出，指导性案例发布后，各级人民检察院在办理同类案件、处理同类问题时，可以参照执行；第16条规定，在办理同类案件、处理同类问题时，承办案件的检察官认为不应当适用指导性案例

---

〔1〕 李惠宗：《案例式法学方法论》，新学林出版股份有限公司2009年版，导读第13页以下。

的，应当书面提出意见，报经检察长或者检察委员会决定。2010 年《规定》第 15 条、第 16 条是"参照"的正反面，其中第 16 条可以说是我国的"背离相告制度"[1]，但该条在后面两次修订中被删掉。尽管如此，相关决策人员仍然认同该制度的设置，[2]但是其在适用上会带来冲突：一是"明知故犯"。法条并未明确"不应当适用"的合理理由，既然指导性案例是一种裁量或者漏洞填补的工具，就"应当适用"。与德国"背离相告制度"不同——该制度要求法院向上级法院提交不遵循判例的书面报告，并详细论证不遵守判例的理由以获得上级法院认可——我国的制度缺乏类似的明确机制。二是"置若罔闻"。因为存在"书面提出意见，报经检察长或者检察委员会决定"的规定，办案检察官完全可以声称不存在相关的指导性案例。其实，一般而言，任何生效的司法决定和裁判都可以作为释法说理的参考，当然，考虑到社会发展现状与法律滞后性间的矛盾，允许这种指导性案例随着环境变迁而"失效"。因此，2019 年《规定》第 19 条的宣告失效制度就显得僵化和教条，甚至可能引发法律适用上的冲突。对类似案例的检索，在某种程度上可以转交给辩护律师，由辩护律师论证其适用的适当性。办案检察官对类似案例，尤其是指导性案例的不适用，不仅需要向上级检察长或者检察委员会报告，还要向辩护方进行充分说理。甚至可以借鉴日本的做法，允许当事人以判决与判例相抵触为由向上级裁判所提出上告，从而建立当事人的异议救济机制。

当然，在找法和比对过程中，需注意貌似相同而实质不同的案件。此外，案件事实的构成要件可能会发生变化甚至消失，例如，认罪认罚从宽制度就创造了一个新的量刑情节，甚至可能成为无罪情节。

四、结　语

指导性案例基于政治效果、法律效果和社会效果的统一，因应特定时期的刑事政策而产生，并对该时期的法律适用起到了示范作用。它可以弥补法律漏洞或空白，但法律规则依然是法律适用的主要渊源。指导性案例源于法

---

〔1〕　德日相关制度，参见万春：《检察指导案例效力研究》，《中国法学》2018 年第 2 期。
〔2〕　李文峰、张杰：《最高人民检察院〈关于案例指导工作的规定〉理解与适用》，《人民检察》2019 年第 8 期。

律规则，又通过生动案例诠释法律规则，因其本身蕴含的法律价值和社会价值，必将对司法实践产生更大的指导和推动作用。例如，正当防卫中蕴含的"法不应向不法让步"的价值，是对公众在面对不法侵害时捍卫自身权利的一种鼓舞。目前得到反复强化的法定性"参照"并非处理决定的法源依据，只是无形的"法律论证"和有形的"文书说理"。法律论证可能表现为一种心理活动，这种心理活动逐渐被学者固定化为一种逻辑模板，对此展开讨论就是"法学方法论"的范畴。不过，在未进行说理之前，这些可能都是不定型的，只有在文书中的"说理"才能展现出法学方法的思维轨迹。

结　语　寻求常识的对话论坛

　　有时候，一些被重磅推荐的文章或许并没有多少创新观点，甚至让人觉得重复了别人多年前的观点。无法感叹"英雄所见略同"，因为自明自己从来不可能是别人眼里的"英雄"。其实，应当承认别人在论证方法上创新，即便是常识，也需要常常讲、反复讲。因此，自己还需要提升对美的辨识能力，并不断接受新知，而不是首先将别人的观点归类为"旧"，以此为借口逃避学习或者偷懒。有时自己倾力而作却故作创新之姿的文章，常常因为模仿得不伦不类、表达得随意而不被接受，最终沦为低水平（重复）的自娱自乐。倘若此时学界恰好出现一些批判制造学术泡沫乃至垃圾的文章，就能给自己带来一定的心理安慰，甚至产生一种"众人皆醉我独醒"的自我麻醉状态，让自己对技不如人和松懈懒惰心安理得，进而把责任推给环境或者人脉资源等。当然，时至今日，我还是固执地坚信一分耕耘一分收获。反过来，法学研究所追求的创新又必须直面现实问题，甚至在一定程度上是通过沟通寻求共识的无尽历程。

　　法律从业者区别于乌合之众的核心在于其"像律师一样思考"的思维方式。然而，一些颇具影响力的法学专家凭借"标新立异"的观点，通过纸上逻辑指点江山，逐渐远离人们的常识，甚至忽视了具体案件中当事人的煎熬、困厄、斗争或者屈服，以及他们可能被脱离制约的权力摆布、宰割的现实。这迫切要求法律职业活动回归到常识。在司法活动中引入常识因素，既可能是一种司法判断的证据方法（尽管法定程序规则束缚了司法者，但无法阻止其依据良心进行自由裁量），也可能是一种公共决策的组织方法（在信息化时代，普通民众或者法学专家的常识推断并非缺乏信息基础，而是缺乏必要的渠道将其输入司法活动之中）。此外，司法活动既要回应舆论的呼声，又要通过其专业和理性的判断来弥合多元极端言论造成的社会裂痕。因此，在法庭这个公共论坛上，要想常识思维和专业判断通过沟通形成共识，还需要多元主体积极参与。

如今，法律常识可能有两种含义：第一是普法层面，即让普通人都了解或者知晓在生活中需要遵守或者运用的法律知识，侧重于有法可依、有法必依、执法必严、违法必究。第二是法律职业层面，即法律职业共同体进行专业沟通的基础性话语，强调的是专业共识。普通民众和法律从业者的法律常识应该是相关的、一致的。在法律常识之外，还存在一些生活经验的常识，既包括个体的特殊经验，也包括人类整体的社会经验。法律常识又必然要与这些经验相衔接，因为法律本身就是对社会事实的评价。概而言之，常识进入法庭的方式也有两种：一是作为科学的常识，例如鉴定意见等；二是作为艺术的常识，例如不同职业者的经验。

将常识交给司法进行检验，既是从生活事实中"格式化"出法律事实的思维过程，也是一种将案件问题化或者问题案件化的方法论。[1]我们应该承认，案件是有真相的，并且对法律评价有意义的某些案件真相在很多时候是可以被还原的，尽管不是所有案件都能如此。然而，我们也不得不承认，刑事诉讼程序对案件事实的查明是一把双刃剑，既可能有促进作用，也可能有阻碍作用。

陈兴良引述了考夫曼的命题："归责作为一种沟通过程。"所谓沟通，就是将生活事实与法律规范之间的区隔破除。[2]陈兴良还以宋福祥间接故意不作为杀人案为例指出，在将日常语言翻译为法律语言的过程中，案件事实完成了从自在事实到自为事实的转换。这一转换形成了这样一个悖论：案件事实的陈述过程既是一个发现真相的过程，又是一个丧失真相的过程。[3]考夫曼所言：一个在刑法上有关一个人有罪的审判仅有可能是——良知的审判。

阿克顿（John Acton）指出："雅典政治制度在明智政治家的领导下成长，并无多少来自于下层的压力，而那些政治家主要受政治理性而不是公众舆论的支配。他们避免了暴力和剧烈的变化，因为他们改革的进度领先于公众的要求。梭伦的法律表明，心智战胜强力。他缔造的民主制不是让人民成为行政官员，而是让他们成为权力的源泉。"[4]这句话至少包含了两层意思，

---

〔1〕　［美］萨利·安格尔·梅丽：《诉讼的话语——生活在美国社会底层人的法律意识》，郭星华、王晓蓓、王平译，北京大学出版社2007年版，第131页、第147页。朱涛：《法律实践中的话语竞争——读梅丽〈诉讼的话语〉》，《社会学研究》2010年第6期。
〔2〕　陈兴良：《法律在别处》，赵秉志主编：《刑法评论》（第7卷），法律出版社2005年版。
〔3〕　陈兴良主编：《刑事法评论》（第3卷），中国政法大学出版社1998年版，第195页以下。
〔4〕　［英］约翰·阿克顿：《自由史论》，胡传胜等译，译林出版社2012年版，第60页。

政治家既与公众舆论隔离，又回应了公众舆论。作为"人权"载体的公众及其舆论往往是不确定的，既有其灵活进步的一面，也有其非理性的一面。

托克维尔（Tocqueville）曾说，美国联邦党人规定了权力分享原则和"控制与反控制"制度，一定数量的行使权力的当局，虽不是完全独立于人民，但在自己的职权范围内享有一定程度的自由，"因而既要被迫服从人民中的多数的一致决定，又可以抵制这个多数的无理取闹和拒绝其危险的要求"[1]。托克维尔看到了司法权的独立性及其有限制的独立性，即法院只能在审判当中抵制违宪的法律。当然，美国联邦宪法能维护民主制度的原因有三：自然环境、法制和民情。"按贡献对它们分级……自然环境不如法制，而法制又不如民情。"[2]民主要求人民有积极参与公共事务的觉悟和热情。在美国民主的条件下，法学家是一个特殊阶层。董果良在《论美国的民主》译者序中指出，法学家是美国缓和"多数的暴政"的一个因素。从他们的思维方式、作风和爱好来说，他们是贵族，但从他们的利益和出身来说，他们又都属于人民，所以他们受到人民的信任。同样，托克维尔还特别谈到陪审制度的政治作用，把有陪审员参加的法庭看成免费的"学校"。这个"学校"向人民传授治国的艺术，培养公民的守法精神。[3]

司法权是一种专属的法律上的判断权。有时，法律的冲突和矛盾给案件真相的查明施加了"障眼法"，或者法律的僵化给案件处理带来了负面影响。在这种情况下，常识推断或许成为某些案件发现真相和恰当处理的最佳方式。因此，通过民众参与司法决策，可以解决一些难以进行理性分析的问题。例如，引入陪审制度就是为了引入常识观念，而不是反常识地将错案悬着。常识可以消弭法律之间的矛盾，以及突破法律虚妄的自给自足。常识有其自身的逻辑，并不是非理性的。然而，公众参与并不一定都会带来好的结果，有学者指出："20 世纪 60 年代以来，美国的政党、议会、行政机构甚至法院，就是政治各个部门都对外更公开，更积极寻求公众参与，以更符合民主的组织和运作要求。可十分奇怪的是，比起任何因素，更民主的变化似乎更使政治机构的声誉下降。"[4]这或许正是政治民主化——民主体制内的民

---

〔1〕 ［法］托克维尔：《论美国的民主》（上卷），董果良译，商务印书馆 1988 年版，第 153—154 页。

〔2〕 ［法］托克维尔：《论美国的民主》（上卷），董果良译，商务印书馆 1988 年版，第 358 页。

〔3〕 ［法］托克维尔：《论美国的民主》（上卷），董果良译，商务印书馆 1988 年版，译者序言，第 6—7 页。

〔4〕 ［美］法里德·扎卡里亚：《自由的未来》，孟玄译，上海译文出版社 2014 年版，第 148 页。

主化——所带来的弊端。人民已经授权给专业人士进行政府管理活动，也要给予他们足够的信任。因此，在组织选任之外的具体事务参与上，仍然只能寄希望于代表或者专家。

有观点认为，舆论对司法也应保持必要的谦抑。这种谦抑首先表现在舆论应该把对案件事实部分的查明和认定留给司法，而一些专家和部分媒体人确实抢了法官的活儿，犯了常识性的错误；舆论对司法的谦抑还表现在舆论不能在偏见的左右下评判司法案件的是与非。

"法不可知，则刑不可测"。当下，法律被认为是一门高深的学问，说其为学问只是因为其"需要技巧"，或者将其比作更难以言明的艺术。然而，法律并不是法律人的独门暗器，恰恰是天下公器。因此，笔者曾经设想将法律写成顺口溜或者如"杀人偿命""欠债还钱"等俗语，让法律真正成为守法者、用法者甚至犯法者惯常的思维方式。英国学者萨斯坎德（Richard Susskind）认为，未来律师的工作方式会发生急剧转变，全新的法律服务方式和新的服务提供者将会出现，法院的运作方式也会随之改变。他相信，这种变革主要由三股力量驱动："事多钱少"、执业泛化、信息技术。[1]可以说，信息技术无处不在，并且其本质和角色也在发生改变。"时至今日，网民本身也已是内容提供者。读者也成了作者。我们已经发明崭新的方式来制造信息和彼此协作，不管我们是博客作者、社交网络用户，或者维基百科或 YouTube 之类网络共享资源的贡献者。"[2]正如有观点认为，是社交媒体把特朗普送入白宫，司法领域也必须正视各种媒体的声音。同样，网络等信息渠道倒逼司法程序主动公开，[3]法官对事实的判断除了遵循良心的指示，还要接受外部检验。司法判断的作用恰恰是消除一般常识下"刻板印象"所形成的偏见。

德沃金（Ronald Dworkin）对"难案"持"唯一正解"观念，他认为法官的任务就是通过权衡各种相互冲突的原则，据此决定他所审理的案件中各

---

〔1〕 ［英］理查德·萨斯坎德：《法律人的明天会怎样？——法律职业的未来》，北京大学出版社 2015 年版，第 11 页。

〔2〕 ［英］理查德·萨斯坎德：《法律人的明天会怎样？——法律职业的未来》，北京大学出版社 2015 年版，第 21 页。

〔3〕 最高人民法院于 2013 年 11 月 21 日印发《关于推进司法公开三大平台建设的若干意见》《关于人民法院在互联网公布裁判文书的规定》。其中三大平台是指审判流程公开平台、裁判文书公开平台、执行信息公开平台。2016 年 9 月 27 日，中国庭审公开网开通，为司法公开第四大平台。

方当事人的权利，找到那个正解。在规则之外，原则和政策也是法律的一部分，法官不能诉诸个人经验作出裁决，而应基于真正的自由裁量权。根据正统的"实证主义"范式，法律是由一系列规则组成的体系。在没有可适用的规则，或者规则具有模糊性或不确定性的情况下，法官享有自由裁量权来填补这一法律空缺。[1]这种裁决模式明显诉诸民主理论：法官们不参与立法，他们仅仅是强制执行权利，而权利的主要内容已经由代议制立法机构在法律中规定。事实上，德沃金的论点源自对"界定并维护法律的自由主义理论"与"认真对待权利"的关注，这一点与实证主义者的观点相反。[2]

有学者认为，在欧洲大陆，"人民缴税，就已经尽到对社会的贡献，不再觉得对公众事务有参与和服务的责任"[3]。然而，个人同样要承担起公共责任，最典型的例子就是，以私人身份执业的律师一直以来承担着公共责任。"政府要求律师维持专业水平并承担某些任务，以回报政府发给他们执照。可是，律师行业加诸律师们更多的条件和负担，不但行为要符合法律职业规范，还要保持高尚的道德水平。"[4]就刑事审判而言，或许有对抗式和纠问式两种模式，但是，参与规范要求被告人、控诉人、决策者必须以不同的方式参与到沟通的论坛中。

任何行动和程序都应尊重受影响之人的道德立场。被告人作为一个负责任且独立的个体，应该被给予机会参与官员可能会作出不利于其之决定的审判过程。尊重被告人的方式是将其还原为一个负责任的公民。被告人作为公民到庭出席审判，一方面体现出他对责任的担当或者解释自己不负责任的原因，另一方面也展示了他对法庭权威的承认。而传唤某人到庭解释其行为，也意味着希望能够说服他接受对其罪行的审判，并让他自己接受对于自己罪行的评价（认罪），还要求他了解罪行的特征以及严重程度，为自己的作为做更为公开的承认和道歉（悔罪）。诉讼程序让被告人出场的核心，并非仅仅将其作为事实提供者，而是使其成为自主认知、反思、决策和担责的主体。

在审判法庭上，存在着横向和纵向的信息沟通。首先，检察官必须提出充分的证据供被告人回应。被告人可以通过挑战检方的证据和辩论，或通过交互诘问控方证人等方式，揭示并利用控方证据的弱点。当然，被告人也可

〔1〕　［英］雷蒙德·瓦克斯：《法律》，殷源源译，译林出版社2016年版，第88页。
〔2〕　［英］雷蒙德·瓦克斯：《法律》，殷源源译，译林出版社2016年版，第88页。
〔3〕　［美］法里德·扎卡里亚：《自由的未来》，孟玄译，上海译文出版社2014年版，第203页。
〔4〕　［美］法里德·扎卡里亚：《自由的未来》，孟玄译，上海译文出版社2014年版，第203页。

以由辩护人代表出庭。辩护方只需证明控诉方未能排除合理怀疑地证明其有罪。此外，辩护方还可能讲述一个与检察官所讲述的截然不同的"故事"。

与民事审判主要处理私人纠纷不同，刑事审判涉及定罪量刑问题。由于刑法处理的是公开而非私人的罪行，社群成员必须通过对自己负责的刑事司法制度公开受到传唤。公正并不必然要求公开，但公开可能使程序更加透明。公开正义基本原则的特征就是确保一切对被告都是透明化的，也因此他能为自己辩护。然而，公开并不等同于参与，也不一定能保障参与。司法公开还需要向大众公开，这是只向被告人公开的程序参与原则所不能保障的。公开因证人受到检视而能够防止伪证、确保真实；公开因法官受到检视而能够防止政治偏见、确保公正。然而，这些都不是要点。"公共罪行就是公民有兴趣起诉的罪行"，以公众之名进行谴责的意义在于惩罚那些为公众所关心的罪行。假如谴责是以公众之名，公众就有权利确定他们想要的谴责是合法的。审判并不因公开而使公众对证人和法官施加压力以促进真实和公正，而是审判本身"以大众之名"进行。所谓"人民的审判"或许更多是保障公众对审判和惩罚公共罪行有审视判决理由是否合理、程序运行是否公平的权利。虽然公开审判面向的是不特定群体，但人民陪审员、人民监督员等社会参与机制需将参与主体特定化，并且通过一定的制度让其意见能够最终影响决策。公开审判还具有教育功能，"审判具有象征性的地位，可以确认全体公民的价值"。

如果审判公开传唤被告人，要求其回应和解释所犯下的罪行，并在确认其有罪后以公众之名进行谴责，那么为公众提供机会仔细审视审判过程则是必要的。公开审视可能有一些特定的需求：提供适当的设备给参与的大众或媒体；允许媒体自由报道其观察到的审判程序；审判中使用的文件应该能自由免费获取；参与审判人员的身份应为大家所理解。由此可见，公开审判已经超越了从秘密审判到将被告人视为负责任的公民并将其交由其他公民（同侪）审判的阶段，更突出了审判作为国家公器的象征意义，要求法院更积极地向不特定多数人开放。当然，这也可以还原为被告人的权利，即他认为起诉和判决徒有公众之名，甚至可能让公众对某些法律规则或政策表达不满。由此可见，庭审的剧场化因公开而呈现出走向广场化的趋势。

此外，司法决策活动除了从职权垄断向利益主体转移（如某种程度的刑事和解）以突出其纠纷解决功能，还可能将某些事务（如合适成年人参与、社会调查等）委托给一些非官方的专业团体，以突出其协作式司法的结构特点。

　　当法律救济渠道不畅时，利害关系人只能诉诸舆论，将"问题"解释为"案件"来推动司法的运转。当然，建立在"证据"基础上的常识推理，还需要将这种常识放到司法和庭审空间中再度检视，从而"去伪存真"。司法机关应如何面对舆论的虚虚实实？正如 2016 年 11 月 23 日上午最高人民法院召开的司法信息传播专家座谈会上，时任最高人民法院院长周强所指出的那样，人民法院既不能对舆论无动于衷，也不能为舆论所左右。一旦司法机器启动，当事人以及社会公众也都愿意耐心等待。司法裁判在一定程度上起到了调和多元、极端舆论的作用，从中我们可以看到司法的专业判断以其冷静和理性消弭了社会舆论的狂热和非理性。司法裁判被认为是根据事实和法律所进行的专业活动，因此，并不会以没有事实基础、捕风捉影的舆论作为裁判根据。冷静的法官是民主政府制度的精髓。[1]舆论本身就是司法评价的一个内容。

　　美国前总统伍德罗·威尔逊（Thomas Woodrow Wilson）在其经典名篇《美国宪制政府》中将法院视为美国整个宪政体制的平衡摆轮。他将法院视为一个保护个人自由、完善政府权力并维护宪法协议的非政治化论坛，试图在个人权利与政府权力之间进行适当的调整以寻求政治自由。[2]这是从宪政体制中法院作为个人和政府相互沟通、相互制约的公共论坛角度出发的，与英国宪制反对王权、尊崇议会不同，美国宪制限制议会、尊崇人民。法院是个人释放活力的手段，公民个体既可能仅仅因私人纠纷起诉到法院要求回应，也可能通过诉讼将法律审查施加于政府之上。就限权而言，法院是保护个人的工具，法院还协助界定和维护不同层级、不同部门之间的权力分配。"法院是个人对抗政府的工具，同时又是政府对抗个人的工具，是我们政治联合体中数个组成部分对抗其他组成部分的工具，是政府的几个部门在法律上整合与调适的工具。"[3]非民选的司法机构对民选的立法进行审查有何正当性呢？"不仅政府和政党政治的变迁是出了名的容易受到部门利益和妥协的影响，更不用说腐败了，而且正是因为法官没有以这种方式'负责'，他们往往是自由的优越守护者。此外，我认为，司法秉性、训练、经验以及基

---

〔1〕　The dispassionate judge is the quintessence of a democratic system of government. Raymond Wacks, *Law: A Very Short Introduction*, Oxford University Press, 2008, p. 86.

〔2〕　［美］伍德罗·威尔逊：《美国宪制政府》，宦盛奎译，北京大学出版社 2016 年版，第 206 页。

〔3〕　［美］伍德罗·威尔逊：《美国宪制政府》，宦盛奎译，北京大学出版社 2016 年版，第 216—217 页。

于权利的论点受到检验和争论的法庭论坛，往往使天平向裁决而不是立法解决方案倾斜。"[1]

笔者认为，司法是社会正义的最后一道防线，当代的民主国家都不得不重视法院在社会治理和国家权力制约中的重要地位。基于不同的政府形式，司法可能担负着不同的功能。司法采取消极姿态让自身的权力运用置于诉讼主体的支配之下，更突显其纠纷解决功能；司法采取积极姿态但是屈从于更广泛的政治权威，则体现的是其政策实施功能。这两种功能都自愿地将其解释为受法律的支配。其实，这两种程序功能即使表现为对法律的遵守，也在某种程度上改变着诉讼规则。诉讼程序的法定规则作为一种经验的凝结和逻辑的固定，对后续事件同样具有约束作用。皮罗·克拉玛德雷（Piero Calamandrei）指出："法律程序规则实质上只是由逻辑和常识的原理被转化成为有约束力的规则的技术结论。"[2]规则产生之后就有一种成长的生命力。它的生命力主要不在于随机应变，而在于其可以规范复杂多变的社会事务，体现法律自身的有效性。社会通过司法进入法律空间，而法律又通过司法对社会施加影响，因此，司法裁判结果和说理是对社会价值的再确认，而判决理由的公开使司法与社会沟通的渠道更畅通。当然，司法裁决也宣示程序自身的逻辑，劝服当事人接受。正如威尔逊所说，所有的政府都可以还原为由人构成的，而不是由法律构成的。[3]由此，"法院是民众的论坛，他们还是政府以及国民性格的指标"[4]。

舆论是司法的"启动机"，而司法又是可能极端和失控的舆论的"控制器"。法院的审判决策以法律话语对复杂社会和煽情话语进行合法与违法的二元化编码，通过说理论证性的法律话语解构和消解煽情话语。司法通过民主程序吸纳不同意见，鼓励多元主体参与，通过庭审的对抗释放不满；通过沟通消除偏见，形成共识，容忍一定程度的风险，从而实现法治秩序和社会活力的有机衔接和互动平衡。

为了回应民众的公正诉求，并对实际问题补偏救弊，司法改革只有进行时，但其底层逻辑始终不变。

---

[1] Raymond Wacks, *LAW: A Very Short Introduction*, 3rd edition, Oxford University Press, 2023, p. 107.

[2] ［意］皮罗·克拉玛德雷：《程序与民主》，翟小波、刘刚译，高等教育出版社2005年版，第1页。

[3] ［美］伍德罗·威尔逊：《美国宪制政府》，宦盛奎译，北京大学出版社2016年版，第238页。

[4] ［美］伍德罗·威尔逊：《美国宪制政府》，宦盛奎译，北京大学出版社2016年版，第240页。